Führerbilder

Hitler, Mussolini, Roosevelt, Stalin
in Fotografie und Film

Herausgegeben von
Martin Loiperdinger, Rudolf Herz
und Ulrich Pohlmann

Piper
München Zürich

ISBN 3-492-12162-4
Originalausgabe
April 1995
© R. Piper GmbH & Co. KG, München 1995
Umschlag: Federico Luci
(© der Umschlagabb.: s. S. 235)
Gesamtherstellung: Clausen & Bosse, Leck
Printed in Germany

INHALT

Einleitung   7

Richard Bessel:
*Charismatisches Führertum? Hitlers Image in der
deutschen Bevölkerung* 14

Eike Hennig:
*Hitler-Porträts abseits des Regierungsalltags.
Einer von uns und für uns?* 27

Rudolf Herz:
*Vom Medienstar zum propagandistischen Problemfall.
Zu den Hitlerbildern Heinrich Hoffmanns* 51

Timm Starl:
»In Erwartung des Führers«. Hitler im Familienalbum . 65

Stephan Dolezel/Martin Loiperdinger:
Hitler in Parteitagsfilm und Wochenschau 77

Enrico Sturani:
Mussolini auf Postkarten – Symbol oder Dokument? . . 101

Giovanni Spagnoletti:
*»Gott gibt uns das Brot – Er bereitet es uns und
verteidigt es.« Bild und Mythos Mussolinis im Film* . . . 111

Ulrich Keller:
*Roosevelts Bildpropaganda im historischen und
systematischen Vergleich* 135

David Culbert:
Franklin D. Roosevelt. Das Image des »demokratischen«
Führers in Wochenschau und Radio 166

Rosalinde Sartorti:
»Großer Führer, Lehrer, Freund und Vater«. Stalin in
der Fotografie 189

Oksana Bulgakowa:
Der Mann mit der Pfeife oder Das Leben ist ein Traum.
Studien zum Stalinbild im Film 210

Zu den Autorinnen und Autoren 232

Bildnachweis 235

Einleitung

Seitdem neuerdings Kriege im Fernsehen weltweit, rund um die Uhr und scheinbar »live« übertragen werden, erklären Medienexperten (etwa Paul Virilio) den Bildschirm zum kriegsentscheidenden Schlachtfeld und verkünden, Aufgabe der militärischen Operationen sei vorrangig die Lieferung von Bildmaterial. Seitdem es ein Fernsehzar über demokratische Wahlen zum Regierungschef gebracht hat, haben Politexperten in der Verfügung über die Bildschirme die Gefahr eines neuen Totalitarismus entdeckt. Der zweite Golfkrieg wird als »Fernsehkrieg« bezeichnet, der Wahlgewinn Berlusconis in Italien im Frühjahr 1994 zum Anbruch der »Telekratie« erklärt. Werden Wahlen und Kriege durch die Präsenz auf den Bildschirmen entschieden und nicht mehr durch Erfolg und Mißerfolg der Entscheidungen von Politikern und Militärs? Oder kommt es vorrangig darauf an, wie diese Entscheidungen vom Fernsehen »verkauft« werden? Lassen »wir« uns bereits von Fernsehgewaltigen regieren, die Wahlen und Kriege als günstiges Programmumfeld für die Botschaften der Werbewirtschaft benutzen? Schenkt man den Kassandrarufen der Medienkritiker Glauben, so befinden wir uns in einem epochalen Umbruch: An die Stelle staatlicher Herrschaft tritt die Herrschaft der audiovisuellen Medien.

Auch wer derlei Diagnosen für übertrieben hält, wird nicht leugnen können, daß die politische Bedeutung des Fernsehens seit der Zulassung privater Sender enorm gewachsen ist und allem Anschein nach weiter wächst. Diese Entwicklung läßt sich insbesondere in der Bundesrepublik beobachten, wo private Fernsehsender zu politischen Entscheidungsträgern werden, indem sie regierenden Repräsentanten des Staates eigene Fernsehsendungen einräumen, und politische Information zur Hofberichterstattung verkommt. Daß Politik durch Ästhetik,

Präsenz und Reichweite der von ihr gelieferten Bilder entschieden wird, das hat es nach allgemeiner Auffassung in Deutschland schon einmal gegeben. Das nationalsozialistische Regime soll durch raffinierten Medieneinsatz an die Macht gelangt sein und sich durch die ausgeklügelte Propagandamaschine eines eigens dafür geschaffenen Ministeriums auch an der Macht gehalten haben. So groß soll die Suggestivkraft der nationalsozialistischen Propaganda gewesen sein, daß sie nur durch die überlegene Waffengewalt fremder Mächte gebrochen werden konnte – mit dem für die Alliierten siegreichen Ausgang des Zweiten Weltkriegs, den der deutsche Faschismus zielstrebig angezettelt hatte.

Das nationalsozialistische Regime wurde vernichtet, die Verbreitung seiner Bilder hatte sich mit seinem Ende jedoch keineswegs erschöpft. Im Gegenteil: Fotografien und Filmausschnitte aus dem »Dritten Reich« finden sich regelmäßig in den Retrospektiven über die nationalsozialistische Vergangenheit, seien es nun Ausstellungen, Fernsehsendungen, Filme oder Bücher. Hier wird eine grundsätzliche Problematik sichtbar, die aus dem Glauben an die Authentizität der historischen Bilder erwächst. Sie zeigen angeblich, »wie es wirklich gewesen ist«, und werden wie selbstverständlich zur Illustration von wissenschaftlichen, pädagogischen und vor allem von populären Darstellungen des Nationalsozialismus herangezogen. Analog greifen zeitgeschichtliche Dokumentarfilme und Fernsehfeatures mit Vorliebe auf die Inszenierungen von Leni Riefenstahls Parteitagsfilm *Triumph des Willens* zurück, der dadurch zum wohl meistzitierten Werk der Filmgeschichte avanciert ist.

Dieser Bildgebrauch erscheint bedenklich: Was die damals für Propagandazwecke aufgenommenen Fotos und Filme wiedergeben, ist nichts anderes als das Selbstporträt des deutschen Faschismus. Das gilt auch und gerade für Hitler: Mit der Reproduktion seiner Fotos in den heutigen Bildmedien wird er erneut so dargestellt, wie er selbst gern gesehen werden wollte und wie er deshalb von seinem »Leibfotografen« Heinrich Hoffmann für die öffentliche Selbstdarstellung ins Bild gesetzt wurde. Die historisch-gesellschaftliche Wirklichkeit der faschistischen Herrschaft in Deutschland ist auf einen stereotypen Kanon von Themen und Bildtypen reduziert, der das kollektive Gedächtnis prägt und nicht ohne Einfluß auf die landläufige Meinungsbildung über den Nationalsozialismus bleiben kann. Es liegt auf der Hand, daß sich die seinerzeit über die Propagandafotos vermittelten Sichtweisen bei heutigen Betrachtern wieder zur historischen Gewißheit verfestigen, wenn diese eine diffuse Bereitschaft zur Akzeptanz des nationalsozialistischen Selbstporträts mitbringen. So ist anzunehmen, daß z. B. die Verbreitung bestimmter Hitlerfotos das Fortleben verschiedener Facetten des Hitler-Mythos erheblich begünstigt hat: Beförderte nicht etwa die unkritische Wiedergabe von Fotografien nationalsozialistischer Massenrituale die Vorstellung eines monolithischen und ganz allein nach Hitlers Willen ausgerichteten Führerstaates sowie einer entsprechend gleichgeschalteten oder gar harmonisch vereinten »Volksgemeinschaft«? Und ist es nicht das bekannte, weil immer wieder reproduzierte Foto von Hitlers erstem Spatenstich, das dazu beigetragen hat, seinen Nimbus als Schöpfer der Autobahn nachhaltig bis in die Gegenwart zu verlängern?

In der medienwissenschaftlichen Diskussion zur aktuellen Fernseh-Berichterstattung besteht mittlerweile Konsens, daß der Zuschauerblick auf die Wirklichkeit durch konstruierte Medienrealitäten verstellt wird. Der Umgang jedoch, den Wissenschaftler und Publizisten mit den visuellen »Zeugnissen« der politischen Vergangenheit pflegen, zeigt sich davon seltsam unberührt. Bis heute behandeln sie das historische Bildmaterial mit erstaunlicher Sorglosigkeit und quellenkritischer Naivität, indem sie das Selbstporträt des Nationalsozialismus ungefragt als Abbild der zeitgenössischen Wirklichkeit ausgeben – als habe diese hauptsächlich aus Propaganda bestanden. Genau so ist es offenbar meist auch gemeint, denn auf dem Fuße folgt oft genug die Warnung vor der gleichzeitig beschworenen Suggestivkraft, die das tendenziöse Bildmaterial auf seine Betrachter auszuüben vermag. Die pauschale Annahme einer Manipulationsgefahr, die zwangsläufig von diesen Bildern ausgehen soll, ist empirisch durch nichts belegt. Ihre Dämonisierung reproduziert ohne Besinnung die maßlose Selbstüberschätzung, welche die führenden Propagandisten des Nationalsozialismus, allen voran Hitler und Goebbels, seinerzeit selbst an den Tag gelegt haben.

Nach 1945 mußte die Manipulationsthese dann unter umgekehrten Vorzeichen dafür herhalten, die Behauptung von der Unschuld des deutschen Volkes zu stützen: Wenn es sich von den Nationalsozialisten nur hatte verführen lassen, war es für andere Staatsformen grundsätzlich als tauglich zu betrachten. Zur Konstruktion und Legitimation eines pauschalen Persilscheins für »die« Deutschen war das Gerede von politischer Suggestion sehr nützlich. Die Behauptung, der nationalsozialistischen Führungsriege um Hitler sei eine umfassende Manipulation des deutschen Volks gelungen, ist denn auch, in unterschiedlicher Ausformung, zum Grundbaustein der jeweiligen politischen Lebenslüge beider Nachfolgestaaten geworden. Ideologisch benötigten die Nachkriegspolitiker im Osten wie im Westen ein Volk mit dem Gütesiegel »wiederverwendbar«, um jeweils mit und auf diesem Volk ihren neuen Staat zu errichten.

Dieses bis heute anhaltende staatliche Legitimationsbedürfnis hat die Tabuisierung einer nüchternen wissenschaftlichen Auseinandersetzung mit der Bildpropaganda des Nationalsozialismus begünstigt. Verharmlosung wie Dämonisierung nationalsozialistischer Fotografien und Filme korrelieren mit einem offenkundig geringen Interesse an der Erforschung der Geschichte der fotografischen und filmischen Bildpublizistik. So kommt es, daß unsere spärlichen medienhistorischen Kenntnisse im umgekehrten Verhältnis zu der weiten Verbreitung stehen, die diese Bilder bei der Vergegenwärtigung deutscher Vergangenheit finden.

Sowohl die Sorglosigkeit, mit der die Bilder wieder veröffentlicht werden, als auch der moralisierende Affekt, der ihre Verbreitung zu unterbinden sucht, haben die sachliche Analyse und Diskussion von Hitlers visuellen Medienstrategien und damit auch Aufklärung über nationalsozialistische Propaganda in Deutschland bislang weitgehend verhindert. Die wenigen Studien, die zur visuellen Repräsentation politischer Herrschaft überhaupt erschienen sind, legen zudem leicht medien- und wirkungsgeschichtliche Fehleinschätzungen nahe. Sie grenzen in der Regel ihr Untersuchungsfeld innerhalb eines Mediums noch einmal erheblich ein, thematisieren also einen äußerst engen Ausschnitt aus der Geschichte dieses Mediums und klammern Vergleiche mit der Entwicklung in anderen Ländern und anderen politischen Systemen zwangsläufig aus.

Dieses Buch versucht, ausgehend von den »Führer«-Bildern Adolf Hitlers, Bezüge zur visuellen Repräsentation anderer politischer Führerfiguren der dreißiger Jahre herzustellen und nach Entsprechungen und Differenzen in den Medienstrategien zu fragen. Es geht um die Darstellung und Analyse der veröffentlichten Bilder jener Politiker, die eine markante Ikonografie ihrer Selbstdarstellung in den visuellen Massenmedien Fotografie und Film ausgeprägt haben. Für den Zeitraum der dreißiger Jahre, zwischen Weltwirtschaftskrise und Zweitem Weltkrieg, trifft dies, neben Hitler, vor allem auf Mussolini, Roosevelt und Stalin zu. Die länder-, system- und medienübergreifende Synopse der entsprechenden Führerbilder will Anstoß geben für neue Sehweisen und für Fragen an unser Geschichtsverständnis. Gerade der Vergleich (nicht die Gleichsetzung!) der visuellen Repräsentanz von Führerfiguren totalitärer und demokratischer Systeme in den zeitgenössischen Massenmedien mag zur Überprüfung überkommener Deutungsmuster anregen.

Neben den vorzugsweise abgebildeten Rollen- und Handlungsmustern, den Merkmalen ihrer ikonografischen Stilisierung sowie den Formen und der Reichweite ihrer Verbreitung steht auch die Frage nach der Wirksamkeit der Führerbilder an: Wie und inwiefern wurden bildliche Darstellung und Medienpräsenz der vier genannten Politiker zum realpolitischen Faktor und wo lagen erkennbar die Grenzen von Propagandawirkungen? Jenseits voreiliger Verführungsthesen sind derlei Fragen alles andere als einfach zu beantworten. In der Rückschau auf den historischen Einzelfall läßt sich das beliebte Verdikt der Manipulation durch Bilder nicht verifizieren. Es läßt sich in vielen Fällen auch nicht ohne weiteres falsifizieren: Um die Selbstgewißheit der Manipulationsthese in Frage zu stellen, erscheint es uns um so wichtiger, nach dem Verhältnis von politischer Ikonografie und politischer Realität zu fragen – auch wenn keine expliziten oder endgültigen Antworten gegeben werden können.

Die in diesem Band versammelten Beiträge gehen, mit einer Ausnahme, auf die Vorträge zurück, welche die Autorinnen und Autoren auf dem 3. Münchner Fotosymposium am 21., 22. und 23. Januar 1994 im Münchner Stadtmuseum gehalten haben; der Beitrag von Rudolf Herz basiert auf einer überarbeiteten und gekürzten Fassung seines Nachwortes im Katalog zur u. g. Ausstellung. Das Symposium mit dem Titel »Die Führer und das mobilisierte Volk. Zur politischen Ikonografie von Hitler, Mussolini, Roosevelt und Stalin in Fotografie und Film« wurde veranstaltet vom Fotomuseum im Münchner Stadtmuseum und dem Deutschen Institut für Filmkunde, Frankfurt am Main. Idee und Konzeption des 3. Münchner Fotosymposiums entstanden im Zusammenhang mit den Vorbereitungen zu der von Rudolf Herz und Dirk Halfbrodt verantworteten Ausstellung »Hoffmann & Hitler. Fotografie als Medium des Führer-Mythos«, die das Fotomuseum im Münchner Stadtmuseum Anfang 1994 gezeigt hat. Die Ausstellung stieß in der Öffentlichkeit auf breites Interesse. Die Notwendigkeit einer kritischen Durchleuchtung des fotografisch vermittelten Führer-Mythos wurde von Tagespresse und Fachzeitschriften bekräftigt. Nicht zu verhindern war im »Superwahljahr 1994« der Versuch, die Ausstellung als Wahlkampfobjekt zu instrumentalisieren. Tagespolitisches Kalkül führte schließlich dazu, daß die ursprünglich vereinbarte Übernahme der Ausstellung durch das Deutsche Historische Museum in Berlin und das Historische Museum in Saarbrücken nicht zustande kam. Einmal mehr manifestierten sich hier bundesdeutsche Schwierigkeiten im Umgang mit Bildern des Nationalsozialismus. Diese Schwierigkeiten sind politischer Natur; ein Tagungsband wird nichts an ihnen ändern. Um so dringlicher, so meinen wir, ist die historischkritische Auseinandersetzung mit der nationalsozialistischen Bildpropaganda. Wir hoffen, daß die mit diesem Band vorgelegte Synopse dazu beitragen kann, im Kontext der zeitgenössischen Führerbilder in anderen Ländern und anderen politischen Systemen auch die nationalsozialistischen »Führer«-Bilder zu differenzieren. Mit Hilfe der Analyse des historischen Bildmaterials ließen sich zweifelsohne auch Rückschlüsse auf die heutigen Medieninszenierungen von Politikern in Fotografie, Film und Fernsehen ziehen. Es werden in diesem Buch keine abgeschlossenen Forschungsergebnisse vorgelegt. Das wäre für das noch schwer überschaubare Terrain der politischen Ikonografie der Zwischenkriegszeit auch nicht zu leisten. Anregungen für Fragen zu geben erscheint uns beim derzeit noch dürftigen Stand von Forschung und öffentlicher Diskussion zum Thema als die Hauptaufgabe dieses Bandes. Dafür mag die Pluralität von Denk- und Untersuchungsperspektiven der Beitragenden behilflich sein, die aus verschiedenen Disziplinen und Arbeitsbereichen kommen: aus Geschichtswissenschaft, Politologie, Kunstgeschichte und aus der Germanistik. Vertreten sind zudem ausgesprochene Film- und Fotohistoriker sowie ein Sammler.

Veranstalter und Herausgeber danken den Referentinnen und Referenten für ihre Bereitschaft, ihre Beiträge für den Druck noch einmal gründlich zu überarbeiten.

Martin Loiperdinger	Rudolf Herz	Ulrich Pohlmann
Deutsches Institut	Gesamt-	Fotomuseum im
für Filmkunde,	hochschule	Münchner
Frankfurt/M.	Kassel	Stadtmuseum

Richard Bessel
Charismatisches Führertum?
Hitlers Image in der deutschen Bevölkerung

Unmittelbar nach einem der größten Medienereignisse des
»Dritten Reiches«, nach dem 50. Geburtstag des »Führers«,
schrieb ein sozialdemokratischer Berichterstatter aus Südwest-
deutschland über »die Stellung Hitlers im Volke«:

> Hitler als Politiker wird verschieden gewertet. Während die
> Hundertprozentigen ihn für den größten Staatsmann halten,
> der überhaupt je auf der Welt war, sind andere der Meinung,
> daß er nur ein Strohmann sei und die anderen, Goebbels,
> Göring und das Militär, die Politik machen. Wieder andere
> vertreten die Ansicht, daß Hitler eben einfach Glück habe,
> und das hört man sogar sehr oft. Diejenigen aber, die ihn mit
> Napoleon I. vergleichen, und auch ihrer sind nicht wenige,
> fügen meist hinzu, daß es ihm auch einmal wie Napoleon ge-
> hen werde. Wieder andere sind der Ansicht, daß Hitler so
> langsam den Größenwahn bekomme. Das sind oft die Gebil-
> deten.[1]

Obwohl dieser Bericht nicht einfach als eine wahrheitsgetreue
Beschreibung der Meinung der Deutschen zu ihrem »Führer«,
sondern auch als Ausdruck einer sozialdemokratischen Perspektive zu sehen ist, deutet er auf die grundlegende Schwierig-
keit einer Untersuchung der Stellung Hitlers in der deutschen
Bevölkerung hin. Das Image des Adolf Hitler – ein Image, das
durch Goebbels' Propagandamaschinerie geprägt und vermittelt wurde – war nicht bloß ein Ausdruck einer durchweg unkri-
tischen Begeisterung in der deutschen Bevölkerung für einen
charismatischen »Führer«.

Wenn man über Hitler redet, spricht man gewöhnlich vom
»charismatischen Führertum«. Etymologisch kommt »Charisma« aus dem Griechischen und bezeichnet eine göttliche

Gabe. Christliche Monarchen legitimierten die Ausübung ihrer Herrschaft bis ins 18. Jahrhundert mit dem Gottesgnadentum. Danach verliert sich die religiöse Bedeutung des Wortes. Heute gilt Hitlers Herrschaft allgemein sogar als der Inbegriff von »charismatischer Herrschaft« – ein Begriff, der von Max Weber stammt. In seinem großen Werk »Wirtschaft und Gesellschaft« hat Max Weber Anfang der zwanziger Jahre das »Charisma« als eine »als außeralltäglich (...) geltende Qualität einer Persönlichkeit« beschrieben. Nach Weber entscheidet über die Geltung des Charismas »die durch Bewahrung – ursprünglich stets: durch Wunder - gesicherte freie, aus Hingabe an Offenbarung, Heldenverehrung, Vertrauen zum Führer geborene, Anerkennung durch die Beherrschten«.[2] Darüber hinaus hat Weber klare begriffliche Grenzen zwischen »charismatischer« und anderen Formen der Herrschaft gesetzt:

> Die charismatische Herrschaft ist, als das Außeralltägliche, sowohl der rationalen, insbesondere der bureaukratischen, als der traditionalen, insbesondere der patriarchalen und patrimonialen oder ständischen, schroff entgegengesetzt. Beide sind spezifisch Alltags-Formen der Herrschaft, – die (genuin) charismatische ist spezifisch das Gegenteil. Die bürokratische Herrschaft ist spezifisch rational im Sinn der Bindung an diskursiv analysierbare Regeln, die charismatische spezifisch irrational im Sinn der Regelfremdheit. Die traditionale Herrschaft ist gebunden an die Präzedenzien der Vergangenheit und insoweit ebenfalls regelhaft orientiert, die charismatische stürzt (innerhalb ihres Bereichs) die Vergangenheit um und ist in diesem Sinne spezifisch revolutionär.[3]

Trotzdem bedeutet dies nicht, daß in der Praxis die Grenzen zwischen »charismatischer« und anderen Formen von Herrschaft absolut sind. »Charismatische Herrschaft« bedeutet nicht unbedingt die Abschaffung von bürokratischer und traditionaler Herrschaft. Auch bei Weber ist ein Merkmal eines stabilen bürokratischen Regierungssystems dessen Fähigkeit, auch »charismatischen« Persönlichkeiten die Möglichkeit anzubieten, innerhalb des Systems aufzusteigen; nur solche »charismatische« Persönlichkeiten sind wirklich dazu fähig, die Ziele einer Regierung festzusetzen und diese dem Volk schmackhaft zu machen.[4] Ein Element »charismatischer« Herrschaft gehört also auch zu einem gutfunktionierenden System bürokratischer Herrschaft. Hier – bei einem stabilen politischen System – stellt sich die Frage »charismatischer« bzw. bürokratischer Herrschaft nicht als ein Entweder-oder, sondern als ein Sowohl-als-auch.

Trotz der weitverbreiteten Identifikation der Hitler-Diktatur mit einer »charismatischen« Herrschaft stellt sich deshalb die Frage, inwieweit die Herrschaft Adolf Hitlers und sein Image in der deutschen Bevölkerung auf der Basis des »charismatischen Führertums« zu verstehen ist. Obwohl Hitlers Stellung innerhalb der NSDAP schon vor 1933 hauptsächlich ein Ausdruck eher charismatischer als bürokratischer Herrschaft war – die nationalsozialistischen Parteigenossen haben sich Adolf Hitler nicht in erster Linie untergeordnet, weil er die Funktion des Führers der NSDAP innehatte –, gewann er unmittelbar nach der Machtübernahme im Januar 1933 größere Anerkennung in der deutschen Bevölkerung, weil er Reichskanzler wurde. Das heißt, die wachsende Anerkennung und Legitimität von Hitlers Herrschaft im Jahre 1933 beruhte nicht nur auf seinem »Charisma«, sondern auch auf seiner neuen (bürokratischen) Stellung als Regierungschef. Aus Hitler, dem Parteiführer, wurde Hitler, der Reichskanzler, der »Volkskanzler« (wie er 1933 in der NS-Presse beschrieben wurde) und der Staatsmann.[5]

Diese Wandlung war ein glänzender Erfolg des Propagandaapparats von Joseph Goebbels, der den »Hitler-Mythos« aufbaute. Ein frühes Meisterstück Goebbelsscher Propaganda und ein Meilenstein auf dem Weg zur charismatischen Herrschaft Adolf Hitlers war die Inszenierung des »Tages von Potsdam«, als Hitler am 21. März 1933 den Reichstag eröffnete, sein Kabinett dem greisen Reichspräsidenten Paul von Hindenburg in der Garnisonskirche in Potsdam vorstellte und anschließend eine Militärparade (in der Reihenfolge: erst Reichswehr und

Polizei, dann SA und SS) an der Seite des Kronprinzen abnahm. Der britische Historiker und Hitler-Spezialist Ian Kershaw schreibt dazu:

Kaum ein anderer Schachzug der NS-Propaganda in diesen Wochen der »Machtergreifung« war so geschickt, wie die am »Tage von Potsdam« so wirkungsvoll demonstrierte Bemühung, die Autorität und das Charisma des alten Reichspräsidenten für das NS-Regime zu nutzen. (...) Die beabsichtigte Verbindung des Alten mit dem Neuen, der traditionellen Autorität Hindenburgs mit dem plebiszitären Mandat Hitlers, war offenkundig. Unzweifelhaft ist auf solche Weise ein Teil des großen Vertrauens, das Hindenburg genoß, auf Hitler übertragen worden. Die ehrerbietige Verbeugung Hitlers vor dem alten Feldmarschall und dessen »Segnung« des durch Hitler verkörperten »neuen Deutschland« in der Potsdamer Garnisonskirche am Grabe Friedrichs des Großen, diese in der Bildberichterstattung der Presse und der Wochenschau massenhaft verbreitete Szene war von kaum überbietbarer Suggestivität.[6]

In Potsdam – oder besser gesagt: in den deutschen Kinos, wo der »Tag von Potsdam« durch die Wochenschauen nacherlebt werden konnte – gelang es dem nationalsozialistischen Parteiführer und neuernannten Reichskanzler, mit Hilfe des alten Reichspräsidenten und Weltkriegshelden einen enormen Zuwachs an Legitimität und Anerkennung zu gewinnen. Hitler, der »charismatische« Parteiführer der Nationalsozialisten, wurde dadurch – vor den Augen von Millionen Zuschauern der Wochenschauberichte – in das traditionelle und bürokratische Herrschaftssystem Deutschlands integriert.

Ohne Zweifel genoß Hitler in den dreißiger Jahren und während der durch erstaunliche militärische Erfolge gekennzeichneten ersten Kriegsjahre beim Großteil der deutschen Bevölkerung große Popularität, ja er wurde sogar rückhaltlos bewundert. Sowohl die Lage- und Stimmungsberichte der Gestapo und des Sicherheitsdienstes als auch die Deutschland-Berichte der Sozialdemokratischen Partei stimmen darin überein, daß »der Führer« bei allen Schichten (auch bei der Arbeiterschaft) populär war; und daß er darüber hinaus mit den Mängeln und Mißständen seines Regimes meist nicht identifiziert wurde – wie es in der Standardphrase »Wenn das der Führer wüßte« immer wieder zum Ausdruck kam.[7] Hitler hatte das Image eines entschlossenen Politikers, der Deutschlands wirtschaftliche Schwierigkeiten und die Massenarbeitslosigkeit erfolgreich bekämpfte, der mit beachtlichen Glanzleistungen für die nationale Größe des Vaterlands kämpfte, der ein Mann des Friedens war und der Deutschland vor dem Krieg schützte, ein Mann, der Kinder und Hunde liebte, der für gutbürgerliche moralische Werte eintrat (wie z. B. auch nach der Ermordung von Ernst Röhm).

So beobachtete ein sozialdemokratischer Berichterstatter aus Baden unmittelbar nach den »Vorgängen vom 30. Juni«:

Größtenteils wurde der Mut Hitlers zum Durchgreifen in den Vordergrund gestellt. Er wurde förmlich als ein Held betrachtet. Die Diffamierung der Ermordeten durch Hitler mit der Homosexualität und den 30000-Mark-Essen wurde zunächst auch als Heldentat Hitlers gewertet. Aus Pommern habe man u. a. berichtet [was auch das Unverständnis der Sozialdemokraten für das Phänomen der Hitler-Herrschaft zeigt, R. B.]: die große Masse des Volkes ist tatsächlich so idiotisch, daß sie sagt: »Hitler ist doch ein Kerl, der durchgreift«, und sie ist zugleich so demoralisiert, daß sie kein Gefühl für den moralischen Sumpf hat, den die Aktion bloßgelegt hat. Es gibt Leute, die in anerkennendem Ton sagen: Das hätte doch früher nie ein Reichskanzler zu tun gewagt. Es gibt allerdings auch andere, die sich daran erinnern, daß schon früher die Sozialdemokraten dieselben Vorwürfe erhoben haben. Gerade aber auch bei den Arbeitern hat das Prestige Hitlers durch die Aktion nicht gelitten, im Gegenteil.[8]

Dieses vom politischen Erfolg geprägte Image wurde durch Goebbels' Propagandaapparat sorgfältig aufpoliert und gepflegt. Es wurde in den Zeitungen, in Büchern voller Fotos des »Führers«, in Schulbüchern und durch Plakate auf den Litfaßsäulen in Deutschlands Straßen enorm verbreitet. So wurde das deutsche Volk immer wieder über die »Leistungen des Führers« aufgeklärt.[9] Hitlers Reden wurden im Rundfunk übertragen und sowohl privat zu Hause als auch öffentlich in Gaststätten und Betrieben gehört; bei der Übertragung von Hitler-Reden wurde sogar die Produktion unterbrochen, um ein kollektives Mithören zu ermöglichen bzw. zu erzwingen. In den Wochenschauen wurde »der Führer« nach anfänglichem Zögern regelmäßig an privilegierter Stelle plaziert.[10]

Das positive Image Hitlers in der deutschen Bevölkerung ist jedoch keineswegs allein den Massenmedien des »Dritten Reiches« zu verdanken. Es hatte wichtige politische Grundlagen: die scheinbaren Erfolge des »Führers« in der Innen-, Wirtschafts-, Außen- und Militärpolitik, die Legitimation, die Hitler durch seine einzigartige Stellung im Staatsapparat gewann, und die Angst, die durch einen Polizeiterror ohnegleichen erzeugt wurde. Dieser letzte Punkt muß betont werden, da man die Öffentlichkeit (und also das Image eines Politikers) in einer Polizeidiktatur nicht mit der Öffentlichkeit in einer pluralistischen Demokratie vergleichen kann. Es gab im »Dritten Reich« Formen politischer (und privater) Äußerungen, deren man sich öffentlich nicht mehr bedienen konnte. Dies war besonders dann der Fall, wenn vom »Führer« die Rede war. Bestimmte Dinge durfte man nicht sagen; bestimmte Meinungen konnte man nicht wagen, auszudrücken – vielleicht nicht einmal zu denken. Auch wenn »die Behörden« oder »die Bonzen« in der Öffentlichkeit gelegentlich kritisiert wurden – »der Führer« blieb unantastbar. Jedermann wußte, daß kritische Worte über Hitler die Einweisung in ein Konzentrationslager nach sich ziehen konnten.

Wie verträgt sich all dies aber mit der Vorstellung von einer »Mobilisierung« des Volkes? Es wäre hier angebracht, die Wirklichkeit einer solchen angeblichen Mobilisierung als Ausdruck von charismatischer Herrschaft im Weberschen Sinne zu untersuchen. Es steht die Frage an, ob und inwieweit das deutsche Volk – sei es durch den Nationalsozialismus und die Produkte des Reichsministeriums für Volksaufklärung und Propaganda oder durch Hitler und sein »charismatisches Führertum« – tatsächlich »mobilisiert« wurde. Oder anders formuliert: Inwieweit wurde der Alltag der deutschen Bevölkerung tatsächlich von nationalsozialistischen Mobilisierungsversuchen durchdrungen?

Viele Historiker – u. a. Martin Broszat, Detlev Peukert, Ian Kershaw, um einige der wichtigsten zu nennen – haben in den letzten zwei Jahrzehnten in ihren Untersuchungen mit vielen Beispielen belegt, daß Unzufriedenheit, Resistenz und Kritik an bestimmten Aspekten der nationalsozialistischen Politik in der deutschen Gesellschaft auch während der Aufstiegsphase des »Dritten Reiches« weit verbreitet waren.[11] Hitler selbst war allerdings von dieser Kritik bis in die letzten Kriegsjahre weitgehend ausgespart; seine Reden, wie den Lageberichten des Sicherheitsdienstes zu entnehmen ist, wurden mit Anerkennung und oft sogar mit Begeisterung aufgenommen. Deshalb stellt sich die Frage: Was hat das eine (die Anerkennung des »charismatischen Führers«) mit dem anderen (die Kritik am NS-System und seinen negativen Folgen) zu tun? Die Anerkennung des »charismatischen Führers« hat die Kritik an manchen Aspekten des »Dritten Reiches« und der NS-Politik nicht verhindert; und es ist fraglich, ob der »Hitler-Mythos« der Hauptgrund dafür war, daß die deutsche Bevölkerung den Befehlen dieses Regimes so weitgehend Folge leistete. »Charismatisches Führertum« erklärt vielleicht zu einem Teil, warum in der Partei, in der Regierung, im Staatsapparat oder in der Wehrmachtsführung den Befehlen Hitlers ohne Widerspruch und trotz ihrer katastrophalen Konsequenzen Folge geleistet wurde. Auf der unteren Ebene aber, »in der deutschen Bevölkerung« in ihrem alltäglichen Leben, beruhte solches Verhalten sehr viel eher auf »Angst, Belohnung, Zucht und Ordnung«.[12] Um eine Diktatur aufrechtzuerhalten und einen Krieg zu führen, ist ein Regime nicht unbedingt auf die geistige Mobilisierung eines begeisterten Volkes angewiesen – es genügt auch die erzwungene Bereitwilligkeit zum Gehorsam.

In diesem Zusammenhang ist es auch wichtig, zu beachten, wie schnell die »Öffentlichkeit« des »Dritten Reiches« sich wandeln konnte. Hitlers Image in der deutschen Bevölkerung war nicht ein für allemal festgeschrieben und unveränderlich; es mußte stets durch Erfolg neu bestätigt werden. Ein Zitat aus dem sozialdemokratischen Deutschland-Bericht für November 1938 (abgeschlossen am 10. Dezember 1938) – unter der vielsagenden Rubrik »Schon wieder Alltag« – ist in dieser Beziehung sehr aufschlußreich:

Berlin: Die allgemeine Stimmung hat in den letzten Wochen Wandlungen durchgemacht wie nie zuvor. Auf die drückende Kriegsangst folgte die Freude über die Vermeidung der Katastrophe und die Anerkennung für Hitler, daß er den Krieg verhindert habe. Dann kam auch die Hoffnung, daß es durch den Erwerb des sudetendeutschen Gebietes in Deutschland selbst besser werden würde. Hier wirkte die Propaganda, daß das sudetendeutsche Gebiet reich an Industrien und an Rohstoffen sei und daß Hitler auch dieses Gebiet sehr bald zu Wohlstand und höherer Arbeitsleistung bringen wird. Dann aber kamen auch die Ausschreitungen gegen die Juden, und diese Erlebnisse haben die sudetendeutschen Fragen vollkommen überlagert. In den letzten Tagen sprach überhaupt kein Mensch mehr von diesen Dingen, wie man ganz allgemein feststellen kann, daß noch nie die Zeit so schnellebig gewesen ist wie jetzt.[13]

Die Schnellebigkeit des Daseins im »Dritten Reich« und die alltäglichen Sorgen der deutschen Bevölkerung waren im Kriege noch auffallender als vor dem September 1939. Der Krieg schuf einerseits neue Probleme für eine Herrschaft, die auf »Charisma« aufgebaut war, und bot andererseits und zur gleichen Zeit neue Möglichkeiten für deren Ausdehnung. Wenn Hitlers erfolgreiches »charismatisches Führertum« während der dreißiger Jahre sowohl auf seinen politischen Erfolgen als auch auf der Basis bürokratischer Herrschaft beruhte, kam es während des Krieges zu wichtigen Änderungen: auf der einen

Seite zu einer Abschaffung aller Grenzen seiner charismatischen Herrschaft, auf der anderen Seite zu einem zunehmenden Verlust seines positiven Images in der deutschen Bevölkerung während der zweiten Hälfte des Krieges. Das heißt, als Hitler das unbeschränkte charismatische Führertum wirklich und vollkommen verkörperte, setzte auch schon der Prozeß ein, mit dem sein Image in der deutschen Bevölkerung rapide an Glanz verlor.

Diese beiden gegenläufigen Prozesse sind seit etwa 1942 zu beobachten. Die deutschen Streitkräfte hatten vor Moskau ihre ersten Niederlagen erlitten, und anstelle von Zuversicht tauchten in der deutschen Bevölkerung die ersten Zweifel am Endsieg auf.[14] Ab Mitte 1944 war die Auflösung von Hitlers positivem Image in der Bevölkerung überhaupt nicht mehr zu leugnen. Der politische und militärische Erfolg, auf dem die charismatische Herrschaft stets beruhen muß, war nicht mehr vorhanden. Sogar die Berichterstatter des Sicherheitsdienstes der SS mußten im Juli 1944 anerkennen, daß bei »schleichender Panikstimmung«, »Bestürzung, Ratlosigkeit und Verzagtheit« die Worte des »Führers« »nur teilweise einen gewissen Auftrieb auszuüben vermochten, der aber bald wieder unter den Schreckensnachrichten aus dem Osten verloren ging«.[15] Anfang 1945 war von dem »Charisma« Hitlers und seinem positiven Image innerhalb der deutschen Bevölkerung kaum noch etwas zu spüren: Auch der SD mußte vorher undenkbare Äußerungen weitergeben (wie: »Der Führer sagte einmal, daß die letzten vollkampfkräftigen russischen Divisionen vernichtet seien. Wer kann es übelnehmen, wenn wir den Worten des Führers nicht mehr glauben.«) und in den letzten Kriegsmonaten zugeben: »Die Zweifel an der Führung nehmen auch die Person des Führers nicht aus.«[16]

Während des Krieges gelang es Hitler, die bürokratischen und traditionellen Schranken seiner Herrschaft endgültig zu zerstören, als er für sich eine Stellung außerhalb jeden geschriebenen Gesetzes in Anspruch nahm. Am 26. April 1942, als er vor dem – zum letzten Mal zusammengetretenen – Reichstag sprach, hatte Hitler, so Dieter Rebentisch, »die letzten Schranken, die einer wirklich absoluten, von allen gesetzlichen und moralischen Bindungen losgelösten Führerherrschaft noch entgegenstanden, durch einen ›Beschluß des Großdeutschen Reichstages‹ beseitigen lassen«. An diesem Tag bestätigte der Reichstag, »daß ›der Führer‹ nicht nur als Staatsoberhaupt, oberster Befehlshaber der Wehrmacht, Regierungschef und Führer der Partei, sondern auch als ›oberster Inhaber der vollziehenden Gewalt‹ und sogar als ›oberster Gerichtsherr‹ des deutschen Volkes ›jederzeit‹, und zwar ›ohne an bestehende Rechtsvorschriften gebunden zu sein‹, und ohne Beachtung irgendwelcher Formvorschriften oder Verfahrensregeln handeln könne«.[17]

Hier näherte sich die Praxis von Hitlers Herrschaft der Weberschen idealtypischen Beschreibung von charismatischer Herrschaft als »spezifisch irrational im Sinn der Regelfremdheit«. Auffallend war aber auch die »Anerkennung durch die Beherrschten« für das Handeln des Führers, der agierte, »ohne an bestehende Rechtsvorschriften gebunden zu sein«. Wie die »Meldungen aus dem Reich« damals berichteten, fanden Hitlers Äußerungen hierzu »insbesondere in einfacheren Kreisen begeisterten Widerhall«:

Mit seinen Worten über Justiz und Beamtentum habe der Führer – wie es in einigen Meldungen wörtlich heißt – einem großen Teil des Volkes aus der Seele gesprochen, da einige in letzter Zeit veröffentlichte Gerichtsurteile ebenfalls nicht das Verständnis der breiten Massen gefunden hätten.[18]

Hier, wie auch bei seinen Angriffen auf Korruption und seinen kritischen Äußerungen über die »wohlerworbenen Rechte« der deutschen Beamten, fand Hitler als charismatischer Führer große Anerkennung: Anders als manche NS-Parteibonzen oder andere führende Männer des »Dritten Reiches« genoß Hitler in der deutschen Bevölkerung ein Image als Verkörperung des Volkes und des »gesunden Volksempfindens«.

An dieser Stelle muß gesagt werden, daß Hitler in dieser Beziehung keine Ausnahme bildet. Viele Politiker finden Aner-

kennung in der Bevölkerung für Versuche, sich durch Äußerungen gegen Korruption, Beamte und Bürokratie zu profilie-
ren. Eine anti-bürokratische Propaganda hat – sowohl bei
Hitler als auch bei demokratischen Politikern – wichtige Funktionen: Sie schafft das Image einer Persönlichkeit, die die Sorgen und Perspektiven des Volkes wirklich kennt und teilt;
sie trennt die Herrschaft und die öffentliche Anerkennung
des »charismatischen Führers« von den Repräsentanten traditioneller oder bürokratischer Herrschaft; und sie distanziert
den »charismatischen Führer« von den alltäglichen Handlun-
gen des Staates, die unvermeidlich Kritik und Mißmut erzeu-
gen. So konnte sich Hitler von den oft unpopulären Leitern der
NSDAP und des Staates abkoppeln: unpopuläre Maßnahmen
waren dem Parteibonzen, dem Minister oder dem Staatsbeam-
ten anzulasten; konsensfähige Entscheidungen hatte man dem
»Führer« zu verdanken.[19]

Trotzdem waren die Folgen eines verlorengehenden und
hoffnungslosen Raubkrieges zumindest in den letzten Kriegs-
jahren nicht zu verleugnen. Hierin zeigt sich der fundamentale
Widerspruch in der »charismatischen Herrschaft« Hitlers:
Während des Krieges wurden die »bürokratischen« und »tradi-
tionalen« Grenzen von Hitlers Herrschaft aufgelöst, seine
Herrschaft also genuin »charismatisch«; zur gleichen Zeit aber
untergrub der Krieg die Grundlagen charismatischer Herrschaft, die stets durch Erfolg, durch »Anerkennung« gesichert
werden muß. Das heißt, die vollkommene Etablierung von Hitlers charismatischer Herrschaft bedeutete zugleich ihre Selbst-
zerstörung. Die Geschichte der Diktatur des NS-Regimes und
ihres höchsten Repräsentanten Adolf Hitler während des
Zweiten Weltkrieges ist also vielleicht der beste Beweis für
die fundamentale Instabilität charismatischer Herrschaft als
alleiniges Herrschaftsmittel.

Als politisches Handeln im konventionellen Sinne unter dem
Druck eines hoffnungslosen Kriegs letztlich völlig irrelevant
wurde, entwickelte der Nationalsozialismus in den letzten Monaten seiner Herrschaft seine reinste Form: eine Ideologie und
ein Regime der Gewalt (und letztlich nur Gewalt). Die Propa-

ganda und die Medien wurden überflüssig, da es nichts mehr gab, was wirkungsvoll zu vermitteln war. So verweist die Entwicklung von Hitlers Image in der deutschen Bevölkerung sowohl auf die Wichtigkeit der Massenmedien für die moderne Politik als auch auf die Grenzen ihrer Wirkung und Bedeutung. »Charisma« wird in einem modernen Staat hauptsächlich durch die Medien vermittelt. Aber ein solches »charismatisches Führertum« läßt sich nicht mit geschickter Manipulation durch die Massenmedien schaffen und erhalten, wie der Extremfall des Endes des »Dritten Reiches« zeigt. Alle Bemühungen der Medien, Hitler in der Tradition der christlichen Ikonografie zum politischen »Messias« zu stilisieren, waren nach Stalingrad hinfällig. Als die Grundlagen traditioneller und bürokratischer Herrschaft im »Dritten Reich« durch Hitler und sein Regime zerstört wurden und als mit dem ausbleibenden Erfolg die notwendige Basis charismatischer Herrschaft verschwand, blieben als Herrschaftsmittel nur Terror und Gewalt. Und sowohl für den »charismatischen« Führer als auch für seinen Propagandaminister blieb letztlich nur der Selbstmord.

Anmerkungen

1 *Deutschland-Berichte der Sozialdemokratischen Partei Deutschlands (Sopade) 1934–1940.* Sechster Jahrgang 1939, Frankfurt a. M. 1980, S. 541.

2 Max Weber, *Wirtschaft und Gesellschaft*, Tübingen 1922, S. 140.

3 Ebda., S. 141.

4 Siehe Wolfgang J. Mommsen, *The Age of Bureaucracy – Perspectives on the Sociology of Max Weber*, Oxford 1974, S. 79. Vgl. Weber (Anm. 2), S. 146.

5 Vgl. Ian Kershaw, *Der Hitler-Mythos. Volksmeinung und Propaganda im Dritten Reich*, Stuttgart 1980, S. 46–55.

6 Vgl. ebda., S. 52. Zu einer anderen, interessanten Perspektive auf den »Tag von Potsdam« vgl. Martin Seidel, *Elegie auf Potsdam. Das Ende der Garnisonskirche*, Berlin 1991, S. 9–10.

7 Hierzu vgl. Detlev Peukert, *Volksgenossen und Gemeinschaftsfremde. Anpassung, Ausmerze und Aufbegehren unter dem Nationalsozialismus*, Köln 1982, S. 84–85.

8 Vgl. *Deutschland-Berichte* (Anm. 1). Erster Jahrgang 1934, S. 198, 200.

9 Vgl. das nachgedruckte Plakat anläßlich des Volksentscheids am 10. April 1938, in: *Deutschland-Berichte* (Anm. 1). Fünfter Jahrgang 1938, S. 398. Allgemein vgl. Rudolf Herz, *Hoffmann & Hitler. Fotografie als Medium des Führer-Mythos*, München 1994.

10 Ansgar Diller, *Rundfunkpolitik im Dritten Reich*, München 1980, S. 10. Zu den Wochenschauen vgl. den Beitrag von Dolezel/Loiperdinger im vorliegenden Band.

11 Hierzu u. a.: Martin Broszat/Elke Fröhlich/Falk Wiesemann (Hrsg.), *Bayern in der NS-Zeit. Soziale Lage und politsches Verhalten im Spiegel vertraulicher Berichte*, München/Wien 1977; Peukert (Anm. 7); Ian Kershaw, *Popular Opinion and Political Dissent in the Third Reich: Bavaria 1933–1945*, Oxford 1983.

12 Vgl. Carola Sachse/Tilla Siegel/Hasso Spode/Wolfgang Spohn, *Angst, Belohnung, Zucht und Ordnung. Herrschaftsmechanismen im Nationalsozialismus*, Opladen 1982.

13 *Deutschland-Berichte* (Anm. 1). Fünfter Jahrgang 1938, S. 1164.

14 Für ein Indiz unter vielen vgl. Heinz Boberach (Hrsg.), *Meldungen aus dem Reich. Die geheimen Lageberichte des Sicherheitsdienstes der SS 1938–1945*. Band IX, Herrsching 1984, S. 3132–3133: »Meldungen aus dem Reich« (Nr. 249), 8. Januar 1942.

15 Ebda., Band XVII, S. 6651: »Meldungen aus den SD-Abschnittsbereichen vom 22. Juli 1944«.

16 Ebda., Band XVII, S. 6733: »Bericht an das Reichsministerium für Volksaufklärung und Propaganda vom 28. März 1945«.

17 Dieter Rebentisch, *Führerstaat und Verwaltung im Zweiten Weltkrieg. Verfassungsentwicklung und Verwaltungspolitik 1939–1945*, Stuttgart 1989, S. 418.

18 Boberach (Hrsg.) (Anm. 14), Band X, S. 3674–3675: »Meldungen aus dem Reich« (Nr. 279), 27. April 1942.

19 Hierzu vgl. Peukert (Anm. 7), S. 84–85.

Eike Hennig
Hitler-Porträts abseits des Regierungsalltags
Einer von uns und für uns?

Keine Schnappschüsse, sondern aufwendig gestaltete und offizielle bzw. autorisierte Bilder stehen im Zentrum des Folgenden, Fotos aus jener Phase der NS-Herrschaft, als sich Hitlers Image vom Partei-Führer zum Volks-Führer wandelt.[1] Der durch Hitler der »Volksgemeinschaft« garantierte »Frieden« ist das Hauptthema von Hitler-Fotografien aus den Jahren 1932 bis 1936. Eineinhalb Jahrzehnte nach dem Ersten Weltkrieg, angesichts der Politik der Straßen- und Saalschlachten und der Weltwirtschaftskrise, der Sehnsucht nach »Frieden« zu entsprechen ist Zweck dieser Bilder. Es handelt sich um Porträts, die Hitler nicht »vom Kampf geformt«[2], sondern als einfachen, freundlichen, kinder- und tierlieben Menschen zeigen. Gleichwohl fällt auf, daß Hitler auch in dieser friedlichen Umgebung oft in Uniform auftritt. Anders als bei den Phantasieuniformen Görings handelt es sich um den »grauen Rock« des »Frontkämpfers« – ein Kleidungsstück, das – ebenso wie das soldatische Liedgut – dem deutschen Volk offensichtlich vertraut ist, das weder Angst noch Schrecken einjagt.

Aus heutiger Sicht sind Uniform und Friedenssehnsucht schwer vereinbar. Die zeitgeschichtlichen Bilder aber zeigen ein augenscheinlich selbstverständliches Nebeneinander: Uniform und Alltag, Militär und Gesellschaft sind keine Gegensätze, wollen die Bilder suggerieren – sie regen deshalb an, über die Nähe »friedlicher« und »gewaltbestimmter« Symbole und Bilder im Nationalsozialismus nachzudenken. Gedanken Saul Friedländers[3] können diesbezüglich aufgegriffen werden. Ferner suggerieren die Fotografien eine nicht-entfremdete Politik, in der sich »Führer« und »Volk« auf gleicher Wellenlänge treffen. Dies regt an, über die Intimität nachzudenken, mit der Hitler dargestellt wird. Überlegungen von Richard Sennett[4] erweisen sich diesbezüglich als inspirierend.

Dem heutigen Betrachter, der weiß, was nach 1933 und 1939 passiert ist, erscheint die »Volksgemeinschaft« nicht als eine zivile, sondern als eine formierte Gesellschaft. Ihr »Frieden« ist eine Ruhe, die Uniform und Rüstung voraussetzt, die diese Ruhe als bedroht ansieht und folglich kampfbereit ist. Aus Sicht der »Volksgemeinschaft« erscheinen die militärischen Elemente als aufgezwungene Verteidigungsbereitschaft. Seit dem Ersten Weltkrieg verspricht die Idee der »Volksgemein-schaft« bis in die Arbeiterklasse nach innen Sicherheit und nach außen Abwehrbereitschaft, dieses Ideal gehört zum neuen Bild des »totalen Krieges«. Frieden und Krieg werden miteinander verwoben, gegenüber einer Welt von Feinden muß man gewappnet sein.[5] »Abseits vom Alltag«[6] wollen die hier ausgewählten Bilder Hitler als einen heimatverbundenen, vertrauenswürdigen, einfachen Menschen zeigen, aber schon die Uniform verweist auf die ausgeblendete andere Seite dieses »Friedens« hin. Ein »Friedens«-Ideal wird mit Attributen des Nicht-Zivilen verbunden. Diesen beiden Seiten bzw. diesem Widerspruch in den NS-offiziellen Bildern, die Hitlers Volks-tümlichkeit herausstellen und mit den Sicherheitswünschen nach den Krisen der Jahre 1914 bis 1918/19 und 1930 bis 1932/33 verbinden wollen, soll nachgespürt werden.

Massenritual und Intimität: Defizite der Forschung
Offiziöse Bilder, wie sie in den Cigaretten-Bilderalben *Deutsch-land erwacht* (1933) und *Adolf Hitler* (1936) enthalten sind[7], fehlen im Bildteil und in der Interpretation z. B. von Peter Reichels[8] Studie über den »schönen Schein des Dritten Rei-ches«. Reichel und viele andere Darstellungen« des Nationalso-zialismus wählen bewußt die inszenierten großen Spektakel als Titelbilder. Es spricht jedoch eine Fülle an Impressionen dafür, daß es vorrangig nicht solche außerordentlichen Großereig-nisse wie Albert Speers Lichtdom und die Reichsparteitage gewesen sind, die die »Glaubensbereitschaft bei vielen Deut-schen«[9] bzw. die »potentielle(n) Hitler-Gläubige(n)«[10] hervor-gebracht haben. Verwunderlich ist, daß die »Bilder«-Medien (und -Quellen) wie Plakate, Fotos und Filme von der »etablier-

ten« Historiographie so sehr vernachlässigt werden, wenn Fragen des Massenanhangs und der öffentlich-ästhetischen Präsentation des Nationalsozialismus (vor und nach 1933) untersucht werden.[11] Gerhard Paul[12] und Richard Bessel[13] zeichnen die NS-Propaganda dagegen ambivalenter, so daß sich das veröffentlichte und gleichwohl intim gehaltene Hitler-Bild mit (mittelständischen) Wünschen nach einem geordnet-konfliktarmen Alltag zusammendenken läßt.[14] Keinesfalls aber sollten die Großveranstaltungen von den intimen Bilder abgesetzt werden: beides gehört zusammen. Die Monumentaldarstellungen und -arrangements z. B. der Parteitage[15] und ihre visuelle Stilisierung durch Heinrich Hoffmanns Fotos oder durch Leni Riefenstahls Parteitagsfilm *Triumph des Willens* sind nur ein Aspekt der virtuellen Realitätsschöpfung. Die andere Seite ist die stilisierte Vertraulichkeit, wenn Hitler sich dem Volk zuwendet bzw. wenn typische Repräsentanten aus der Gefolgschaft in die Nähe des »Führers« gestellt werden. Die erhabene Alpenkulisse in Berchtesgaden wird dann ebenso zur Arena der »Volksgemeinschaft«, wie dies das Parteitagsgelände für die NS-Massenorganisationen ist.

Form und Inhalt werden in der Diskussion des Nationalsozialismus allzusehr getrennt, weshalb auch die Wirkung der nationalsozialistischen Ästhetisierung von Öffentlichkeit und die alltägliche Akzeptanz des Nationalsozialismus wenig erforscht sind. Den Forschungstenor – entgegen den Studien von Gerhard Paul – veranschaulichen die Aufmerksamkeitshaltungen von Reichel und Thamer. Es ist die Rede von Faszination und Gewalt bzw. von Verführung und Gewalt, wobei sich der Sinn des verbindenden »und« aus einer Manipulationsthese und aus der bevorzugten Betrachtung der spektakulären Großrituale ergibt. In der Endphase der Weimarer Republik und während der nationalsozialistischen Herrschaft entspricht dieses Manipulationsdenken dem zeitgenössischen Stand der damals einsetzenden Kommunikationsforschung[16], die sich auf die politisch-regulative Durchsetzung der Massenkommunikationsmittel Tonfilm und Rundfunk bezieht. Beispielsweise vertreten Carl Schmitt[17] und seitens der NSDAP vor allem Joseph Goebbels[18] derartige Manipulationsthesen. Carl Schmitt erklärt es zum essentiellen Kennzeichen eines geschlossenen, totalen starken Staates, daß er die neuen Medien kontrolliert, weil er sie als Machtmittel erkennt. Diese Manipulationsthese wirkt bis heute nach, wie z. B. Peter Longerichs Blick [19] auf die »Omnipräsenz nationalsozialistischer Propaganda« zeigt, der übrigens »die verordnete Bildästhetik der Pressefotografie« und die »Durchdringung der Alltagskultur mit Propaganda« nur en passant streift. Auch Rainer Zitelmann redet von »Hitler-Bildern« [20], ohne aber die konkreten Bilder zu behandeln. Selbst die psycho-historischen Forderungen über »Hitler und die Deutschen« [21] oder Propagandastudien über den »Hitler-Mythos« [22] sparen die publizierte Bilderwelt weitgehend aus.

Anders Saul Friedländer. Er rekonstruiert 1984, lesenswert, die Eigendynamik des Nationalsozialismus in seiner Essaysammlung *Kitsch und Tod*, indem er Äußerungen z. B. von Hans Jürgen Syberberg, George Steiner und Albert Speer als »Widerschein des Nazismus« auffaßt und auf die »Mechanismen der Faszination von damals« zurückfolgert. Friedländer [23] macht Ernst mit dem Primat der Politik und legt das Schwergewicht seiner Betrachtung auf die Darstellung und politisch-psychologische Interpretation jener »hinreißenden Bilder«, mit denen sich der Nationalsozialismus selbst darstellt. Vor allem verwebt Friedländer mit der Frage nach der historischen Rekonstruktion diejenige der gegenwärtigen Bedeutung:

Der Nazismus ist ein Phänomen der Vergangenheit, aber die Obsession, die er für die gegenwärtige Phantasie besitzt, und das Hervortreten eines Diskurses, der nicht aufhört, ihn nachzugestalten und neu zu interpretieren, stellen uns (...) vor die Grundfrage, wie dieses Starren auf die deutsche Vergangenheit zu bewerten ist: als nostalgische Träumerei, als Gier nach Spektakulärem, als notwendiger Exorzismus und / oder als anhaltendes Bemühen um Verständnis? Oder aber, immer noch und schon wieder, als Ausdruck dumpfer Ängste und bei manchen auch dumpfer Hoffnungen? [24]

Abb. 1: Heinrich Hoffmann: »Reichskanzler Adolf Hitler«, Februar/ März 1933 (Slg. Fotomuseum im Münchner Stadtmuseum).

Wie sich Hitler – durch sein Medium Hoffmann – den Deutschen in Alben und Illustrierten präsentiert hat, wurde erst durch die Ausstellung »Hoffmann & Hitler. Fotografie als Medium des Führer-Mythos« im Münchner Stadtmuseum ins Blickfeld gerückt. Hoffmanns Hitler-Fotos sind eine eminent reichhaltige Quelle zur Untersuchung des NS-Deutungsangebots einer versöhnten, nicht-entfremdeten Begegnung von personifizierter Politik und Volk.[25]

»Reichskanzler Adolf Hitler« versus »Hitler – wie ihn keiner kennt«
Hitler mißt seinen veröffentlichten Porträts große Bedeutung bei.[26] Heinrich Hoffmann, der »Reichsbildberichterstatter« und »offizielle Fotograf der NSDAP«[27], »der für uns alle den Führer sieht«[28], hat sie zusammen mit Hitler hergestellt, ausgewählt und publiziert, um Hitler zu popularisieren. Die Bilder werden zu Serien zusammengestellt und als Fotobände, Cigaretten-Bilderalben oder Postkarten vertrieben; teilweise erreichen sie eine Auflage bis zu 400 Tausend, was für die Beliebtheit dieser Bilder spricht.

Eines der Alben trägt den Titel *Hitler abseits vom Alltag*. Hitler wird in der Freizeit und vor Landschaftskulissen gezeigt. In dieser Umgebung trägt er oft zivile Kleidung, öfters sogar mit Anklängen an die bayerische Tracht. Als Kontrast verweisen die zivile Kleidung, die Berglandschaft und die Kontakte mit einfachen Leuten darauf, daß Hitlers Alltag durch amtliche Uniformierung und Distanz in Berlin geprägt ist.[29] Hitlers Alltag – im Gegensatz zur intimen Darstellung in den Bergen und unter dem Volk – soll entsprechend der Symbolik jenes Porträts »Ein Volk, ein Reich, ein Führer!« (1938)[30] oder der Postkarte »Reichskanzler Adolf Hitler« (1933, Abb. 1) wahrgenommen werden. Im Alltag ist Hitler der einsame große Staatsmann, den die Ikonografie in die Nähe von Bismarck und Friedrich dem Großen rückt.

Die Bilder, die Hitler »abseits vom Alltag« zeigen (Abb. 2), »in seinen Bergen« und so »wie ihn keiner kennt« – um zwei weitere Serientitel Hoffmanns zu zitieren[31] –, deuten an, welche andere Seite zum nationalsozialistischen Hitlerbild gehört, um

2

Abb. 2: »Am Obersee bei Berchtesgaden« (aus: Adolf Hitler, Cigaretten-Bilderalbum).

3

Abb. 3–4: »Sie sagt ihr Gedichtchen« – »Ein Pimpf übergibt dem Führer einen Brief seiner kranken Mutter« (aus: Adolf Hitler, Cigaretten-
Bilderalbum).

den entrückten »Führer« mit der Idee der »Volksgemeinschaft«
zu versöhnen. Als »Volkskanzler« öffnet Hitler diesen beruf-
lichen Alltag für diejenigen Bereiche, die von der gegenüber
der Politikgeschichte kritisch eingestellten Sozial- und Alltags-
geschichte seit Ende der siebziger Jahre als »Alltag unterm
Hakenkreuz« (H. Focke / U. Reimer) wiederentdeckt worden
sind. Hitlers Uniform markiert den öffentlichen Raum des
Staates und der Partei, der dem Betrachter als Bürde erscheinen muß – eine Bürde, die Hitler weder zerbricht noch vom
Volk entfremdet. Hitlers Freizeitkleidung und sein Auftreten
»abseits vom Alltag« verweist dagegen auf den Privatraum mit
Nähe zum Volk. Der Alltag der Partei- und Staatsgeschäfte entfernt sich nicht von den einfachen Menschen und der Heimat,

»Führer« und Gemeinschaft bleiben verbunden: diese Botschaft sollen die nicht-alltäglichen, intimen Hitler-Bilder transportieren, mit ihren symbolischen (durch keine nachprüfbare Realität gedeckten) Verweisen auf Kinder, (kranke) Mütter und das Vertrauen zum »Führer«, der's – unkompliziert und direkt – schon richten wird.

Das Foto »Ein Pimpf übergibt dem Führer einen Brief seiner kranken Mutter« (Abb. 4) beschwört das feudale Ritual der Überreichung eines Bittbriefes: Wer ein berechtigtes Anliegen hat, kann sich direkt an den »Führer« wenden. Ob es sich bei dem Papier in Hitlers Hand tatsächlich um den Brief der kranken Mutter handelt? Funktion der Bildunterschrift ist es, dem Foto die Illustrierung gemeinschaftlicher Nähe zuzuweisen und seine Stimmigkeit als Bildzeichen konkretistisch zuzuspitzen. So soll die allgemeine Volkstümlichkeitsgeste der freundlich-schützende Entgegennahme eines Bittgesuchs durch Hinweis auf die kranke Mutter emotional aufgeladen werden. Auf diesem und vergleichbaren Fotos selbst entsprechen dem die korrespondierenden Uniformen von Hitler und dem »Pimpf«, die andeuten, daß es über der leiblichen Familie noch die mächtige kollektive Schutzgemeinde der Partei- und Volksgemeinschaft gibt. Dieses Kollektiv springt helfend ein, wenn Schicksalsschläge die »kleine Welt« treffen, Bedingung ist es allerdings, daß die große wie die kleine Welt – was die Uniformen zeigen – derselben Gemeinschaft zugehören.

Dem vom politischen Gegner verbreiteten Bild des brutalen Machtmenschen wird der »echte Hitler« als Freund, Kamerad, Kunstliebhaber, als Freund seiner Berge sowie von Tieren, Kindern und einfachen Menschen gegenübergestellt. Die Uniform symbolisiert Disziplin, Einfachheit und Gleichheit und verkörpert die Einbindung des einzelnen in ein höheres Kollektiv. Alltag und Privatsphäre sollen in ihrem Zusammenspiel die Maxime bebildern:

Ich will nicht der Diktator, sondern der Führer meines Volkes sein![32]

Staatsmann und Volk werden miteinander versöhnt, weil das ästhetische Arrangement die Distanz aufhebt und Gleichheit verspricht. Auf dem Parteitag 1936 äußert sich Hitler so, als sei dieses Ziel verwirklicht. Er teilt dem deutschen Volk mit:

> Das ist das Wunder unserer Zeit, daß ihr mich gefunden habt... Und daß ich euch gefunden habe, das ist Deutschlands Glück![33]

»Auch der Führer kann fröhlich sein«: Hitler aus der Nähe betrachtet

Von den vier Männern, die die Geschicke der Welt zwischen der großen Wirtschaftskrise und dem Ende des Zweiten Weltkriegs in Händen hielten, kultivierte allein Hitler das Image des kleinen Mannes, den kleinsten gemeinsamen Nenner, auf den sich die Weltanschauung der westlichen Mittelklassenmehrheit bringen ließ. Churchill blieb Aristokrat, Roosevelt Patrizier, und »Väterchen« Stalin hüllte seine Person zunehmend ins Geheimnisvolle, vermied öffentliche Großveranstaltungen und den direkten Kontakt mit den Massen.[34]

1936 erscheint als 15. Sammelwerk mit 200 Bildern das Cigaretten-Bilderalbum *Adolf Hitler. Bilder aus dem Leben des Führers*. Ein Exemplar im Besitz des Autors verzeichnet das 201. bis 300. Tausend als Auflage. Bei etwa 14 Millionen Familien könnte also fast jede 50. Familie im Besitz dieses Albums sein, wobei dieses Reichweitendatum mangels Nutzungs- bzw. Wirkungsdaten kaum interpretierbar ist.[35] Das Album enthält Bilder des monumentalen wie des intimen Bereichs. Die monumentale Ebene zeigt Hitler – zumeist distanziert in der Totale – vor allem als Redner bei Großveranstaltungen und bei Paraden. Bekannt ist dies vor allem durch Leni Riefenstahls Parteitagsfilme und die Wochenschauen. Bilder aus dem intimen Bereich (Abb. 5) tragen etwa folgende Bildunterschriften:

»Tage der Ruhe. Der Führer und die kleine Helga Goebbels« – »Ein Pimpf übergibt dem Führer einen Brief seiner kranken Mutter« – »So bewegt sich ein Staatsmann unter Arbeitern« – »So grüßen die deutschen Bauern ihren Führer Adolf Hitler. Bückeberg 1935« – »Eintopf, auch beim Reichskanzler« – »Seine Straßen führen Adolf Hitler zum Volk« – »Reise durch den Harz. Auch der Führer kann fröhlich sein«.[36]

Solche Bilder kennen keinen Generationskonflikt, keinen Klassenkampf, keine landsmannschaftlichen Spannungen, keine religiösen Konflikte, keinen Stadt-Land-Gegensatz. In freundlichem Ernst (Leidenschaften werden nicht gezeigt) und unter Bedingungen einer spontanen Gleichheit von Mensch zu Mensch lösen sich die Konfliktmaterialien und die Spannungen der kapitalistischen Gesellschaft auf. Die Weltwirtschaftskrise und die bürgerkriegsähnlichen Zustände des Entscheidungs-

5

Abb. 5: »Auch der Führer kann fröhlich sein« (aus: Adolf Hitler, Ci-garetten-Bilderalbum).

jahres 1932 sind Vergangenheit. Das ist die grundsätzliche Botschaft, die diese Bilderwelt vermitteln möchte, ausgeblendet wird alles Grauen, fern ist jeder Unfrieden. Die, die im Schatten stehen, tauchen nicht auf, die Kosten der nationalsozialistischen »Weltheilung« werden verschwiegen.

Der Soziologe Richard Sennett geht davon aus, daß die Reduktion von Politik auf dramatis personae und die Ersetzung von Repräsentation und Interessen durch Präsentation und Intimität Betrachtungs- und Ausdrucksform ist, die der kapitalistischen Gesellschaft bzw. der sozioökonomischen Moderne mit ihrer Differenziertheit und Internationalität unangemessen ist. Die Reduktion von Strukturen und Prozessen auf Personal strebt danach, von der Gesellschaft zur Gemeinschaft oder zum Stamm zurückzukehren. Eintracht, Sitte und Religion bzw. das »ganze Gewissen« treten an die Stelle von sozialen Konventionen, Politik und öffentlicher Meinung. Gewalt verflüchtigt sich, wenngleich sie als Garant und als Schöpfer dieser Gemeinschaft heimlich immer auch im Bilde ist (wenn Hitler auch in der intimen Staffage Uniform trägt, wird dies sogar manifest).

Die intime Nähe suggeriert eine Welt ohne Gewalt, voller Verständnis – ohne viel Worte und schon gar ohne jede Analyse. Die Konstrukte verweisen aber auf ihre verborgenen Auch-Inhalte: Was passiert mit denen, die der »Führer« nicht so liebevoll streichelt oder anlacht? Was widerfährt jenen, die sich in die Marschkolonnen nicht einreihen, die im Schmerz nicht zum Denkmal erstarren, sondern ihren Schmerz und ihren Zorn in die Welt schreien? Diese andere Seite der nationalsozialistischen Ästhetisierung und Öffentlichkeit ist allgemein bekannt – macht doch die NSDAP mit ihrem Rigorismus beim Aufbau und bei der Reinigung der »Volksgemeinschaft« Propaganda –, gerade deshalb soll ihre empörende Wirkung durch die Teilung ins Intime und Monumentale abgearbeitet werden. Daß diejenigen, die sich dieser Sichtweise nicht fügen, z. B. ins KZ gebracht werden, ist Allgemeingut und steigert, subkutan, sicherlich die disziplinierende Wirkung des Bilderangebots.

Wenn von Hitler und den Deutschen oder von sozialpsychologischen Aspekten der Führer-Herrschaft die Rede ist, also von den subjektiven Komponenten und der Anhängerschaft der nationalsozialistischen Herrschaft, dann spielen die vom Nationalsozialismus in die Welt gesetzten Bilder seiner selbst eine besondere Rolle. Diese Bilder zeigen in ihrer technischen Konstruiertheit und Auswahl, wie der Nationalsozialismus sich selbst sieht, wie er aber auch betrachtet und wahrgenommen werden möchte. Die vielfach von Personen bestimmte Bildwelt summiert sich zu einer simulierten Realität, die das rationale Gesellschaftsverständnis auflöst. Intimität meint im Fall des Nationalsozialismus Lokalisierung, landsmannschaftliche Attribute, personale Direktheit und Gleichheit im Sinne einer selbstverständlichen, politisch und sozial weder gebrochenen noch vermittelten Unmittelbarkeit. Bilder z. B. einer Bauernfamilie beim Anhören einer Führerrede vor dem Volksempfänger[37] versuchen den Eindruck zu erwecken, als seien gesinnungsmäßige Nähe und Intimität sogar in der Lage, technisch-mittelbarer Kommunikation die Aura personaler Direktheit und Nähe zu geben.

Die Transformation der objektiven, wahrgenommenen und technischen Realitätsebenen zu einer zusammenfassenden Fiktion – heute, mit den Möglichkeiten der Comoputergraphik, heißt dies virtuelle Realität – nährt sich im Nationalsozialismus aus der Bilderwelt eines unpolitischen Rückzugs. Von der objektiven Realität – z. B. Hitler am Obersalzberg –, deren subjektiver Wahrnehmung und Fotodokumentation – z. B. mit Bildern, die Hitler vor einer Bergkulisse zeigen, wie er kleinen Kindern die Hand auflegt – wird durch Verarbeitung einer Fülle derartiger Realitäten und Bilder sowie durch Einbezug auch der Aspekte des Monumentalen und Erhabenen – z. B. der Landschaft – ein Gesamtbild simuliert. Diese Fiktion soll in Anlehnung an Richard Sennett näher beschrieben werden.

Gemeinschaft und Intimität

Eine emotionale Dynamik der Gemeinschaft baut »intime Gemeinschaftsterritorien« (Sennett) auf, die sich von einer Welt unverstandener, fremder und mindestens tendenziell aggressi-

ver Feinde abgrenzen. Die heimelige Intimität der landsmannschaftlichen Kürzel oder Dialekte soll dem nationalsozialistischen Ganzen den Ruch des Abstrakten neben oder über den
Menschen nehmen; alle Besonderheiten gehen auf dieses Allgemeine zu und können ihren idealtypischen Sonderstatus gerade in diesem Rahmen zeigen. (Leni Riefenstahl z. B. malt
dies in *Triumph des Willens* aus.) Die Intimität zwischen dem
Volk als Ansammlung sogenannter »kleiner« und »einfacher«
Leute (nicht aber als eine Gesellschaft pluraler Interessen) und
seinem »Führer« als primus inter pares entwickelt keine Form,
die offen ist für eine Koexistenz mit anderen, mit Fremden.
Gerade diese Bilder der Intimität bauen eine Weltsicht auf, die
Innen und Außen (unter)scheidet.

Richard Sennett[38] ist der Ansicht, »die Besessenheit von der
Intimität (sei) das Kennzeichen einer unzivilisierten Gesellschaft«, und: »...falsch an der Vorstellung, man könne eine
Gemeinschaft gegen die Welt errichten, ist... die Annahme,
intime Erfahrungen setze die Menschen in die Lage, auf dem
Fundament gemeinsamer Gefühle eine neue Form von Gesel-
ligkeit zu entwickeln.«[39] Denn: Die simulierte Realität des nationalsozialistischen Weltbilds durch die Summe von technisch
hergestellten und bewußt ausgewählten NS-Bildern ist das
Konstrukt einer »Volksgemeinschaft« ohne Entfremdungen.
Dieses Bild, entworfen nach den Katastrophen des Ersten
Weltkrieges und der Weltwirtschaftskrise, inmitten einer ein-
gebildeten Welt voll von Feinden und den Versuchungen eines
vornehmlich antisemitisch und antiintellektuell ausgemalten
Sündenpfuhls, setzt auf unmittelbare »Brüderlichkeit«, d. h.
auf eine Nähe, die keines Rechts, keiner Repräsentation, keiner allgemeinen Normen und Institutionen bedarf, auf eine
Nähe, die »Natürlichkeit« gegen »Künstlichkeit« und Intellekt
ausspielt bzw. »Volksgemeinschaft« gegen Industriegesell-
schaft setzt. Diese »Brüderlichkeit« aber ist exklusiv und inklu-
siv, sie ist militant und destruktiv nach außen (wie innen). Es
gibt nur noch Nähe, Direktheit und Intimität oder Distanz,
Bruch und Feinde. Die Universalität der Grund- und Men-
schenrechte wird verworfen.

In Hitlers *Mein Kampf*[40] gibt es als »heiligstes Menschenrecht« die Verpflichtung, »daß das Blut rein erhalten bleibt«. Es gibt in dieser Gemeinschaft mit ihrer Intimität unter Deutschen keine Menschheit, keine Gleichheit und Universalität des Humanen. Folgerichtig erklärt Hitler[41] die universale Gleichheitsvorstellung der Aufklärung und das Menschenrechtskonzept der französischen Revolution zum verwerflichen liberalen wie marxistischen Standpunkt: »Mensch ist gleich Mensch«, diese universale und individualistische Position muß als Zeichen der Schwäche überwunden werden. Eine rassenpolitisch definierte Homogenität soll obsiegen. Menschliche Schwächen verlieren in der Monumentalität des Kollektiven an Gewicht. Die Starre der Formen schützt den einzelnen z. B. vor einem Zerfließen z. B. in Trauer, Schmerz oder Zweifel.[42] Die schlimmen Folgen des Politischen werden symbolisch überhöht zu einer archaischen Opfermystik, deren vom Einzelleid abstrahierende Formensprache sich der Monumentalität und der antiken oder germanischen Mythologie bedient.

Die halbe und die ganze »Wahrheit« nationalsozialistischer Propagandafotos

Die Bilderrealität des Nationalsozialismus zeigt das Positive dieser Entscheidung und präsentiert so nur eine Seite der Medaille. Zu jedem Foto der Nähe von Führer und Gefolgschaft gehörte – wie wir nach 1933 und 1939 wissen (sollten) – eine andere Aufnahme, die die gewaltsame oder auch selbstzerstörerisch-gewaltträchtige Konsequenz dieser Nähe zu zeigen hätte. An zwei Beispielen soll diese Überlegung erläutert werden.

»Im Kasino mit dem Führer«: Dieses Foto zeigt Hitler zusammen mit etwa 50 jungen bzw. jüngeren Männern und, versteckt, zwei jüngeren Frauen. Alle sind uniformiert und gehören somit, bei aller Hierarchie, der gleichen Partei, der NSDAP, an. Die Betonung der Gleichheit und Nähe zeigt, daß die NSDAP nicht als Partei, sondern als Bund bzw. Gemeinschaft erscheinen will. Hitler wird begeistert, freudig und gespannt von dem in fünf Reihen gegliederten Halbrund von NSDAP-, SA- und HJ-Mitgliedern angestarrt. Hitler selbst blickt gefaßt nach oben in die Runde, ohne aber einen der Jugendlichen direkt anzublicken. Es ist so, als würde man einer spannenden Geschichte in einer Freundesrunde zuhören – ein Bild der Nähe und des freundlichen Umgangs miteinander, das gleichwohl aber auch die Hierarchie zwischen einem Führer und vielen Gefolgsmännern deutlich macht, das auch merkwürdige Zeichen der Starre und des Arrangements enthält. Alle Augenpaare hängen an Hitler. Die Intimität dieser Gemeinschaft fasziniert offensichtlich auch den Kommentator Wilfried Bade, der Mitarbeiter bei Goebbels' Berliner Zeitung *Der Angriff* und im Ministerium für Volksaufklärung und Propaganda ist. Bade[43] schreibt zu diesem Foto (Abb. 6):

6

Abb. 6: »*Das Braune Haus in München ist das Ziel vieler SA-Leute aus dem Reich. Im Kasino mit dem Führer*« (aus: Deutschland erwacht, *Cigaretten-Bilderalbum*).

Im Keller liegt das kleine bescheidene Kasino... Wie oft saß nicht hier der Führer im Kreis seiner Getreuen und ließ sich von den Kameraden, den Hitler-Jungen und -Mädeln von ihrem Geschicke erzählen! Und wie leuchteten nicht die Augen! Die Augen der Männer und Knaben, den geliebten Führer zu sehen, – die Augen des Führers, solche Männer und solche Jugend für sein Werk gewonnen zu haben!

Dieses Foto präsentiert Hitler und seine Parteigenossen als gemütliche Runde einer politischen Familie und eines Erzählkreises. Es blendet jene Energien aus, die gegenüber Fremden bzw. Störenfrieden von dieser Gruppe ausgehen, sobald jemand als Feind oder als Bedrohung dieser friedlichen Kaffeerunde angesehen wird. Für das NS-Publikum versteht sich diese unterschlagene Seite augenzwinkernd von selbst; man weiß, daß man eine durch gemeinsam begangene Gewalttaten verschworene Gemeinschaft bildet. Dem restlichen Publikum aber suggerieren solche Fotos wie das aus dem Kasinokeller, daß diejenigen, die die Öffentlichkeit (auch) als Gewalttäter kennt, eigentlich friedfertige, lustige und ehrliche »Kerle« sind. Dieses Bild läßt die Gewaltsamkeit der paramilitärischen Parteitruppen zurücktreten; wenn die Welt in Ordnung wäre, wenn es keine Feinde oder nörgelnd-miesmachende Störenfriede gäbe, würden diese Männer keine Gewalt ausüben müssen. Eigentlich, privat, sind sie nicht gewalttätig; Gewalt wird nicht aus privater Lust ausgeübt, sondern aus politischem Zwang als Pflicht auferlegt. Politische Gewalt und private Gewalt werden unterschieden. Deshalb rückt das Bild den Partei- und Staats-»Führer« in die Nähe seiner einfachen »Parteigenossen« und mittelbar somit auch »des Volkes«. Neben der Richtigstellung des Gewaltbildes wird Hitler als eine Art Volkstribun charakterisiert. Die ideologische Affinität wird – nachdem selbst sozialdemokratische Politiker in der Weimarer Republik ihr staatsmännisches Outfit gepflegt haben – symbolisch abgerundet. Hitler beharrt von der Kleidung und den Gesten her sowie mit dem Arrangement der Nähe, Intimität und Gleichheit auf den Lebensphasen als Frontsoldat bzw. im

Wiener Obdachlosenasyl; er kennt »sein« Volk, dessen wahre Bedürfnisse und Befindlichkeiten bei ihm gut aufgehoben sind und gegen Bürokraten und Apparate verteidigt werden: dies ist die Botschaft solcher Bilderserien, wie sie die Cigaretten-Bilderalben mit ihren quasi-privaten Fotografien »aus dem Leben des Führers« transportieren. Diese Bilder können selbst gegen »Bonzen« und »Goldfasane« in der NSDAP mobilisiert werden, wenn diese den »Führer« umgeben und vom Volk abschließen. Gegen diese entfremdeten Teile der Großorganisation NSDAP steht in Konsequenz der Intimitäts- und Verständnisgeschichten jenseits des Amtsalltages die Formel der eigentlichen Nähe: »Wenn das der Führer wüßte...«

»Macht und Verführung«, wie Hans-Ulrich Thamer seine Darstellung des Nationalsozialismus überschreibt, sind nicht zwei Seiten, ebenso wie der Normen- und der Maßnahmestaat [44] nicht auseinanderfallen; manipulative, formale und inhaltliche Seiten, Ziele und Mittel, ästhetischer und nackter Terror bilden eine Einheit. Verführung, Faszination, Selbstgleichschaltung sind von Macht, Gewalt und Gleichschaltung nicht abzuspalten. Ästhetik wird Macht, so wie die Macht ästhetische Form annimmt. Durch die ästhetische und symbolpolitische Präsentation einer existentiellen Identität von Führer und Gefolgschaft verlieren die Gewalt und der Bruch mit demokratisch-parlamentarischer Repräsentation ihr Grauen, gewinnen eine quasi-familiäre Nähe für alle, die darin einbeschlossen sind bzw. werden. Die »Volksgenossen« begegnen einander als gleiche unter gleichen, es gibt keine Entfremdung, keine Distanz, keine Einzelinteressen, sondern Homogenität und die Nähe einer kollektiven Kampf- und Opfergemeinschaft. Intimität verdrängt Zivilität: Dieses Politik- und Gemeinschaftsbild umschreiben gerade jene Hitler-Bilder und jene realen Gesten und symbolischen Veranstaltungen, die vom Gleichheitsappell eines vielfach soldatisch präsentierten »Volkskanzlers« als eines nicht entfremdeten Staatsmannes leben und Uniform und Lederhose gegen Cut und Anzug stellen.

Wie läßt sich die Bilderwelt des intimen Nationalsozialismus kritisieren?

Jenes Foto von Hitler, wie er freundlich, behütend auf drei Kinder herabschaut, enthält im Rückblick auch eine kritische Überblendung, etwa das Bild jenes Hitlerjungen, der sich völlig erschöpft und demoralisiert am Ende des Krieges ergibt. Nicht ohne Bedeutung steht im Hintergrund der Aufnahme von Hitler und den drei Kindern ein zwar freundlich, aber auch entschieden dreinblickender SS-Mann. Hitler kann sich über diese Kinder freuen, ebenso lächeln Schirach und eine Frau über diese Geste der Intimität zwischen dem »Führer« und den Volks-Kindern. Der SS-Mann deutet aber an, daß dieser Zustand erkämpft worden ist und behauptet werden muß. Das Bild ist insofern nicht nur Freundlichkeit, sondern auch eine Mahnung, daß Zuchtlosigkeit und Verweichlichung überwunden werden mußten und ferngehalten werden müssen, um diese Idylle zu schaffen. »Auch die nationalsozialistische Jugendbewegung ist dem Führer nicht geschenkt worden.«[45]

Wegen ihrer latenten Verweise kann diese Fotografie als Titelbild einer kritischen Darstellung verwendet werden, wenngleich optisch der Verweis auf das feindselige Pendant dieser Freundlichkeit fehlt. Das Foto: »Immer wieder sieht man den Führer auf Bildern von Kindern umgeben. Rechts Baldur von Schirach«[46] wurde für den Umschlag der von Michael Burleigh und Wolfgang Wippermann verfaßten Studie *The Racial State. Germany 1933–1945* benutzt; das Buch wird gewissermaßen als kritischer Kommentar zu der dargestellten Idylle vorgestellt.

Vergleicht man dieses Foto mit der Literatur – neben Burleigh/Wippermann können auch Reichel und Thamer herangezogen werden –, dann wird ein Dilemma deutlich: Der Gesamtzusamenhang der nationalsozialistischen Medienrealität wird nicht wahrgenommen, so daß sich die Kritik der Idylle auf das verbale Abkanzeln beschränkt. Es fehlt ein kritisches Gegen-*bild*, es mangelt auch am Vermögen, die Kritik aus dem Bild herauszulesen. Das Bild wird gezeigt und verbal konterkariert. Dem NS-Bild stehen lediglich abstrakte verbale Darstellungen gegenüber (ob damit Wirksamkeit und Fungibilität der NS-Bilder weiterhin offen bleiben, ob das Bild-Material der Reeducation mit seinen »Nacht und Nebel«-Verweisen die virtuelle Realität der NS-Bildermacher ersetzt hat, solche Fragen drängen sich auf, wenn beobachtet wird, wie NS-Fotografie und -Film bis heute das Material zur Visualisierung der Verbalkritik liefern). Es fehlt an Bildern, die allseitig die NS-Bilderwelt mit ebenso eindringlich wahrzunehmenden Bildern der anderen Seite konfrontieren. So bleibt es beim Rekurs auf das Wort: »The regime's ›national community‹ was based upon the exclusion and extermination of all those deemed to be ›alien‹, ›hereditarily ill‹, or ›asocial‹...«[47]

Intimität, Monumentalität und der Mangel an demokratischen Gegenbildern

Mit Bildern der Nähe, Direktheit und Identität verbindet sich, zumindest aus Sicht des Betrachters, der von heute aus weiß, daß auf 1933 der Zweite Weltkrieg und die Konzentrations- und Vernichtungslager folgten, ein Schauder als Ausdruck einer intellektuell hergestellten Distanz. Dieser Schauder gehört, wie Saul Friedländer zeigt, emphatisch zu den Bildern der Gemeinschaft und speist sich aus dem Wissen um die destruktiven Energien des Nationalsozialismus. Bereits vor 1933 ist die gewaltträchtige andere Seite der Bilder nicht nur öffentlich geworden, sondern vom Nationalsozialismus als Geste der Entschiedenheit öffentlich herausgestellt worden. Meine Interpretation der Gemeinschaftsbilder muß also nicht nur vom Wissen nachgeborener Generationen zehren. Bei den Zeitgenossen stieß dieses Wissen aber auf eine offenkundig breite Akzeptanz für Uniformen und latent gewaltträchtige Männerphantasien.

Die Bilderwelt des intimen Nationalsozialismus visualisiert eine bis heute wirksame politische Haltung, die die Totalität des Nationalsozialismus aufsprengt und säuberlich zwischen Mitteln und Zwecken trennt.[48] Vollbeschäftigung ohne Aufrüstung, Jugendorganisationen ohne Militarisierung und Drill – das »Gute« oder das »Schlechte« wird aus seinem Gesamtzusammenhang herausgerissen, ohne daß den Teilwahrheiten Rechnung getragen wird. Diese Aufspaltung folgt der Ikonografie der NS-Bilder, stellt diese aber auf den Kopf und wertet sie; diese Interpretation nährt z. B. jene abstrakte Faschismuskritik, die positive Alltagsaussagen über eine interessante Jugendzeit, über öffentliche Sicherheit oder Vollbeschäftigung im »Dritten Reich« ausblenden muß, weil sie dagegen nichts einzuwenden weiß.

Analog funktionieren auch im Nationalsozialismus die Bilder, die zur Simulation der Welt angeboten werden. Entweder zeigt man das Grauen erst gar nicht, oder man entindividualisiert es zum Opfer, zur typischen heroischen Geste, zum Monument. Wenn die Nachtseite auftaucht, dann gerade nicht als individuelle Verzweiflung über Tod, Schmerz, Folter und Leid.[49] Wenn Konsequenzen zitiert werden, dann werden sie als faszinierendes Grauen, als Helden- oder Opfermythos mit nachfolgender Heiligsprechung bebildert. Opfer und Helden verrecken nicht – wenn überhaupt, so sind Todesqual und Folter Abschluß ihres irdischen Lebens, Attribute zur Überwindung des Individuellen; die Anverwandten von Opfern tragen ihren Schmerz gefaßt, zerfließen nicht in Tränen und Klagen; Opfer reinigen, belegen Wahrhaftigkeit, Helden bekräftigen den Sinn und die Reinheit des Kampfes – vielfach gegen einen übermächtigen und heimtückischen Feind – und gehen in die Ewigkeit ein. Wenn sich Grauen in der NS-Bilderwelt findet, dann verliert der Tod seinen Schrecken, seine Banalität und Grausamkeit. Bis hin zu Briefmarken wird das Grauenhafte zum »rituell verklärten, stilisierten und ästhetisierten Tod« transformiert, wie Saul Friedländer[50] diese Seite der Ikonographie umschreibt. Aus dem Grauen wird die Apotheose, die als notwendiges Pendant der scheinbar friedlichen »Volksgemeinschaft« tritt.

Intimität ist die eine, Monumentalität die andere Seite: beides sind die nicht zu trennenden Stilmittel der Ikonografie des Nationalsozialismus, die mit ihrer Verklärung des Negativen grauenhafte Faszination mit einer Faszination des Grauens verbindet. Gerade diese Verbindung soll die Ästhetisierung der nationalsozialistischen Politik unterschlagen. Es spricht für die Wirksamkeit diese »Projekts«, daß diese Präsentation bis heute analytisch und politisch-kulturell die Darstellung und

Verarbeitung des Nationalsozialismus beeinflußt. Vor allem hindert diese Ästhetisierung des Politischen daran, dem Nationalsozialismus eine »demokratische Bilderwelt« gegenüberzustellen. Bildlich Distanz zum Nationalsozialismus herzustellen fällt offenkundig schwer, was die Geschichte der antinazistischen Dokumentationen und Filme bis heute bestimmt. Viele der Dokumentationen gegen den Nationalsozialismus wären z. B. ohne Leni Riefenstahls Stilisierungen undenkbar. Insofern Gegenbilder fehlen, flüchtet sich die Kritik in die Gegendarstellung kritisch-verbaler Kommentare. Der Macht der Bilder wird jene des Wortes gegenübergestellt, wobei fraglich ist, welches Medium wirksamer ist.

Anmerkungen

1 Ian Kershaw, *Der Hitler-Mythos*, Stuttgart 1980, S. 51, 111 ff., 131 ff. Zum Wandel vom Partei- zum Volks-»Führer« vgl. auch Rudolf Herz, *Hoffmann & Hitler. Fotografie als Medium des Führer-Mythos*, München 1994, S. 202 ff.
2 Herz (Anm. 1), S. 127.
3 Saul Friedländer, *Kitsch und Tod*, München/Wien 1984.
4 Richard Sennett, *Verfall und Ende des öffentlichen Lebens*, Frankfurt 1983.
5 Dazu Gunther Mai, »Verteidigungskrieg« und »Volksgemeinschaft«, in: Wolfgang Michalka (Hrsg.), *Der Erste Weltkrieg*, München/Zürich 1994, S. 583–602; bes. Kershaw (Anm. 1 und 22) verbindet den Hinweis auf die »Volksgemeinschaft« mit der NS-Massenbasis (vgl. Anm. 1, S. 44).
6 Herz (Anm. 1), S. 242 ff.
7 Vgl. ebda., S. 59 ff., 242 ff.
8 Peter Reichel, *Der schöne Schein des Dritten Reiches*, München/Wien 1991.
9 So Hans-Ulrich Thamer, *Verführung und Gewalt*, Berlin 1986, S. 348 – vgl. auch 155 ff., 343 ff., 417 ff.; Kershaw (Anm. 1), S. 44.
10 Kershaw (Anm. 1), S. 44.
11 Als Forschungsprogramm vgl. Eike Hennig, Faschistische Ästhetik und faschistische Öffentlichkeit, in: Berthold Hinz u. a. (Hrsg.), *Die Dekoration der Gewalt*, Gießen 1979, S. 9–15.
12 Gerhard Paul, *Aufstand der Bilder*, Bonn 1990.
13 Richard Bessel, The Rise of the NSDAP and the Myth of Nazi Propaganda, in: *The Wiener Library Bulletin*, 33 (1980), S. 20–29.
14 Klaus-Michael Mallmann/Gerhard Paul, Alles nur »schöner Schein« im deutschen Faschismus?, in: *SoWi*, 21 (1992), S. 125–131.
15 Siegfried Zelnhefer, *Die Reichsparteitage der NSDAP*, Nürnberg 1991.
16 Eike Hennig, Notizen zum Realbegriff einer demokratietheoretischen Kommunikationsforschung, in: *Leviathan*, 3 (1975), hier S. 125 ff.

17 Carl Schmitt, Weiterentwicklung des totalen Staats in Deutschland, in ders., *Positionen und Begriffe im Kampf mit Weimar–Genf–Versailles*, Hamburg 1940, S. 185–190 (Reprint: Berlin 1991).

18 Vgl. Richard Taylor, Goebbels and the Function of Propaganda, in: David Welch (Hrsg.), *Nazi Propaganda*, Ottawa 1983, S. 29–44.

19 Peter Longerich, Nationalsozialistische Propaganda, in: Karl Dietrich Bracher/Manfred Funke/Hans-Adolf Jacobsen (Hrsg.), *Deutschland 1933–1945*, Düsseldorf 1992, S. 291–314, hier S. 309.

20 Rainer Zitelmann, Hitler-Bilder im Wandel, in: Bracher/Funke/Jacobsen (Anm. 19), S. 491–506.

21 Rudolph Binion, »...*daß ihr mich gefunden habt.*« *Hitler und die Deutschen: Eine Psychohistorie*, Stuttgart 1978.

22 Ian Kershaw (Anm. 1) und: *Hitler*, London und New York 1991; ders., *Hitlers Macht*, München 1992.

23 Friedländer (Anm. 3), S. 17, vgl. S. 10 ff.

24 Ebda., S. 15. – Vgl. auch Eike Hennig, *Zum Historikerstreit*, Frankfurt 1988; ders., Gibt es eine Normalisierung des Bösen?, in: Hessische Landeszentrale für Politische Bildung (Hrsg.), *Gedenkstättenarbeit mit Jugendlichen*, Wiesbaden o. J. (1993), S. 7–22.

25 Die Münchner Ausstellung über »Hoffmann & Hitler« (Herz, Anm. 1) ist nach einem Einwand des Vorsitzenden der Jüdischen Gemeinde zu Berlin in Berlin nicht gezeigt worden, weil ein »tiefes Mißtrauen gegen erwachsene Ausstellungsbesucher« (Chr. Stölzl) überwiegt bzw. angesichts eines solchen Einwands »jeder aufklärerische Standpunkt« beiseite geschoben wird (W. Till). – Dazu die gegensätzlichen Kommentare in: *tageszeitung* v. 31.3.1994, S. 10; Hanno Loewy, Angst vor den Konsequenzen, in: *Frankfurter Rundschau*, Ostern 1994, S. 8; Severin Weiland/Barbara Häusler, Hitler kommt nicht nach Berlin, in: *tageszeitung* v. 31.3.1994, S. 4. Vgl. auch die positiven Ausstellungskommentare von Wilfried F. Schoeller in: *Frankfurter Rundschau* v. 5.3.1994, S. ZB 2; Frank Schirrmacher in: *Frankfurter Allgemeine Zeitung* v. 8.2.1994, S. 27.

26 Dies zeigt die bislang ausführlichste Betrachtung der politischen Fotografie im Nationalsozialismus, die Herz (Anm. 1) als Einleitung zur Ausstellung über die »Fotografie als Medium des Führer-Mythos« vorgelegt hat.

27 Herz (Anm. 1), S. 40.

28 Ebda., S. 44.

29 Thamer (Anm. 9), S. 342.

30 Abgebildet in Herz (Anm. 1), S. 279.

31 Vgl. Herz (Anm. 1), S. 242 ff., 333 ff.

32 *Berliner Illustrierte Zeitung*, 19.3.1936 – zit. u. abgebildet in: Herz (Anm. 1), S. 248.

33 Zit. nach Binion (Anm. 21), S. 15. Binion nimmt diese Aussage Hitlers als Motto seiner Darstellung.

34 Friedländer (Anm. 3), S. 57.

35 Einige Reichweitendaten zu Erfolgsromanen, Filmen und Radio referiert Thamer (Anm. 9), S. 463, 541, 654; vgl. auch Herz (Anm. 1), S. 75 f., 131 f., bes. S. 244.

36 *Adolf Hitler*, hrsg. v. Cigaretten-Bilderdienst, Altona/Bahrenfeld 1936 (201.–300. Tsd.), S. 14, 38 f., 60, 63, 82.
37 Vgl. Paul Mathias Paduas Bild: »Der Führer spricht«, abgebildet in: Berthold Hinz, *Die Malerei im deutschen Faschismus*, München 1974, S. 235.
38 Sennett (Anm. 4), S. 382.
39 Ebda., S. 333.
40 Adolf Hitler, *Mein Kampf*, München 1936 (286.–290. Aufl.), S. 444.
41 Ebda., S. 492.
42 Vgl. Klaus Wolfbert, *Die Nackten und die Toten des »Dritten Reiches«*, Gießen 1982; vgl. bes. Richard Rudolphs Bild »Kameraden«, abgebildet in Hinz (Anm. 37), S. 249, und die Farbabbildung zwischen S. 48 und 49 in: *Deutschland erwacht*, hrsg. vom Cigaretten-Bilderdienst, Altona-Bahrenfeld 1933 (501.–600. Tsd.).
43 *Deutschland erwacht* (Anm. 41), S. 46.
44 Ernst Fraenkel, *The Dual State*, New York/London/Toronta 1941, dt. *Der Doppelstaat*, Frankfurt/Köln 1974 (Taschenbuchausg. 1984).
45 *Adolf Hitler*, (Anm. 36), S. 107.
46 Ebda.
47 Michael Burleigh, Wolfgang Wippermann, *The Racial State: Germany 1933–1945*, Cambridge 1991, S. 305 f.
48 Dazu Eike Hennig, Nationalsozialismus, in: Martin Greiffenhagen u. a. (Hrsg.), *Handwörterbuch zur politischen Kultur der Bundesrepublik Deutschland*, Opladen 1981, S. 257–260.
49 Vgl. Martin Loiperdinger (Hrsg.), *Märtyrerlegenden im NS-Film*, Opladen 1991.
50 Friedländer (Anm. 3), S. 37.

Rudolf Herz
Vom Medienstar zum propagandistischen Problemfall
Zu den Hitlerbildern Heinrich Hoffmanns

Es ist sicherlich nicht übertrieben zu behaupten, daß das massenwirksame Hitlerbild in der fotografischen Bildpropaganda der Nationalsozialisten im wesentlichen von Heinrich Hoffmann gezeichnet wurde. Für den enormen Bildbedarf, den die hitlerzentrierte Selbstdarstellung der NS-Herrschaft forderte, arbeiteten zahllose Pressefotografen. Doch Hoffmann, »der für uns alle den Führer sieht«, wie es damals hieß, hatte eine Schlüsselrolle inne. Zwischen ihm und Hitler bestand eine enge, über zwei Jahrzehnte dauernde Zusammenarbeit, die fotografie- und mediengeschichtlich ziemlich einmalig ist. Rühmte sich rückblickend Joseph Goebbels, Chefpropagandist der NSDAP und späterer Reichspropagandaminister, seine wichtigste Leistung sei die Schaffung des Führermythos gewesen, so kann Hoffmann für sich den Anspruch erheben, maßgeblich zu dessen fotografischer Ausgestaltung beigetragen zu haben. Der Münchner Porträt- und Pressefotograf verschrieb sich ganz dieser Aufgabe und arbeitete seit der Frühzeit der NSDAP als Dokumentarist der Partei und Porträtist ihres Vorsitzenden. Ähnlich wie Goebbels war er ein Spezialist auf seinem Gebiet und zugleich ein nationalsozialistischer Überzeugungstäter. Seit den frühesten Anfängen in der »charismatischen Gemeinschaft« um Hitler wirkte Hoffmann aus dessen Nähe heraus als Transmissionsriemen für den um den »Führer« entstehenden Personenkult und war selbst dem Führermythos verfallen. Sein bereits im Frühjahr 1920 erfolgter Parteieintritt ist klarer Indikator.

Mit der Fixierung der politischen Ideologie und Praxis der Nationalsozialisten auf den »Führer« bildete Adolf Hitler den Angelpunkt der politischen Berichterstattung – und daraus wiederum ergab sich Hoffmanns Funktion als eine Art Hofberichterstatter. Ungeachtet seiner »Führernähe« und aller ideologischen Bindungen blieb der »Reichsbildberichterstatter der NSDAP« als Fotograf und Verleger auch nach 1933 ein Privatunternehmen. Seine Firma übernahm die Funktion einer staatlichen PR-Agentur im Dienste des Führermythos und erscheint mit ihrer explosionsartigen Entfaltung nach 1933 wie ein Paradigma für die staatlich gesteuerte Öffentlichkeitsarbeit der Nationalsozialisten, die zu einer radikalen Einschränkung der Informationsmöglichkeiten führte und die publizistische Angebote hochgradig determinierte. Hoffmann besaß eine in vielerlei Hinsicht monopolähnliche Stellung. Welchen Grad sie erreichte, zeigt sich beispielsweise am hohen Anteil seiner Aufnahmen an den Titelblättern der großen deutschen Illustrierten. Von ihm stammten in den Jahren 1933 bis 1945 zwei von drei Titelblättern mit Hitlermotiven. Beim *Illustrierten Beobachter*, der Parteiillustrierten der NSDAP, waren es sogar vier von fünf.

Als längjähriger Freund wußte Hoffmann um die bildlichen Vorstellungen, die Hitler mit seiner Führerrolle verband. Er kannte die Parteirituale und ihre Dramaturgie seit der Frühzeit und war gerade auch im Bereich der Porträtfotografie in den Prozeß der Bildfindung miteingebunden. Er war mit den Eigenheiten und Unsicherheiten seines Modells und dessen Vorlieben für bestimmte Aufnahmen und Motive bestens vertraut, wußte um die vorteilhaftesten Blickwinkel und Aufnahmesituationen und hatte im Lauf der Jahre die bildlichen Vorstellungen verinnerlicht. Formlose Absprachen, auch mit dem Propagandaministerium, ersetzten häufig komplizierte und bürokratische Regelungen für die Auswahl der zu publizierenden Führerbilder. Was von Hoffmann und seiner Firma in die Öffentlichkeit und die Redaktionen gelangte, das war quasi »von oben« abgesegnet. Aus Sicht des Propagandaministeriums funktionierte die Firma »Presseillustration Heinrich Hoffmann« als System der Steuerung und Selbstzensur offenbar recht gut. Hitleraufnahmen waren selten Gegenstand von Presseanweisungen des Propagandaministeriums, obwohl es bis 1939 ungeachtet zahlreicher Einschränkungen keine grundsätzliche Vorzensur für Hitlerbilder gab.

Mit ihren verschiedensten Verbreitungsformen erreichten Hoffmanns Aufnahmen einen breitgestreuten Adressatenkreis. Sie dienten der aktuellen Presseberichterstattung ebenso wie staatlichen Repräsentationsfunktionen und dem devotionalen Bildgebrauch im privaten Bereich, fanden nicht nur auf Wandbildern und Plakaten, sondern auch in Bildbänden, Broschüren, Büchern, Zigarettenbildersammelalben und auf Postkarten Verwendung. Besonders ausgeprägte Formen entwikkelte der fotografische Führerkult in den Illustrierten, den modernsten und werbewirksamsten fotografischen Massenmedien. Im statistischen Durchschnitt war Hitler auf jeder sechsten Titelseite der großen deutschen Illustrierten zu sehen. Den exzessivsten Personenkult betrieb der parteieigene *Illustrierte Beobachter*, der den »Führer« auf mehr als auf jeder dritten Titelseite, zeitweise sogar über Wochen hinweg auf jeder Titelseite präsentierte. Es gab keinen anderen nationalsozialistischen Politiker, dessen Erscheinungsbild auch nur annähernd so stark verbreitet war. Weit abgeschlagen rangierten Goebbels und Göring auf den nächsten Plätzen mit einem Anteil von wenigen Prozentpunkten. Sogar zusammengenommen waren alle Parteigrößen des Dritten Reiches in weit geringerer Zahl auf den Titelseiten vertreten als Hitler. Und selbst der Personenkult der sowjetischen Propaganda, vor allem der *Prawda* um Stalin, fand keine zum Hitlerkult in der Parteizeitung, dem *Völkischen Beobachter*, vergleichbaren Ausformungen.

Es war jedoch keineswegs so, daß die NSDAP schon von Anfang das fotografische Medium zielstrebig für ihre Zwecke heranzog. Was Hoffmann ab 1923 vom Parteigeschehen fotografierte, war allein seinen privaten Entscheidungen überlassen. In der Frühphase der NS-Bewegung war Hitlers Verehrung als »Führer des kommenden Deutschland« sogar ein Kult ohne Porträts. Diese Bildlosigkeit ging auf Hitler selbst zurück, der sich anfänglich dem Fotografen kategorisch verweigerte. Zu einer Porträtsitzung bei Hoffmann kam er erstmals im September 1923. (Bis 1939 sollten sich dann über zwanzig Sitzungen anschließen.) Hoffmanns erste Bildpublikation, die für Hitler und die verbotene NSDAP Werbung machte, erschien im Frühjahr 1924, im Vorfeld des Prozesses gegen Hitler und die anderen Putschisten, unter dem Titel »Deutschlands Erwachen in Bild und Wort«. Weitere Hefte folgten. Die Verbreitung von Fotografien blieb mehr oder weniger auf die von Hoffmann verlegten Bildbroschüren und Fotopostkarten beschränkt. Zur Entfaltung gelangte seine Arbeit im Dienste der NSDAP, als die Partei dem Putschismus abschwor und im Rahmen der parlamentarischen Partizipation am öffentlichen Meinungswettkampf teilnahm. Nicht zuletzt aufgrund von Hoffmanns Aktivitäten begann die Partei, sich der fotografischen Bildpropaganda allmählich zuzuwenden. Aber weiterhin blieb seine Initiative oftmals auschlaggebend, etwa 1926 bei der Gründung des *Illustrierten Beobachters*, der dann vom Parteitag übernommen wurde und das wichtigste Organ für die Verbreitung der fotografischen Führerpropaganda in der Weimarer Republik darstellen sollte.

Die Aneignung der Fotografie als Mittel der Partei- und Führerpropaganda verlief schneller und umfassender als die Erschließung des Films durch die NSDAP. Technisch und finanziell bedingte Beschränkungen fielen weniger ins Gewicht als bei der kapitalaufwendigeren Filmpropaganda. Im Unterschied zur Filmpropaganda gelang der NSDAP, bis zur Endphase der Weimarer Republik, der Aufbau einer eigenen fotografischen Medienöffentlichkeit, die einigermaßen professionell gemacht war und mit den bürgerlichen Illustrierten und der sozialistischen Bildpresse in Konkurrenz treten konnte. Dieser Aneignungsprozeß erfolgte aber keineswegs geradlinig und konsequent, vieles wirkt widersprüchlich, unkoordiniert und zufällig. Welchen Stand der Fotografiegebrauch erreicht hatte, sollte sich anläßlich der Wahlkämpfe von 1932 bei der fotopublizistischen Auswertung von Hitlers »Deutschlandflügen« zeigen, die eines der wichtigsten Mittel waren, um den Hitlermythos auch außerhalb der Partei zu propagieren, und als Generalprobe für die »totale Propaganda« unter der NS-Herrschaft gelten können. Voraussetzung für die allgemeine Durchsetzung der fotografischen Führerpropaganda bildete schließlich die »Gleichschaltung« der öffentlichen Kommunikation nach der

54

Abb. 1: *Hitler als Redner, Titelbild des* Illustrierten Beobachters *28. 1. 1928 (Photo: H. Hoffmann).*

Abb. 2: Hitler als Feldherr, Titelbild des Illustrierten Beobachters
19. 4. 1945 (Photo: H. Hoffmann).

56

nationalsozialistischen Machtübernahme im Januar 1933. Nun wurden Aufnahmen vom »Führer« permanent in alle Kanäle und Organe der fotografisch illustrierten Massenmedien eingespeist und entfalteten ihre imageprägende Kraft.

Der Führermythos bildete die »Kohäsionskraft des Dritten Reiches« (Martin Broszat) und hatte in der »Kampfzeit« über die Einheit der »Bewegung« und ihren Aufstieg zur größten rechten Massenbewegung entschieden. Er folgte einer dualistischen Grundstruktur, beruhte doch Hitlers Führerimage auf dem Zusammenspiel von offizieller Hitlerpropaganda und der subjektiven Partizipation »von unten«, d. h. dem von Erwartungen, Sehnsüchten und Ressentiments großer deutscher Bevölkerungsteile getragenen Glauben an einen großartigen und außerordentlichen Führer, der »Deutschland aus seiner Not befreien« und zu neuer Größe führen sollte. Dies war eine nationalsozialistisch motivierte Überzeugung, die schon vor Beginn von Hitlers Karriere weit verbreitet war und an die dann die Propaganda der NSDAP anknüpfen konnte. Hitler hatte die in seine Person als nationalen Heilsbringer gesetzten Erwartungen zu erfüllen und mußte sich durch die Demonstration seiner vorgeblich außeralltäglichen Fähigkeiten in den Augen seiner Gefolgschaft als »charismatischer Führer« (Max Weber) bewähren. Die entsprechende »Charismapflege« prägte ganz wesentlich seinen politischen Führungsstil und formte auch die nationalsozialistische Propaganda, die alle aus ihrer Sicht positiven Entwicklungen dem »Führer« ganz persönlich zuschrieb, ihn aber auf keinen Fall mit unpopulären Maßnahmen und Entwicklungen des Dritten Reiches in Verbindung bringen durfte. So warb die Führerpropaganda für ein vorbehaltloses Vertrauen in Hitler und wurde nicht müde, seine tatsächlichen oder nur vorgeblichen Leistungen und persönlichen Qualitäten mit allen Mitteln zu verherrlichen.

Um Hitler als lebendige Symbolfigur den »Volksgenossen« nahezubringen und ihre personale Bindung an den Mann an der Spitze des Staates zu stärken und auszubauen, war eine moderne, auf aktuelle Handlungsaufnahmen gestützte Berichterstattung unerläßlich. Das relativierte den Stellenwert der traditionell-statuarischen Porträts, so wichtig diese ansonsten für die politische Repräsentation und kultische Verehrung Hitlers waren und allerorts in Deutschland zu finden waren. Grundvoraussetzung für Hitlers permanente wie abwechslungsreiche visuelle Vergegenwärtigung war freilich dessen eigener medienwirksamer Repräsentationsstil. Sein Rollenrepertoire, seine Vorstellung von den Repräsentationsaufgaben eines charismatischen Führers übertrafen die bisherigen staatsmännischen Selbstdarstellungen und erschöpften sich nicht in feierlichen Ritualen hoher Politik. Vor Hitler gab es keinen Staatsmann und keinen Politiker in Deutschland, der sich so distanzlos und volksnah gab, scheinbar auch seine private Lebenswelt so unverstellt der Öffentlichkeit offenbarte und sich so bereitwillig und häufig fotografieren ließ. Sein Rollenspektrum, wie es durch die Bildpresse eröffnet und verbreitet wurde, manifestierte sich in Aufnahmen, die für einen deutschen Staatsmann ungewöhnlich genug waren: ein Choreograph der disziplinierten Massen und Initiator erstaunlicher Aufbauleistungen, ein triumphierender Außenpolitiker, dabei zugleich »ein Mensch wie du und ich«, umjubelt von Menschen, geliebt von Frauen und Kindern, im Kontakt mit jedermann, immer aktiv und überall gegenwärtig.

In seiner idealtypischen Struktur läßt sich das fotografische Führerbild auf die Formel bringen: Hitler war ein unfehlbarer Übermensch und ein einfühlsamer Mitmensch zugleich. Diese Polarität von rigoroser Härte und Milde, das Zusammenspiel von Nähe und Ferne, von Unmittelbarkeit und Unnahbarkeit, Alltäglichkeit und Außeralltäglichkeit, von quasi-privaten und andererseits extrem feierlich-zeremoniellen Bildmustern bildete den Kern des fotografischen Führermythos. Diese kontrastive Typologie zweier sich scheinbar ausschließender und sich doch gegenseitig bedingender Führerentwürfe entstand mit der Entfaltung von Hitlers Rollenspektrum. In den frühen zwanziger Jahren war das Spektrum noch ziemlich eindimensional und konzentrierte sich auf die Verbreitung von Porträts zur bloßen Popularisierung seiner Physiognomie und Etablierung eines Markenzeichens. Alsbald trat jedoch Hitlers Rolle als

Massenredner und kämpferischer SA-Führer hinzu. Seit dem zweiten Wahlgang für die Reichspräsidentenwahl im Frühjahr 1932 wurde die Auffächerung in einerseits überhöhende und andererseits privat-prosaische Entwürfe konsequent verfolgt, um verstärkt auch einem Massenpublikum außerhalb der »Bewegung« die Bindungsmöglichkeiten an den Parteiführern der NSDAP zu ermöglichen. Am Vorabend der nationalsozialistischen Machtübernahme war das polar strukturierte Führerbild in seinen Grundzügen festgeschrieben. Die Ausgestaltung und Erweiterung um den verehrten Volksführer, genialen Staatsmann und Militärführer etc. und seine ideologisch-dramaturgische Überspitzung erfolgten im Zuge von Hitlers Auftritten bei den zahllosen symbolisch-anschaulichen Szenarieus der faschistischen Staatsöffentlichkeit.

Die Einführung der erzählerischen menschlich-privaten Komponente, die sich besonders augenfällig in Hoffmanns 1932 erschienenen Fotoband *Hitler, wie ihn keiner kennt* manifestierte, bildete aber wohl die hochhaltige Zäsur in der Entfaltung des fotografischen Hitlermythos und signalisierte den Übergang vom Bild des meinungspolarisierenden Parteiführers zum nationalen Identifikationssymbol. Voraussetzung war die weitgehende Festigung und Verankerung des Bildes vom »starken Mann«, das sich auf Hitlers Image als martialisch auftretender und weit über der Masse seiner Anhänger schwebender Parteiführer gründete, denn erst ausgehend von seiner einschüchternden Gewaltbereitschaft und mystifizierenden Überhöhung konnte überhaupt das Gegenbild von der liebevollen und persönlichen Zuwendung des »Führers« zu den »Volksgenossen« politisch wirksam werden.

Hitler hatte erkannt, daß seine Selbststilisierung als »Führer« die Wahrnehmungsgewohnheiten eines Massenpublikums miteinbeziehen und an dessen »Symbolmilieu« (Ernst Cassirer) anknüpfen mußte. Er griff deshalb auf vertraute, verständliche und plakative Handlungsmuster und Formen der Selbstdarstellung zurück. So entstand zwischen seiner Selbstdarstellung und den Erwartungen eines wachsenden Publikums ein Wechselverhältnis, das die Formulierungen des fotografischen Hitlerbildes prägte. In der Wahl der Vorbilder war Hitlers Selbstinszenierung ausgeprochen synkretistisch, nahm bei der christlichen Ikonografie und sakralen Kultformen ebenso Anleihen wie bei den traditionellen Herrschervorstellungen des Nationalheros, Tugendhelden und Landesvaters und beim modernen amerikanischen Populismus. Aus diesen Elementen formte sich das plastische Bild eines kraftvollen Führers, das die Vorstellung des christusähnlichen Messias mit dem des heilenden Wohltäters und begnadeten Künstlers verschmolz und sich radikal vom bürokratischen Image der Politiker der Weimarer Republik absetzte.

Wichtigstes propagandistisches Grundmuster der Führerpropaganda war die fortwährende Werbung mit innen- wie außenpolitischen Erfolgsmeldungen. Hitlers mediale Präsenz war deshalb gleichbedeutend mit einem einzigartigen nationalen Erfolgserlebnis. Die Botschaften, die mit den Fotoreportagen über seine diversen Tätigkeitsfelder verknüpft waren, suggerierten universelle Kompetenz und enorme Leistungen. Der gottähnliche »Schöpfer des Großdeutschen Reiches« konnte kein bloßer Funktionsträger, sondern nur ein geborener »Führer« sein. Bei so viel Macht, die er persönlich für sich allein beanspruchte und tatsächlich auch erlangte, mußte Hitler phänomenale Qualitäten besitzen, mußte ein Mann von einzigartiger Genialität und unwiderstehlicher Anziehungskraft sein, zu dem die Gefolgschaft in grenzenloser Bewunderung, Hingabe und Dankbarkeit nicht nur aufsehen konnte, sondern aufsehen mußte. Das war freilich nichts anderes als die Forderung nach bedingungsloser Unterwerfung unter den Führerwillen. Hitlers Engagement sollte die »Volksgenossen« mobilisieren und fortwährend an ihr nationales Pflichtbewußtsein erinnern, denn Deutschlands politischer Wiederaufstieg hatte schließlich verpflichtenden Charakter.

Der verlangte Dank galt quasi einem Wohltäter, der vor keiner noch so großen Aufgabe zurückschreckte und das deutsche Volk mit seinen Leistungen regelrecht beglückte. Führten die Rückblicke auf die Parteigeschichte vor Augen, wie der politische Glaubensstifter aus einer unbedeutenden Splitterpartei die größte nationale Sammlungsbewegung in Deutschland geformt und siegreich an die Macht gebracht hatte, so sollten die aktuellen Bildberichte belegen, daß Hitler nicht nur unumschränkter Parteiführer war, sondern auch ein Staatsführer, der die ganze Bevölkerung hinter sich hatte, der einen sagenhaften wirtschaftlichen, sozialen und kulturellen »Wiederaufbau Deutschlands« erreichte, Deutschland aus den »Fesseln von Versailles« befreite, durch unblutige Annexionen und Blitzkriege erweiterte, um schließlich als »größter Feldherr aller Zeiten« in die Geschichte einzugehen.

Bei aller Abgehobenheit wurde Hitler als ein mit seiner Umgebung ständig kommunizierender und über den gegensätzlichen gesellschaftlichen Interessen stehender Vermittler dargestellt, der die Kluft zwischen »unten« und »oben« überbrückte, die deutsche Gesellschaft harmonisierte und deshalb von den Massen, der Partei und der Wehrmacht fortwährend mit Huldigungen bedacht wurde. Und so ist er auf den wenigsten seiner Aufnahmen allein zu sehen, da Menschengruppen oder -massen die entscheidende Folie für seine visuelle Erfolgspropaganda ausmachten. Gerade solche Aufnahmen führten jedermann sichtbar die massenmobilisierende Kraft des Führerkults vor Augen und waren wohl dasjenige Motiv des fotografischen Hitlermythos mit der größten visuellen Überzeugungskraft. Diese von der Führerpropaganda seit der »Kampfzeit« verfolgte Strategie hatte viele Gesichter. Sie zielte darauf, Hitler nicht allein durch seine Person oder sein eigenes direktes Handeln, sondern auch durch das Verhalten der Gefolgschaft ihm gegenüber zu charakterisieren, sei es durch Aufnahmen des lauschenden Auditoriums, der jubelnden Volksmassen oder der vorbeimarschierenden Parteiarmee und Wehrmacht. Exaltierte Massen waren ein Synonym für Hitlers Gegenwart geworden. Wie weit auch andere Bildmotive durch eine geschickte Propagandaregie mit dem »Führer« konnotiert wurden, ohne daß dieser immer selbst im Bild erschien, zeigt beispielsweise die propagandistische Aufbereitung des Themas der Reichsautobahn, die als »Straße des Führers« bekanntlich zu einem Grundpfeiler des Hitlermythos avancierte.

61

Innerhalb des Spektrums der entfalteten Führerikonografie Hitlers verschoben sich ab Mitte der dreißiger Jahre die Gewichte. Der extreme Populismus, der in den ersten Jahren nach der Machtübernahme zu beobachten war und oft wie eine Fortsetzung der Wahlkampftourneen von 1932 mit anderen Mitteln wirkte, schwächte sich merklich ab. Diese Phase deckt sich in etwa mit Hitlers Friedenspropaganda in den ersten Jahren des Dritten Reiches. 1936 begann sich die politische Zielsetzung und damit das Hitlerbild zu ändern. Der Führer entrückte allmählich den Volksgenossen, zeigte sich häufiger auf dem diplomatischen Parkett, trat distanzierter und abgeschirmter auf und wurde zunehmend monumentaler dargestellt. Symptomatisch ist gerade der Rückgang der frühen exzessiven Bildberichte über Hitlers Privatsphäre, über informelle Begegnungen zwischen Führung und Bevölkerung und die spontanen Huldigungen seiner Anhänger. Bezeichnenderweise rückten die populistischen Jubelszenarien nochmals kurzzeitig in den Vordergrund, sobald es Hitler etwa angebracht schien, die Botschaft von der massenhaften Zustimmung zu seiner zunehmend expansionistischen Politik, wie etwa 1938 beim »Anschluß Österreichs«, zu verbreiten.

Hitlers populistische Selbststilisierung fand ihren Ausklang in den Reportagen über seine Teilnahme am Polenfeldzug im September 1939. Weil sich Hitler danach Schritt für Schritt aus der Öffentlichkeit zurückzog, zuerst informelle Begegnungen mit der Bevölkerung mied, dann auch Großveranstaltungen, bekamen ihn in der zweiten Kriegshälfte immer weniger Zeitgenossen unmittelbar zu Gesicht. Deshalb hätte die Medienberichterstattung über Hitler – zumindest theoretisch denkbar – kompensatorische Aufgaben übernehmen können. Doch realiter sah es anders aus. In der Phase des »totalen Krieges« kollabierte das Führerbild. Mit dem Ausbleiben militärischer Erfolge war Hitler einstiger Selbstdarstellungswille radikal geschwunden, und in der zweiten Kriegshälfte zeigte der einstige Medienstar kaum mehr Ambitionen zu speziellen Selbstinszenierungen vor Hoffmanns Kamera. Hitler war selbst zum Problemfall der nationalsozialistischen Führerpropaganda geworden. Angesichts des desinteressierten Verhaltens ihres Hauptakteurs stieß auch Hoffmanns fotografische Führerstilisierung an ihre Grenzen. Sie entwickelte keine nennenswerte Kompensationsstrategie, sieht mam einmal ab von der Funktion aktueller Presseaufnahmen als Beweis von Hitlers Existenz und körperlichen Unversehrtheit.

Es bleibt bemerkenswert, daß Hitlers populistisch-lebensnahes Image in der Fotopublizistik schon Ende 1939 deutlich abbröckelte – zu einem Zeitpunkt, als seine Popularitätskurve noch immer im Steigen begriffen war und der Führermythos seinem Zenit (mit dem schnellen Sieg über Frankreich im Sommer 1940) erst noch zusteuerte. Nachdem sich Hitler mit Beginn des Rußlandfeldzuges Mitte 1941 vollkommen auf seine Feldherrnrolle im weltabgeschiedenen Führerhauptquartier konzentrierte, löste sich dann auch die polare Struktur des Führerbildes schnell auf, und alle Momente der früher so inniglich gekennzeichneten Beziehung zwischen dem »Führer« und seiner Gefolgschaft verschwanden. Der Diktator wurde jeglicher überhöhenden Stilisierung entkleidet und in eine unwirklich-abstrakte Person zurückverwandelt, sein fotografisches Rollenrepertoire reduzierte sich immer mehr auf Treffen mit der politischen und militärischen Elite des Dritten Reiches und Vertretern des befreundeten Auslands. Mit dieser Entwicklung geriet Hitlers Selbstdarstellung in einen Gegensatz zu den Erwartungen seiner Anhänger und ließ viele Wünsche unbefriedigt, wie aus dem Geheimbericht des Sicherheitsdienstes der SS im April 1943 hervorgeht: »Es wurde mehrfach vorgeschlagen, den Führer nicht nur bei hochoffiziellen Anlässen und militärischen Besprechungen, sondern öfter auch in seinen persönlichen Lebensverhältnissen – wie früher an der Feldküche oder beim Spaziergang – zu zeigen und z. B. durch Berichte von seinem Tagesablauf oder Wiedergabe von Äußerungen und Aussprüchen den Kontakt zwischen Führer und Volk lebendig zu halten.«

Der Bericht zeigt einmal mehr, wie sehr der »private Hitler« auch noch während des fortgeschrittenen Krieges in der deutschen Bevölkerung gefragt war. Gerade die Fotopublizistik war für solche informellen Aspekte des Führerbildes zuständig und hatte nicht zuletzt deshalb im vielstimmigen »Konzert« der Führerpropaganda eine spezifische Funktion. Im Unterschied zur »Deutschen Wochenschau«, die Hitler vor allem im Rahmen der strengen Ritualästhetik und der offiziellen Veranstaltungen des Regimes präsentierte, trug sie mit ihrem Hitlerbild weit mehr den Bedürfnissen der modernen Zerstreuungskultur Rechnung, indem sie das Spannungsverhältnis zwischen Politischem und Unpolitischem, zwischen Öffentlichkeit und Privatheit auflöste. Zur leicht konsumierbaren Verbreitung des Führerprinzips waren besonders die Massenillustrierten mit ihrem Doppelcharakter als Informations- und Unterhaltungsmedium und ihrer kaum zu umgrenzenden Öffentlichkeit geeignet. Eine vergleichbare Atmosphäre von Vertraulichkeit vermittelten die von Hoffmann verlegten genrehaften Fotopostkarten und Fotobücher, die die Privatisierung des Führerbildes auf die Spitze trieben. Mit ihren enormen Auflagenhöhen – (*Hitler, wie ihn keiner kennt* erreichte 1941 eine Gesamtauflage von 420 000 Stück) – übertrafen die Fotobücher in der Gunst des Publikums die Bände über die alljährlich abgehaltenen Reichsparteitage der NSDAP um ein Mehrfaches. Konkurrenz bekamen sie allenfalls von Hoffmanns Bildbänden, die Hitler als den triumphierenden Kriegshelden der deutschen Blitzkriege feierten.

Timm Starl
»In Erwartung des Führers«
Hitler im Familienalbum

>*»Und nun kam die Kolonne endlich, und die Kinder bekamen*
>*Fähnchen, ich winkte mit der Hand, und die eine Österreiche-*
>*rin, die war so böse, die hat ganz verpaßt, nach dem Führer zu*
>*sehn, denn ich hab ihr die Aufnahme verpatzt, durch mein*
>*Winken (...)«*[1]

Familienalben mit Fotografien kamen um 1860 auf, und die
Prominenz frequentierte diese Bildwelt von Anfang an. Ein
bürgerliches Publikum besuchte die Fotoateliers, um ein Bild
von sich zu erhalten; Regenten, Staatsmänner, Künstler taten
das gleiche, um ihr Bild unter das Volk zu bringen. Wenn Napoleon III. und Kaiserin Eugenie sich von A. A. E. Disdéri in
den Jahren um 1860 in Kleidung und Haltung so ablichten ließen, daß sie jedem Paar aus besseren Kreisen glichen, und dem
Fotografen den Vertrieb der Abzüge gestatteten, suchten sie
Popularität zu gewinnen und nutzten entsprechend das neue
Medium. Wenn das Ehepaar Marx aus München am 12. September 1861 im Atelier von H. Holz für ein Porträt posierte, so
wollte es jenen gleichen, die es schätzte. Nebeneinander ins
Album gesteckt, erschienen alle gleich groß, Kaiser und Unter-
tan, und die Welt demokratisch.[2]
    Bei beiden Fotografien kann bestenfalls ihr Gebrauch als pri-
vat bezeichnet werden, denn sie waren in der Öffentlichkeit des
jedermann zugänglichen Studios und nach mehr oder weniger
stereotypen Arrangements entstanden.[3] Die Ansicht der Welt
konnte man sich nur im Blick eines anderen, des Berufsfotografen, erschließen. Erst später, um 1880, griff der Zeitgenosse zur
Kamera und schuf sich ein eigenes Bild, indem er selbst bestimmte, wen er wann, wo und wie fotografierte. Mit diesen
Bildern schrieb er seine eigene Geschichte: ein privater Kos-
mos, nicht für fremde Augen bestimmt und damit öffentlich

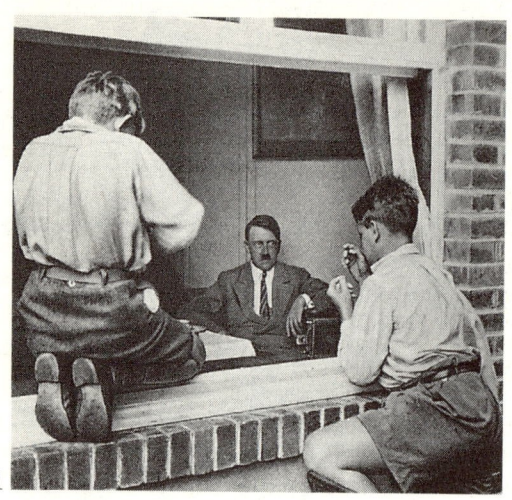

Abb. 1: Heinrich Hoffmann (Aufnahme), Baldur von Schirach (Text): »Auch die Jüngsten wollen ihr Hitlerbild haben...« (aus: Heinrich Hoffmann [Hrsg.], Hitler, wie ihn keiner kennt. 100 Bild-Dokumente aus dem Leben des Führers, Berlin o. J. [1932], S. 60).

geltenden Kategorien enthoben. Nur so vermochte der Knipser sich in den Aufnahmen wiederzuerkennen als das, was er war und ist, aus ihnen konnte er Identität gewinnen.

Vor das Objektiv geriet all das, woran man später erinnert werden wollte. Für die Nationalsozialisten von 1932 hieß das an der Schwelle zum »tausendjährigen Reich«: Alle, also »auch die Jüngsten wollen ihr Hitlerbild haben...« – so die Unterschrift zu einer Abbildung in dem Buch Hitler, wie ihn keiner kennt (Abb. 1). Diese Behauptung traf natürlich nicht zu, aber es ging Herausgeber und Kommentator ohnehin um etwas anderes[4]: zum einen um die Darstellung Hitlers als Menschen wie du und ich, ferner um die Nähe des »Führers« zu seinem Volk und letztlich um die Leichtigkeit, mit der ihn jeder Knipser vor die Kamera bekommen konnte. Der Mann von der Straße brauchte, so wird suggeriert, im Vorbeigehen nur einen Blick durchs offene Fenster zu werfen, um den »Führer« zu fotografieren.

Die grüßende Hand verdeckt das Gesicht.

August 1936. Der Führer fährt zur Eröffnung der Olympischen Spiele. **2**

Abb. 2: Anonym: »Die grüßende Hand verdeckt das Gesicht«, Berlin, 1. August 1936; 9 × 6 cm (Slg. Joachim Krausse).

Tatsächlich war es nicht ganz einfach, als Privatperson eine Aufnahme zu machen, die den »Führer« optisch prägnant wiedergab. Im entscheidenden Augenblick verdeckte unter Umständen eine hochgestreckte Hand »das Gesicht« des »Führers« (Abb. 2). Was blieb diesem Besucher der Olympischen Spiele 1936 in Berlin anderes übrig, als sich eine Bildpostkarte zu kaufen, auf der ein deutlich erkennbarer Hitler zur Eröffnung schreitet, und diese auf dieselbe Albumseite zu kleben. Seine eigene Aufnahme fungierte dagegen als Zeugnis des Dabeigewesenseins, mit dem eine Stimmung wiedergegeben wird, was auch immer zufällig auf den Film geraten war.[5]

Gleichwohl bot sich manchmal die Gelegenheit, Hitler aufzunehmen, vor allem wenn dieser an einer Veranstaltung teilnahm oder sich auf dem Weg zu oder von ihr befand. Glück hatte ein anderer Knipser und erwischte den »Führer« auf der Fahrt ins »Olympiastadion. Zum Stabhochsprung« usw. (Abb. 3). Es handelt sich um einen Berliner Diplomingenieur, der neben Wettkämpfen auch das Olympische Dorf und die geschmückte Hauptstadt fotografierte und der einen für Knipser ungewöhnlichen dokumentarischen Eifer entwickelte. Allerdings nimmt die Aufnahme des vorbeifahrenden »Führer«-Autos keinen besonderen Platz innerhalb des Albums ein. Zudem ist es die einzige Aufnahme von Hitler innerhalb des überlieferten Nachlasses[6], und vom »Hauptdarsteller« ist nicht allzuviel zu sehen.

Die geringe Präsenz von Hitlerporträts in privaten Alben mag die Firma »Photo-Hoffmann« Mitte der dreißiger Jahre bewogen haben, Abzüge mit geriffeltem Rand anzubieten. Bekannt sind Bilder, die Hitler mit Kindern zeigen[7], und damit entsprachen das Motiv, der Schnappschußcharakter der Aufnahmen und die Aufmachung der Abzüge durchaus einem gängigen Knipserbild. Dieser Serie war wohl kein großer Erfolg beschieden, nimmt man ihre spärliche Überlieferung als Gradmesser; jedenfalls hat kaum jemand solche Bilder trotz ihrer technischen Perfektion, Prägnanz der Führerfigur und ihrer

3

Abb. 3: E. S.: »Der Führer fährt zum Olympia-Stadion«, Berlin, »5. 8. 39, 15^{15}, 6.3, 1/100, Bedeckt (...)«; 5,5×8,5 cm (Berlinische Galerie, Photographische Sammlung, Album Ar. 45/83/6).

formalen Nähe zu den eigenen Aufnahmen seinem Album einverleibt. Dem Knipser geht es nämlich nicht um besondere fotografische Kompositon oder die perfekte Ausarbeitung des Positivs, sondern um die Aufzeichnung von Sachverhalten, die – wie auch immer gestaltet und präsentiert – für sein Dasein in irgendeiner Weise bestimmend sind. Jene Lebensbereiche, die sich seiner aktiven Teilnahme entziehen bzw. bei denen seine gestaltende Mitwirkung nur in geringem Umfang möglich ist, gehören bloß am Rande dazu. So ist das Thema »Arbeit und Beruf« mit 4 Prozent, »Öffentliche Veranstaltungen« gar nur mit 1,7 Prozent aller Aufnahmen in privaten Alben vertreten.[8]

Wenn sich aber der private Blick auf die prominente Person gegenüber dem öffentlichen eher hermetisch verhält, sind die Propagandisten gezwungen, ein spezielles »privates« Bild zu entwerfen. Neben den Büchern, die Hitler als Privatperson vorstellen, waren es die Bände von Zigaretten-Bilderdiensten, die gleichfalls hohe Auflagen erzielten. Sie befriedigten die Sammelleidenschaft mancher »Volksgenossen«, wenn nach und nach die erworbenen Bilder die freien, im Vordruck gekennzeichneten Plätze belegten. Das Einkleben mag ebenso an das Familienalbum erinnert haben, wie Seiten gelegentlich nach deren Vorbild gestaltet waren.

Der Entwurf eines besonderen privaten Bildes von Hitler durch offizielle bzw. offiziöse Stellen bedeutete auch die Respektierung der Autonomie der Knipserfotografie, die nicht gleichzuschalten war und in die »fremde« Bilder nur ausnahmsweise Eingang fanden. Diese Anerkennung erfolgte schon sehr früh, indem die Abteilung »Lichtbild« im Reichsministerium für Volksaufklärung und Propaganda, im April 1933 gegründet, das Knipsen zum NS-Kulturgut erklärte und jene Themen und Motive, die ohnehin zu den bevorzugten zählten, als Errungenschaft deutscher Amateure propagierte: Heimat und Familie.[9] Dazu gehörte mehr oder weniger das gesamte Repertoire privater Fotografie. So wurde von den Nationalsozialisten das Gegebene vereinnahmt und als eigene Losung wieder ausgegeben.

Mit Kriegsbeginn entstanden neue Möglichkeiten, sich ein privates Bild von Hitler zu machen, jedenfalls wenn man als Soldat jenen Truppenteilen angehörte, die der Feldherr inspizierte. Offiziere befanden sich allemal in der günstigeren Position, d. h. ihrem Bildobjekt näher, wie der Major, der bei der »Ankunft des ›Führers‹ in Poltawa« in der Ukraine zugegen war (Abb. 4). Einen besonderen Rang nehmen diese beiden Aufnahmen im Erinnerungsfundus ihres Fotografen allerdings nicht ein, ebenso wie ein Marinesoldat seinen Schnappschuß, dessen Anlaß und genauen Zeitpunkt wir nicht kennen, eher beiläufig in die Folge von Urlaubsmotiven und einem Porträt von sich selbst am Schreibtisch einreihte (Abb. 5). Diese Beiläufigkeit – im Bild wie in seiner Anordnung im Album – drückt aus, daß die Begegnung zwar wert gewesen war, aufgezeichnet zu werden, aber gegenüber anderen, alltäglicheren Ereignissen sich nicht weiter abhob.

Im Gegensatz dazu steht die öffentliche Darstellung Hitlers, die jedes Auftreten fotografisch als Höhepunkt inszenierte. Bei der »Einweihung des Marine-Ehrenmals Laboe«, von einem professionellen Lichtbildner festgehalten (Abb. 6), haben sich die militärischen Formationen zu einem Spalier geteilt: die

Abb. 4: H. v. S.: »Ankunft des ›Führers‹ in Poltawa. 3. Juli 1942«; 6 × 9 cm (Fotomuseum im Münchner Stadtmuseum, Album K 235/14).

5

Abb. 5: M. U. (?): Ohne Beschriftung, »Dezember 1939«, Albumblatt; Abzüge 6×9 und 7×9 cm (Fotomuseum im Münchner Stadtmuseum, Album K 208/3).

Abb. 6: Anonym: »Einweihung des Marine-Ehrenmals Laboe am 31. 5. 1936«; 16×11,5 cm (Fotomuseum im Münchner Stadtmuseum, Album K 208/3).

6

7

Abb. 7: Anonym: »Handwerks-tag«, Frankfurt am Main 1935; 8 × 5 cm, auf Postkarte geklebt und verschickt (Fotomuseum im Münchner Stadtmuseum, K 101/2).

sich zum Betrachter hin öffnende Masse hat einen Freiraum gebildet, dessen dynamischer Verlauf Hitler quasi nach vorne trägt. Demgegenüber verlieren der energische Blick und die bestimmende Haltung Hitlers auf einem Großfoto, das 1935 anläßlich des Tages des Handwerks in den Frankfurter Anlagen zur Aufstellung gelangte und von einem Knipser festgehalten wurde (Abb. 7), viel von ihrer beabsichtigten Wirkung. Zwar steht das Foto im Mittelpunkt, aber es ist von Blattwerk, Baumstamm, Schattenwürfen und bloß angedeuteten Transparenten geradezu idyllisch umrahmt.

Der bildliche Gestus der Knipser ist eben ein anderer, man könnte ihn als lakonisch-registrierend beschreiben – und dies nicht nur bei Hitlerbildnissen. Beispielsweise wurde der deutsche Pavillon auf der Pariser Weltausstellung 1937 von Heinrich Hoffmann monumental ins Zentrum der Aufnahme gestellt; wogegen ein Besucher das Gebäude weniger martialisch sah und gar den Adler um seinen Kopf brachte, gleichwohl den Abzug ins Album klebte, also die Aufnahme als gelungen ansah.[10]

Infolge der Allgegenwärtigkeit des NS-Systems finden sich Hitlerporträts auch im Hintergrund von Knipsermotiven, wo sie mehr zufällig auftauchen – wie im Album einer jungen Frau, die im BDM-Lager 1944 eine Freundin mit Uniformkappe aufnahm.[11] Doch gelegentlich – wenn auch selten – wird der Wandschmuck zum wichtigsten Teil des Szenarios, wenn beispielsweise Mutter und Sohn während einer Reise um 1937, bevor sie die Grenze nach Italien überschritten, ein letztes Mal ihre Gesinnung bekundeten und – erkenntlich mit Absicht – unter einem Hitler-Wandbild posieren.[12]

Zum Standardvorrat dagegen zählten Büsten, Reliefs oder Fotos von Hitler bei Belegschaftsaufnahmen und Betriebsjubiläen, die – wie bei solchen Anlässen üblich – meist von Berufsfotografen im Auftrag der Firma festgehalten wurden. Die darauf Abgebildeten erhielten Abzüge bzw. konnten diese erwerben und nahmen sie in ihren privaten Bildbestand auf.[13] Doch selbst eine solche sozusagen stellvertretende Anwesenheit Hitlers wollte manch einer nach 1945 nicht mehr wahrhaben und riß den Abzug aus dem Album (Abb. 8), was im vorliegenden Fall nicht ganz gelungen ist, wodurch jener Herr noch immer aus dem Bild blickt, aus dem er eigentlich hätte verschwinden sollen.

Sollte aufgrund der gezeigten Beispiele der Eindruck entstanden sein, die Wiedergabe Hitlers wäre in der privaten Fotografie besonders klein geraten und selten aufzufinden, so trifft dies gleichermaßen auf andere Persönlichkeiten des politischen Lebens zu. Wenn Kaiser Franz Joseph am 6. Juni 1901 an einer »Fronleichnams-Prozession« teilnahm, so ist er doch erst im Hinweis des Fotografen, der »Sr. Majestät« an den Bildrand notierte, auszumachen.[14] Und die Vorbeifahrt des amerikanischen Präsidenten am Wohnhaus einer Familie in Frankfurt-Höchst rund ein halbes Jahrhundert später blieb ebenfalls das einzige Erinnerungsstück an diesen Tag.[15]

Zur lebensgeschichtlichen Orientierung des einzelnen konnte keine der öffentlichen Personen etwas Entscheidendes beitragen, vermochte jeweils nicht mehr als einen flüchtigen Eindruck zu hinterlassen. Von manchem, was heute bedeutend

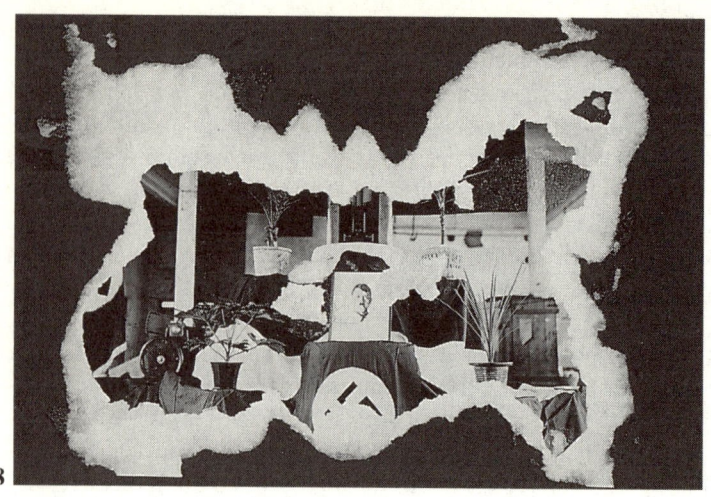

8

Abb. 8: M. oder F. W.: Ohne Beschriftung, Frankfurt am Main, Auf-
nahme 30er Jahre; Abzug ehemals ca. 9 × 14 cm (Fotomuseum im
Münchner Stadtmuseum, Album K 213/1).

erscheint und die Gegenwart bestimmt, wird Abstand genommen, wenn der Knipser seine eigene Geschichte entwirft. Diese
Distanzierung schlägt sich in den Aufnahmen mehrfach nieder:
in der Größe der Wiedergabe wie in der Zahl der Abzüge, unabhängig von der jeweiligen öffentlichen Präsenz der Protagonisten und den propagandistischen Anstrengungen ihrer
Gehilfen. Ganz im Gegenteil, der Anteil der Aufnahmen bei
öffentlichen Anlässen nimmt innerhalb der privaten Fotografie
im Verlauf der Geschichte zunehmend ab.[16] Man ist geneigt zu
sagen: Je häufiger Ereignisse und Personen medial – sei es im
Fernsehen, in Zeitungen, Zeitschriften oder Büchern – vermarktet werden, desto weniger sind sie Objekte privater Bildfindung – oder anders: desto seltener finden sie Aufmerksamkeit und Halt im Leben des einzelnen.

Anmerkungen

Die Vorbereitung von Teilen des Textes erfolgte im Rahmen eines Stipendiums der Erna-und-Victor-Hasselblad-Stiftung. Für die Bereitstellung von Bildmaterial habe ich Ulrich Domröse, Rudolf Herz, Joachim Krausse, Ulrich Pohlmann und Joachim Schmid ebenso zu danken wie Rolf Sachsse für einen bibliografischen Hinweis.

1 Erzählt von einer »Volksschullehrerin (Jg. 1923)«, zit. nach: *Haben Sie Hitler gesehen? Deutsche Autoren*, gesammelt von Walter Kempowski, München 1973 (Reihe Hanser 113), S. 51.

2 Beide Aufnahmen im Visitformat befinden sich in Frankfurter Privatbesitz.

3 Zur Darstellung Prominenter in den Fotoateliers des 19. Jahrhunderts vgl. Ursula Peters, Aufklärung, Volksbildung oder Herrschaftsstrategie? Die Prominenz im Sammelfoto, in: *Fotogeschichte*, 3 (1983), H. 9, S. 21–40; zur Selbstdarstellung der bürgerlichen Kundschaft vgl. Timm Starl, Die Physiognomie des Bürgers. Zur Ästhetik der Atelierporträts, in: ders., *Im Prisma des Fortschritts. Zur Fotografie des 19. Jahrhunderts*, Marburg 1991, S. 25–48.

4 Zum fotografischen Bild Hitlers in der Öffentlichkeit und den propagandistischen Absichten bei dessen Publizierung vgl. Rudolf Herz, *Hoffmann & Hitler. Fotografie als Medium des Führer-Mythos*, Ausstellungskatalog des Fotomuseums im Münchner Stadtmuseum, München 1994.

5 Auch einem anderen Knipser ist es beispielsweise nicht gelungen, Hitler mit der Kamera einzufangen, als dieser auf dem Wiener Heldenplatz auftrat. Die einzige Aufnahme dieses Tages zeigt die Hinteransicht der Köpfe von Zuschauern am »14. März 1938. In Erwartung des Führers«, wie die Bildunterschrift verrät (Slg. Helfried Seemann, Album HS 630).

6 Der Nachlaß in der Photographischen Sammlung der Berlinischen Galerie besteht aus acht Alben (Ar 45/83/1 bis 8) mit insgesamt 1445 Abzügen, die nahezu vollständig aus der Zeit von 1928 bis 1940 stammen.

7 Zum Beispiel im Bayerischen Hauptstaatsarchiv, München, Abt. IV Nachlässe, Slg. Rehse, München, Nr. XVI/5 »Kleiner Besuch auf Obersalzberg« (B 16, Photo Hoffmann) und XVI/6 »Kinderbesuch im Haus Wachenfeld« (B 12, Photo Hoffmann).

8 Zu Umfang und ersten Ergebnissen dieser Recherche siehe Timm Starl, Die Bildwelt der Knipser. Eine empirische Untersuchung zur privaten Fotografie, in: *Fotogeschichte*, 14(1994), H. 52, S. 59–68, hier S. 64. In diesem Beitrag werden auch die quantitativen Grundlagen der Untersuchung analysiert und auf ihre repräsentative Gültigkeit hin befragt.

9 Vgl. beispielsweise den Tagungsbericht von Paul Grobleben, Gründung des »Reichsverbandes Deutscher Amateurfotografen«, in: *Photofreund. Halbmonatsschrift für Freunde der Photographie*, 13. Jg., Nr. 14, 20. Juli 1933, S. 237.

10 Zu Hoffmanns Aufnahme »Das ›Deutsche Haus‹ auf der Weltausstellung, Paris 1937« vgl. *Inszenierung der Macht. Ästhetische Faszination im Faschismus*, hrsg. von der NGBK, Berlin 1987, S. 221. Die anonyme Aufnahme desselben Motivs befindet sich in der Slg. Ulrich Pohlmann.

11 Es handelt sich um eine anonyme Aufnahme aus den dreißiger Jahren im Album K 262/1 des Fotomuseums im Münchner Stadtmuseum.

12 Es ist die einzige Innenaufnahme in einem Album unbekannter Herkunft, das von einer Reise in die Bayerischen Alpen, nach Nord- und Südtirol sowie nach Braunau berichtet (Slg. Joachim Schmid).

13 Solche Beispiele finden sich in den Konvoluten K 201/7 und K 178/1 des Fotomuseums im Münchner Stadtmuseum.

14 Die Albumseite mit den genannten Aufnahmen ist abgebildet bei Starl (Anm. 3), S. 76.

15 Die Aufnahme von M. oder I. H. von 1961 zeigt John F. Kennedy und Ludwig Erhard im vorbeifahrenden Auto, fotografiert vom Fenster einer Wohnung aus (Album K 261/34, Fotomuseum im Münchner Stadtmuseum).

16 Öffentliche Veranstaltungen als fotografischer Anlaß haben in Knipseralben und -nachlässen einen Anteil von 2,2 Prozent in den Jahren 1918, 2,1 Prozent von 1919 bis 1945 und 1,1 Prozent von 1946 bis 1975.

Stephan Dolezel / Martin Loiperdinger
Adolf Hitler in Parteitagsfilm und Wochenschau

Karl Friedrich Reimers zum 60. Geburtstag

In gutgemeinten Unterrichtsfilmen begegnet uns Hitler vorwiegend als wild gestikulierender Redner, der in ekstatischen Ausbrüchen seine Selbstkontrolle zu verlieren scheint. Zu diesem eher abstoßenden Hitler-Bild in »Teppichbeißer«-Manier steht Joachim C. Fests Film *Hitler – eine Karriere* (1977), der angeblich kritisch gemeint war, aber nicht eben kritisch wirkte, in einem merkwürdigen Gegensatz. Fest verwendet hauptsächlich Filmmaterial aus den Parteitagsfilmen von Leni Riefenstahl und aus Wochenschauen vom Ende der dreißiger Jahre, das technisch und ästhetisch von vorzüglicher Qualität ist; die Unterrichtsfilme dagegen greifen meist auf frühe Wahlwerbefilme der NSDAP zurück, die zum Teil noch vor 1933 gedreht sind.

Hitlers politische »Karriere« hat ihre Geschichte, und in Abhängigkeit davon gestaltet sich auch seine Medienkarriere im Film. Diese Geschichte hat ihre Stationen:

1) im Wandel des realen Erscheinungsbildes der Person Hitler sowie ihres politischen Milieus vor und nach der Machtergreifung,

2) im Wandel der organisatorischen, ökonomischen und – nicht zuletzt – der technischen Voraussetzungen der filmischen Reproduktion und, in engem Zusammenhang damit,

3) im Wandel der filmischen Gestaltungsmittel selbst.

Die Anfänge waren mehr als bescheiden.

Die älteste erhaltene Filmaufnahme Adolf Hitlers stammt von einer Veranstaltung der rechtsradikalen und völkischen Kampfbünde Bayerns: Rund zehn Wochen vor dem gescheiterten Münchner Putschversuch erscheint Hitler in »Der Deutsche Tag in Nürnberg am 2. September 1923«[1] noch keineswegs als ein »Führer«, sondern als Anführer einer Gruppierung unter vielen. Die Aufmerksamkeit des Publikums muß er sich mit

berühmten Generälen wie Ludendorff und bekannten Frei-
korpsführern teilen.

Auch im ältesten überlieferten Parteitagsfilm der NSDAP
aus dem Jahr 1927 kann von einer deutlich erkennbaren Stilisierung Hitlers zur Führerfigur noch keine Rede sein. Sein Auftreten im Film wird erstaunlich linkisch vorbereitet: Der 27 Minuten dauernde Stummfilm wird seinem pompösen Titel »Eine
Symphonie des Kampfeswillens« noch in keiner Weise gerecht.
Rund 25 Prozent der Vorführdauer entfallen erst einmal auf die
Ankunft der fast ausnahmslos ärmlich gekleideten Parteitagsteilnehmer. Diese lange Einleitung beschließt der nicht eben
intelligente Zwischentitel: »Hitler ist schon eingetroffen«. Die
erste Aufnahme zeigt Hitler weit entfernt und kaum erkennbar
in einer ungeordneten Gruppe recht unterschiedlich gekleide-
ter Männer. Erst in der folgenden Einstellung rückt er näher:
barhäuptig, in SA-Bluse, Reithose und Wollstrümpfen, auf der
Brust das Eiserne Kreuz, mit dem der »unbekannte Meldegän-
ger« im Ersten Weltkrieg ausgezeichnet worden war. Eine war-
tende SA-Formation steht herum, keineswegs geordnet und
ohne filmischen Bedeutungszusammenhang. Anschließend
folgen wieder Aufnahmen der Parteiprominenz mit Hitler. Die
uneinheitliche Bekleidung der Parteitagsteilnehmer und das
dürftige Arrangement zeigen ebenso wie die Einfallslosigkeit
von Kameraführung und Filmschnitt, daß die NSDAP als Splitterpartei noch nicht in der Lage ist, politisch und filmtechnisch
die Voraussetzungen für eine eindrucksvolle Filmpropaganda
aufzubieten.

Für den zweiten Parteitagsfilm – zwei Jahre später – war dem
Vorspann zufolge eine Aufnahmeleitung tätig, die in den Händen Baldur von Schirachs lag; vier Kameramänner machten die
Aufnahmen, die »technische Ausführung« besorgte die renom-
mierte Münchner Firma Arnold & Richter. Entsprechend pro-
fessioneller fiel der mit 86 Minuten Vorführdauer erheblich
längere Film aus, der aber auch noch keine filmische Stilisierung Adolf Hitlers als Parteiführer erkennen läßt. Die Aufnahmen von den Ritualen, bei denen Hitler eine exklusive Rolle
zufällt – Totenehrung mit Hitler-Rede an die SA und Fahnen-

weihe im Luitpoldhain, Abnahme des Vorbeimarschs der SA am Hauptmarkt –, werden filmästhetisch und filmdramaturgisch nicht sonderlich hervorgehoben. Wie sein Vorgänger aus dem Jahr 1927 war auch der Parteitagsfilm von 1929 für die eigene Klientel gedacht und fand außerhalb von Parteikreisen kaum Verbreitung.[2]

Hitlers wichtigstes Propagandamittel im Kampf um Wählerstimmen vor 1933 war die politische Rede vor einem Publikum, das sich eigens versammelt hatte, um ihn »live« zu erleben. Die technischen Medien der visuellen Reproduktion wie Plakate und Fotos spielten dabei eine untergeordnete Rolle. Kurze Tonfilme, die die NSDAP während der Wahlkämpfe des Jahres 1932 herstellte, sind für Historiker als Quellen zum Wahlkampf- und Redestil Adolf Hitlers vor seiner Ernennung zum Reichskanzler aufschlußreich, nennenswerte Verbreitung haben auch sie vor 1933 nicht gefunden: Für die Propaganda der NSDAP war das Medium Film in den letzten entscheidenden Jahren der Weimarer Republik bedeutungslos. Die in Eigenregie hergestellten Filme konnten für die erdrutschartigen Wahlerfolge der NSDAP ab September 1930 schon deshalb keine Rolle spielen, weil sie, abgesehen von bereits überzeugten Nationalsozialisten, kaum Zuschauer gefunden haben.

Jenseits der bescheidenen Produktion parteieigener Filme kamen für die Verbreitung von Filmaufnahmen Adolf Hitlers nur die Wochenschauen in Frage. Das Aktualitätenmedium der Wochenschau hatte sich bereits vor dem Ersten Weltkrieg als »lebende Zeitung« im Kinoprogramm etabliert. Politiker, gleich ob gewählt oder gekrönt, waren von Anfang an ein beliebtes Sujet der Kameramänner. Schon vor der Jahrhundertwende haben die ersten Filmpioniere in Deutschland »Kaisernähe« gesucht, nicht nur aus politischen, sondern auch aus kommerziellen Gründen. Kaiser Wilhelm II. wurde hundertfach kinematografiert, zunächst von den Filmoperateuren der Brüder Lumière und von Oskar Messter, später vor allem von den marktbeherrschenden französischen Wochenschauen der Firmen Gaumont und Pathé. Wilhelm II. ist gewissermaßen der erste deutsche Filmstar: Noch vor dem Aufkommen langer Spielfilme und der

Einführung des Starsystems gab es Hunderte von kurzen Aktualitätenfilmen, die den Kaiser zeigten und mit seinem Namen im Titel warben.[3]

Gleichsam als »Ersatzkaiser« war Reichspräsident von Hindenburg der Star in den Wochenschauen Alfred Hugenbergs – zumindest so lange, bis Hugenberg als Superminister in Hitlers erstem Kabinett irrigerweise glaubte, selbst die Führerfigur der Nation zu sein: Der Filmbericht, mit dem Hugenbergs Deulig-Wochenschau die am 30. Januar 1933 gebildete Reichsregierung vorstellte, bevorzugt ganz eindeutig Hugenberg als Chef des Kamerateams, während Regierungschef Hitler in den Hintergrund gerückt wird. Ähnlich gewichteten die Wochenschauen in ihrer Berichterstattung zum »Tag von Potsdam«, als Hindenburg und Hitler am 21. März 1933 nach einem Festgottesdienst in der Garnisonskirche von Potsdam, in deren Gruft damals die Gebeine von Friedrich II. ruhten, den neugewählten Reichstag eröffneten. Die Tonwochen von Emelka und Ufa bevorzugten eindeutig den Reichspräsidenten. Das ist nicht nur für seine pure Präsenz auf der Leinwand nach Zahl und Dauer der Aufnahmen der Fall, sondern gilt auch für die konservative Akzentuierung visueller und musikalischer Zeichen: Galauniformen aus der Kaiserzeit wie die Hindenburgs, Mackensens und des Kronprinzen Wilhelm spielen hier eine besondere Rolle. Hitler, ausnahmsweise im bürgerlichen Cut, erscheint optisch vergleichsweise uninteressant. Die konservativ geprägten Wochenschauen berücksichtigten Hitler nur sehr zögerlich als Aufnahmeobjekt und setzten damit ihre Haltung aus der Zeit vor der Machteinsetzung fort: Sie versuchten zunächst, soweit es ging, Hitler zu ignorieren.

Da Goebbels diese Lücke in der Medienpräsenz Hitlers sehr wohl bewußt war, unternahm er sofort nach der Ernennung des »Führers« zum Reichskanzler einen ersten großangelegten Versuch, das Medium Film für die Wahlpropaganda der NSDAP zu nutzen: Die Wahlkampfrede Hitlers im Berliner Sportpalast vom 10. Februar 1933 ließ Goebbels mangels eigener Fachleute von Kamerateams der Wochenschauen aufnehmen – ein gewagtes Unterfangen angesichts der Erfahrungen mit deren konservativer Einstellung. Zudem war es damals technisch und dramaturgisch schwierig, eine Rede in einem geschlossenen Raum filmisch attraktisch wiederzugeben. Der für Propagandazwecke gedachte Film enthält Hitlers »Aufruf an das deutsche Volk« mit insgesamt 33 Minuten. Es ist der längste Filmausschnitt, der von einer Hitler-Rede überhaupt existiert. In einem ausgedehnten »Warming up«, von dem der Film 12 Minuten zeigt, hatte es Goebbels meisterhaft verstanden, die Spannung des im Sportpalast auf Hitlers Ankunft wartenden Publikums zu steigern. Dann hob Hitler zu seiner Rede an und eröffnete damit offiziell den Wahlkampf der NSDAP für die am 5. März anberaumte Neuwahl des Reichstags. Hitler gab die Parole »Kampf gegen den Marxismus« aus und brandmarkte damit KPD, SPD und die Gewerkschaften als die Hauptfeinde »aller anständigen Deutschen«.

Üblicherweise wird, auch wenn mehrere Kameras auf den Redner gerichtet sind, durch Aufnahmen von Publikum, Saaldekorationen, Spruchbändern und dergleichen für Zwischenschnitte gesorgt – nicht nur der Abwechslung wegen, sondern auch um Redeteile optisch unauffällig kürzen zu können. Die Kameramänner der Wochenschauen arbeiteten für Produktionsgesellschaften, die Hitler nicht sehr gewogen waren; mit Enthusiasmus scheinen sie nicht gerade bei der Sache gewesen zu sein. Am Schneidetisch läßt sich nachweisen, daß es spätestens im letzten Drittel der Hitler-Rede – auf ihrem rhetorischen Höhepunkt – an Synchronaufnahmen von Redner und Publikum mangelt. Sei es, daß den Kameramännern das Material ausgegangen war, sei es, daß man sich beim Schneiden des Filmmaterials gescheut hatte, zu Hitlers Fortissimo auch noch die entsprechenden Bilder seiner Gestik und Mimik zu verwenden: das Endprodukt liefert zu Hitlers exaltiertem O-Ton asynchrone Bilder eines mäßig engagierten Publikums. Auch dieser Film hatte über die NSDAP und den Kreis ihrer Anhänger hinaus wohl kaum Erfolg.[4]

Goebbels bekam offenbar Zweifel an der gewünschten Werbewirkung von gefilmten Hitlerreden. Es gab nur einen weiteren Versuch, den Redner Hitler ausgiebig im Kino zu präsentieren, nämlich von Leni Riefenstahl in *Triumph des Willens*, aber diesmal mit einem umfänglichen und dramaturgisch ausgefeilten Vorlauf. In den Wochenschauen, die sich zeitaufwendige Vorbereitungen nicht leisten konnten, fielen Hitlers Auftritte als Redner in der Folge durchweg recht kurz und bündig aus.

Neben »Hitlers Aufruf an das deutsche Volk« vom Februar 1933 gibt es weitere Beispiele dafür, daß die Wochenschauen Hitler anfangs nicht sehr zuvorkommend behandelten. Der erste Geburtstag des »Volkskanzlers« – am 20. April 1933 wurde Hitler 44 Jahre – konnte kaum umgangen werden. Hugenbergs Deulig-Woche, die noch im Dezember 1932 Hindenburg und nicht Hitler zu den »bedeutendsten Persönlichkeiten Europas« gezählt hatte, leistete sich dabei eine frappierende Zweideutigkeit: Auf ein Interview mit einem amerikanischen Reporter, der feststellte, »that there is a new fresh vitality here in Germany under your great leader and chancellor Adolf Hitler, of whom I am a great admirer«, folgten unmittelbar Aufnahmen von Ferkeln – als Aufmacher für eine sich anschließende Wochenschau-Story aus dem Zoo. Mit der Entmachtung Hugenbergs im Zuge von Ermächtigungsgesetz und Auflösung der Weimarer Parteien war dergleichen ironischen Anspielungen allerdings der Boden entzogen.

Zur gleichen Zeit erörterte Goebbels bereits mit Leni Riefenstahl den Plan eines »Hitlerfilms«. Daß darüber schon ab 13. Mai gesprochen wurde, wie Goebbels' Tagebüchern zu entnehmen ist, wird von Leni Riefenstahl heute vehement bestritten.[5]

Eine Regisseurin mit diesem Projekt zu betrauen war sicher ungewöhnlich, traf aber die geeignete Person: Als Frau, die nicht Mitglied der NSDAP war, zugleich aber vom »Führer« persönlich protegiert wurde, mußte Leni Riefenstahl keine Rücksichten auf Proporz und Streitigkeiten unter den verschiedenen Gliederungen der Partei nehmen. Sie konnte sich deshalb voll auf ihre Aufgabe als Regisseurin konzentrieren und die gewährten künstlerischen Freiheiten nutzen, um den – wie sie sagte – »Glaubensinhalt« des Parteitags filmisch zur Geltung zu bringen. Die scheinbar unpolitische Begeisterung der ehemaligen Tänzerin und Bergfilm-Darstellerin für die Ideale von »Kraft und Schönheit« bot dafür sehr gute subjektive Voraussetzungen. Hitler und Goebbels hatten offenbar klar erkannt, daß diese Qualitäten für einen effektvollen Film wichtiger waren als eine einwandfrei nationalsozialistische Gesinnung.

Für die objektiven Voraussetzungen sorgte die NSDAP schon selbst: Das Aufnahmesujet wurde so prächtig wie möglich herausgeputzt. Schließlich beging man 1933 den »Parteitag des Sieges« und 1934 den »Reichsparteitag der Einheit und Stärke«. Unter den politischen Feiertagen und Ritualen des »Dritten Reichs« waren die Parteitage der NSDAP zweifellos die wichtigsten öffentlichen Veranstaltungen zur politischen Selbstdarstellung des Nationalsozialismus. Entsprechend pompös waren die Nürnberger Gelöbnisfeiern ausgestattet – und zwar ganz unabhängig vom Parteitagsfilmprojekt. Der im Vergleich zu den NSDAP-Parteitagen der Weimarer Republik immense Einsatz an Menschen und Material kam Riefenstahls Parteitagsfilmen allerdings sehr zugute. Außerdem wurde auch für die Filmaufnahmen selbst ein vorher nicht gekannter Aufwand getrieben: Für *Triumph des Willens* stand Leni Riefenstahl 1934 ein Stab von insgesamt 170 Mitarbeitern zur Verfügung. Sie konnte es sich leisten, an die 130 000 Meter Film belichten zu lassen, aus denen sie dann in monatelanger Arbeit 3000 Meter für den Schnitt ausgewählt hat.

Die Ausstattung für den Parteitagsfilm *Sieg des Glaubens* im Jahr 1933 hatte zwar noch nicht diese gigantischen Ausmaße, war aber im Vergleich zu ähnlichen zeitgenössischen Filmproduktionen immer noch außergewöhnlich: Riefenstahl gewann drei hervorragende Kameramänner, nämlich Sepp Allgeier und Franz Weihmayr, gute Bekannte aus den Bergfilmen von Arnold Fanck, die sich bei schwierigen Außenaufnahmen schon oft bewährt hatten, sowie Walter Frentz, der bei einem gerade abgedrehten Kajak-Film nützliche Erfahrungen mit der Handkamera gesammelt hatte. Insgesamt waren beim »Parteitag des Sieges« mindestens zwölf Kameras im Einsatz: Allein vier Wochenschauen waren mit neun Operateuren vertreten, aber nur Riefenstahls Kameramänner genossen bisher nicht dagewesene Privilegien, um den Hauptdarsteller Adolf Hitler eindrucksvoll ins Bild zu setzen: Sepp Allgeier konnte seine Kamera immer an der Seite des »Führers« aufstellen und durfte sogar in Hitlers Limousine mitfahren. Auf diese Weise konnten Hitler-Aufnahmen aus allernächster Nähe gedreht werden – ein Novum, das entscheidend war für die Kreation eines neuen Filmstils, der bald Schule machen sollte.

Ihre zentrale Aufgabe beim Schnitt sah Leni Riefenstahl in der rhythmischen Gestaltung der Parteitagsgeschehnisse. Das galt vor allem für die eintönigen und leicht ermüdend wirkenden Aufmärsche. Das Erfolgsrezept ihrer stilistischen Neuerungen bestand darin, dem politischen Umbruch der nationalsozialistischen »Bewegung« auf der Leinwand filmische Dynamik zu verleihen. Schließlich sah sich die NSDAP selbst als die mobilisierende Kraft eines nationalen Aufbruchs an, der zum »Wiederaufstieg Deutschlands« führen sollte. Durch ein abwechslungsreiches Spiel mit Zwischenschnitten, die von mobilen Kameras aufgenommen waren, überwand sie den gewohnten starren Bildausschnitt der Wochenschauen und erzielte eine neuartige filmische Ästhetisierung und Stilisierung des Parteitags. Die überschwenglichen Lobpreisungen der Presse feierten Riefenstahls ersten Parteitagsfilm, dem Hitler selbst den Titel »Sieg des Glaubens« gab, als »filmisches Oratorium« und »triumphale Bildsinfonie«.

Diese exaltierten musikalischen Vergleiche klingen nach Hofberichterstattung. Sie gehen indes wohl auch auf den meist unterschätzten Beitrag der von Herbert Windt komponierten und arrangierten Filmmusik zurück, die sich teils an Richard Wagner, teils an Marschmusik und volkstümlichen Weisen anlehnt. Wegen der Vorbehalte gegenüber dem Sujet des Films wird heute außerdem gern übersehen, daß »Sieg des Glaubens« tatsächlich ein Novum in der Geschichte des deutschen Films darstellt: Leni Riefenstahl macht Anleihen beim »neuen Sehen« und nutzt ästhetische Errungenschaften der Avantgarde der zwanziger Jahre für nationalsozialistische Filmpropaganda; sie setzt Kameramänner ein, die ihre reiche Erfahrung aus den on location gedrehten Bergfilmen mitbringen und für Spielfilme entwickelte Aufnahmetechniken in die Arbeit am propagandistisch wirkungsvollen Dokumentarfilm einbringen; schließlich gewinnt sie selbst durch die auf Wirkung bedachte, innovative Verwendung von Zwischenschnitten den Parteitagsereignissen visuelle Reize ab, die dem Wochenschaustil der Weimarer Republik nicht zugänglich waren.

Aus der Rückschau, vor allem im Vergleich mit dem ein Jahr später gedrehten *Triumph des Willens* betrachtet, ist *Sieg des Glaubens* noch nicht aus einem Guß. Es ist förmlich zu sehen, wie die Regisseurin daran arbeitet, »ihren« Stil erst noch zu finden: Dramaturgische Neuerungen werden ausprobiert, und ungewohnte Kameraperspektiven werden eingeführt, aber der verpönte Wochenschaustil kann noch nicht ganz abgestreift werden. Das liegt vor allem daran, daß Leni Riefenstahl für den Schnitt auf durchaus heterogenes Material zurückgreifen mußte: *Sieg des Glaubens* ist letztlich eine Kompilation aus Wochenschauaufnahmen, nachträglich gedrehten Einstellungen im Studio sowie den Filmrollen, die von den drei Kameramännern Allgeier, Weihmayr und Frentz belichtet wurden.

Auch das kinematografische Führerbild von Adolf Hitler ist längst nicht so eindeutig wie ein Jahr später in *Triumph des Willens*. Das hat jedoch weniger mit der technischen Ausstattung des Films als mit der politischen Machtverteilung zum Zeitpunkt des »Parteitags des Sieges« zu tun. Filmisch wird die Überhöhung Adolf Hitlers zum »Führer« mehrfach versucht: So beginnt und endet z. B. der Vorbeimarsch von SA und SS mit einer Großaufnahme von Hitlers waagrecht ausgestrecktem Arm, so daß seine Hand wie »ein Symbol des Segens« – so das an der Kinokasse käufliche Programmheft – ins Bild gesetzt ist. Auch die Eröffnung des Parteikongresses wird als Huldigung an Hitler präsentiert, der von Heß als »erster Kämpfer der Partei« angesprochen wird. Aber neben und hinter Hitler steht stets wie sein Schatten der zweite Mann im Staate, Ernst Röhm, Stabschef der SA (Abb. 1): Mit seinen Schlägertrupps und

Abb. 1: Sieg des Glaubens *von Leni Riefenstahl (1933): Hitler und SA-Stabschef Ernst Röhm.*

brutalem Terror hatte Röhm der NSDAP und Hitler zur Macht verholfen, anschließend säuberte er die politische Landschaft im »neuen Deutschland« gründlich von allen Gegnern, insbesondere von denen aus den Reihen der Arbeiterbewegung. Röhm ist beim Vorbeimarsch von SA, SS und Stahlhelm hinter Hitler im offenen Fond der »Führerlimousine« zu sehen: Die Parade wird von einem Duo abgenommen, nicht von Hitler als Alleinherrscher wie ein Jahr später in *Triumph des Willens*. Beim Appell der SA im Luitpoldhain nimmt Hitler die Totenehrung gemeinsam mit seinem »alten Kampfgefährten« Ernst Röhm vor, anschließend reichen sich beide die Hände, bevor Hitler seine Rede an die SA beginnt.

In *Triumph des Willens* ist Röhm nicht mehr mit von der Partie: Am 30. Juni bzw. 1. Juli 1934 war er auf Hitlers persönlichen Befehl mit einer Reihe seiner Gefolgsleute ermordet worden – Luchino Visconti hat die Ereignisse in seinen Spielfilm *Die Verdammten* (1968) eingebaut. Das Blutbad beendete einen innenpolitischen Machtkampf: Röhm stand dem zur Kriegsvorbereitung angestrebten Bündnis Hitlers mit den Generälen der Reichswehr im Wege, weil er die SA zu einer Art Volksheer der »nationalsozialistischen Revolution« machen wollte.

Das Paradestück nationalsozialistischer Selbstdarstellung im Medium des Films ist zweifellos *Triumph des Willens*, Leni Riefenstahls knapp zweistündiges Opus über den Reichsparteitag 1934.[6] Die Verdichtungsarbeit von Kamera, Schnitt und Montage läßt die Konturen der Parteitagsrituale idealtypisch hervortreten: Den Kern der Filmhandlung behält die Regisseurin dem feierlichen Appell vor, zu dem Arbeitsdienst, Hitlerjugend, Parteifunktionäre der NSDAP sowie Angehörige von SA und SS vor dem »Führer« antreten. Durch Aufmarsch in Reih und Glied, durch Treueschwur und Fahnenweihe führen diese Massenappelle die absolute Unterordnung der Gefolgschaft unter die Befehlsgewalt Adolf Hitlers vor: Einheit nach innen und Stärke nach außen, das soll die Botschaft des »neuen Deutschland« sein, und dementsprechend erhält das Nürnberger Gelöbnisritual im Jahr 1934 den Titel »Reichsparteitag der Einheit und Stärke« (Abb. 2–4).

Das Bekenntnis zur Revision der Weltkriegsniederlage durchzieht den Film wie ein roter Faden. Unverkennbar ist das die Botschaft der Totenehrung beim Arbeitsdienstappell: »Einwandfrei ausgerichtet« sind 52 000 Angehörige des Freiwilligen Arbeitsdienstes angetreten und exerzieren – in Ermangelung von Gewehren – mit ihren Spaten. Ein Chorspiel reklamiert den Anspruch dieser »Soldaten der Arbeit« auf wirkliches Soldatentum: »Wir standen nicht im Schützengraben und nicht im Trommelfeuer der Granaten – und sind trotzdem: Soldaten! (...) Hier steht des Reiches junge Mannschaft – wie einst bei Langemarck, bei Tannenberg, vor Lüttich, vor Verdun...« Zur Abrufung dieser Schlachtenorte ertönte die Melodie von »Ich hatt' einen Kameraden«, dann eine Stimme: »Kameraden, die Rotfront und Reaktion erschossen«, ...ein

Abb. 2–4: Triumph des Willens *von Leni Riefenstahl (1935).*

Paukenschlag – Stille – und die Antwort des Chors: »Ihr seid nicht tot, ihr lebt – in Deutschland!«

So reicht die Traditionslinie deutschen Soldatentums von den kaiserlichen Armeen bis zu den Schlägertrupps der SA-Verbände: Der Kampf geht immer um Deutschland – im Ersten Weltkrieg gegen den äußeren, in der Weimarer Republik gegen den inneren Feind. Der Kampf im Innern wurde durch die Liquidierung der Arbeiterbewegung siegreich beendet, die Revision der »Schmach von Versailles« steht dagegen noch aus. Deshalb demonstrieren die Arbeitsdienstmänner vor dem Publikum ihre Bereitschaft, neues Land nicht nur mit dem Spaten zu gewinnen, sondern auch mit der Waffe zu erobern.

Die zweite Totenehrung zeigt der Film beim Appell der SA und SS im Luitpoldhain. Diese Szene ist ein Höhepunkt in der dramaturgischen Konstruktion des Führermythos: Hitler geht, gefolgt von SA-Chef Lutze und von Heinrich Himmler, durch die schweigenden Karrees seiner »politischen Soldaten« zum Ehrenmal für die Gefallenen, bleibt dort eine Weile stumm stehen und tritt wieder den Rückweg an. Symbolisch empfängt er so das Vermächtnis der Gefallenen, um es als unumstößlichen Befehl weiterzureichen an die Lebenden. Die Gefolgschaft bestätigt jede Parteitagsrede des »Führers« mit einem dreifachen »Sieg Heil!«. Im Gedenken an die für Deutschland Gefallenen wird das Gelöbnis abgelegt, jederzeit das eigene Leben einzusetzen für die Belange der Nation, über die der »Führer« befindet. Treue zum Führer wird so zur Bereitschaft zum Sterben für Deutschland. Das ist, auf einen Nenner gebracht, die politische Botschaft des Parteitagsfilms *Triumph des Willens*.

Dieser rücksichtslose Führungsanspruch verlangt die schrankenlose Glaubwürdigkeit des »Führers«. Um das eigene Leben ohne Vorbehalt der Befehlsgewalt Adolf Hitlers zu überantworten, muß die Gefolgschaft grenzenloses Vertrauen zu ihm haben. Die ästhetische Stilisierung und Überhöhung der Führerfigur wurde von daher zur politischen Notwendigkeit. Die Gestaltungsmittel der Kinematografie, vor allem Kameraführung, Beleuchtung und Schnitt, dienen im Parteitagsfilm der Bildregie des nationalsozialistischen Führerkults.

Die absolute Dominanz des »Führers« über die Formationen der Partei akzentuiert die geeignete Wahl des Kamerastandpunkts. Beim Appell von SA und SS zum Beispiel fällt ins Auge, daß Hitler immer in Untersicht, die angetretene Gefolgschaft immer in Aufsicht gefilmt ist. Das Führerprinzip wird auf diese Weise visualisiert: Zum »Führer« wird von unten aufgeschaut, die Parteigenossen werden von oben inspiziert und kontrolliert.

Eine deutliche Sakralisierung Adolf Hitlers betreibt die Filmregie vor allem bei seiner Einfahrt in Nürnberg, der Ansprache an die Hitler-Jugend und beim Vorbeimarsch auf dem Hauptmarkt. Die filmische Präsentation des »Führers« als Erlösergestalt arbeitet mit dem Wechsel von Sonnenlicht und Schatten und der perspektivischen Veränderung, die durch unterschiedliche Aufnahmewinkel und Objektivbrennweiten erzielt werden kann.

Zu Beginn seiner Ansprache an die Hitlerjugend fällt der Schatten des Tribünendachs auf Hitler. Gegen Ende seiner Rede fährt die Kamera langsam gegenschwenkend so um ihn herum, daß Hitler, der hinter dem Mikrofon steht, scheinbar wie von selbst aus dem Dunkel ins sonnendurchflutete Freie gleitet. Die von der Kamera bewirkte Bewegung ins Licht geschieht in dem Moment, als er an die Jugendlichen die biblischen Worte richtet: »...denn ihr seid Fleisch von unserem Fleisch und Blut von unserem Blut.«

Ein ähnlicher Effekt wird bei Hitlers Einfahrt in Nürnberg erzielt, indem abwechselnd Licht- und Schattenzonen durchfahren werden. Im Gegenlicht der einfallenden Sonnenstrahlen wird mit Weichzeichner ein Lichthof um Hitlers Kopf und Handrücken erzeugt: In Groß- und Nahaufnahme erscheint der »Führer« von einer Lichtgloriole umstrahlt, die einem Heiligenschein gleicht. Hitlers Pose – aufrecht im offenen Verschlag seines Mercedes stehend, den rechten Arm erhoben, Handfläche nach vorn weisend – verstärkt den Eindruck, daß die Kameraregie ganz bewußt an die christliche Ikonografie des Heilands anknüpft. Beim Vorbeimarsch auf dem Hauptmarkt ist Hitlers gestreckte Rechte schräg von unten mit Teleobjektiv so aufgenommen, als marschierten die SA- und SS-Männer unter der erhobenen Hand des »Führers« hindurch. Hitler hält seine Hand wie einen schützenden Schirm über sie. Aus diesem Blickwinkel wird die Pose, mit der Hitler den Vorbeimarsch abnimmt, im Film zum Segen, den er »seinen« Männern erteilt. Filmisch derart idealisiert, erscheint Hitler als politischer Messias der Nation.

Diese Art der sakralen Huldigung, wie sie uns visualisiert im Parteitagsfilm *Triumph des Willens* begegnet, mag heute seltsam wirken. Sie hatte jedoch damals eine reale Grundlage im Zusammenfallen der Person Hitler mit einer schier unbegrenzten politischen Machtfülle: Der »Führer« verkörpert die faschistische Staatsgewalt, weil Adolf Hitler tatsächlich über die Gewalt dieses Staats gebietet. Abgesehen von seiner unangefochtenen Stellung an der Spitze der Staatspartei und der Regierung ist Hitler im September 1934 de facto auch »oberster Gerichtsherr«, was in Anspielung auf die Morde vom 30. Juni während des Parteitags mehrfach erwähnt wird. Außerdem ist Hitler seit dem Tod des Reichspräsidenten von Hindenburg am 2. August auch noch Staatsoberhaupt und Oberbefehlshaber des Militärs, das nun auf ihn persönlich vereidigt wird.

Triumph des Willens ist ein in der Geschichte der audiovisuellen Massenkommunikation einzigartiger Fall: Adolf Hitler ist der einzige Politiker des 20. Jahrhunderts, der in einer abendfüllenden Verfilmung seiner eigenen politischen Legende selbst die Hauptrolle spielt. Das auf der Leinwand sichtbare Ergebnis der arbeitsteiligen Bemühungen von Parteitagsregie und Filmregie findet Hitlers ungeteilte Zustimmung. Als authentisches Filmdokument der öffentlichen Selbstinszenierung des »Führers« ist und bleibt das Opus von Leni Riefenstahl der Hitler-Film schlechthin. Die Filmversion des Parteitags bringt den alljährlichen Höhepunkt des Führerkults in die Kinos. Das Nürnberger Schauspiel von Gehorsam und Pflichterfüllung wird einem Millionenpublikum zur Nachahmung verabreicht – keine Dekoration der Gewalt, keine ästhetische Fassade, um die Zuschauer hinters Licht zu führen, sondern unmißverständlich geistige Mobilmachung auf der Leinwand.

Für die Behandlung nationalsozialistischer Veranstaltungen in den Wochenschauen hat *Triumph des Willens* völlig neue Maßstäbe gesetzt. Wenige Wochen nach der Uraufführung gründete der Wochenschaureferent in Goebbels' Propagandaministerium, Hans Weidemann, im Mai 1935 das Deutsche Film-Nachrichtenbüro zu dem Zweck, die vier privaten Wochenschauen – Ufa, Deulig, Bavaria und Fox – gleichzuschalten. Propagandistisch wichtige Wochenschau-Beiträge wurden nun vorproduziert und in allen deutschen Wochenschauen zeitgleich plaziert. Ende November war das z. B. der Fall bei der Werbung fürs Winterhilfswerk und einem Beitrag mit dem Titel »Luftschutz tut not«.[7] Im März 1937 wurde die Ufa von der Reichsregierung aufgekauft; die Ufa-Wochenschau fungierte als Auffangbecken für die anderen Wochenschauen, und pünktlich zu Kriegsbeginn hatte Goebbels sein Ziel einer Einheitswochenschau unter seiner persönlichen Kontrolle erreicht: Der reichseigenen Ufa-Tonwoche fiel das Wochenschaumonopol zu, und ein geschlossenes Kontrollsystem von der Rohfilmzuteilung bis zur Bild- und Textzensur sorgte dafür, daß die Ufa-Wochenschau, ab Sommer 1940 unter dem Namen Deutsche Wochenschau, ausschließlich Genehmes und Genehmigtes verbreitete.

Von den wichtigsten Wochenschauen der Vorkriegszeit, der Deulig- und der Ufa-Tonwoche, ist kaum mehr als ein Drittel der Ausgaben erhalten. Trotz der äußerst lückenhaften Überlieferung läßt sich hochrechnen, daß Hitler etwa in jeder dritten Wochenschau-Ausgabe auftrat. Die Wochenschauen schlossen sich dem Personenkult um den »Führer« nur zögerlich an. Zum Jahresende 1933 stellte die Deulig immerhin den Badenweiler Marsch als »Lieblingsmarsch des Führers« vor. Beim Jahresrückblick der Ufa auf 1934 waren von acht Filmberichten nur noch drei ohne »Führer«. Ab 1935 gehörte der vom Staatsoberhaupt Adolf Hitler veranstaltete Neujahrsempfang des diplomatischen Korps zum Kanon der Wochenschaurituale. Vor ihrem Neujahrsempfang-Beitrag 1935 läßt die Ufa zu Schwarzfilm Fanfaren erschallen. Den Jahresbeginn 1936 eröffnet die Ufa mit einer begeisterten Menge vor der Reichskanzlei:

»Der erste Gruß dem Führer!«; ein Jahr später mit einem Sprechchor von Reichsbahnangehörigen: »Wir danken dir!« Im Januar 1938 wird der Rückblick auf fünf Jahre »Drittes Reich« zu einer Leistungsschau, die allein dem »Führer« zu verdanken ist.

Staatsakte und Parteizeremonien im jährlich wiederkehrenden Zyklus sind fester Bestandteil der Wochenschauberichte. Hitler, immer im Zentrum des Geschehens, erscheint in der Rolle des Menschheitslenkers und Hohepriesters. Maifeiern, Paraden, Kranzniederlegungen am Heldengedenktag, die martialische Ehrung der Gefallenen des Hitlerputsches vom 9. November 1923 an der Münchner Feldherrnhalle, der Erntedank auf dem Bückeberg und nicht zuletzt die Reichsparteitage boten regelmäßig Anlaß, den Zeremonienmeister Adolf Hitler auch ins Kino zu bringen. Mitte der dreißiger Jahre waren die Rituale wie ihre filmische Darstellung bereits so stereotyp inszeniert, daß die Datierung von Aufnahmen, die sich ohne eindeutigen Vorspann in den Filmarchiven befinden, ausgesprochen schwerfällt. Auch die alljährlichen Besuche der Berliner Automobilausstellung und die immer wieder stattfindenden Eröffnungen neuer Autobahnabschnitte gehören in diese Kategorie.

Zu den wenigen Anlässen, die diese scheinbar zeitlose Welt der Rituale durchbrechen, zählen gelegentliche Berichte über Hitlers Besuch der Bayreuther Festspiele. Aber auch hier wirkt Hitler nie privat. Es gibt keine First Lady, keine Familie Hitler und nur selten Auftritte mit Ersatzfamilien wie dem Ehepaar Goebbels und dessen Kindern. Dagegen eröffnen die Amateurfarbfilme von Eva Braun eine völlig andere, intime Welt um Hitler, zu der die Wochenschauen keinen Zugang hatten. Ein offizieller Bericht mit Hitler und seiner Hündin Blondi vom September 1943 ist eher eine kuriose Rarität.

Hitlers Wochenschau-Auftritte finden in aller Regel in einer uniformierten Männerwelt statt. Wenn der »Führer« auf der Leinwand Frauen begegnet, sind es Frauen, die in Tracht gekleidet den Typus »Frau aus dem Volk« repräsentieren. Besonders auffällig ist in diesem Zusammenhang wiederum eine Se-

5

Abb. 5: Hitlers Aufruf an das deutsche Volk, 10. Februar 1933.

quenz aus Leni Riefenstahls *Triumph des Willens*: Aufnahmen, in denen Hitler Frauen aus Trachtengruppen in halbtotalen Einstellungen die Hand schüttelt, alternieren mit Nah- und Großaufnahmen von Frauen, die ihre Lippen mit der Zunge befeuchten oder im Blickkontakt erstarren. Psychologen sind geneigt, das Befeuchten der Lippen als »Werbeverhalten« zu interpretieren. Bei der Analyse am Schneidetisch kommen Zweifel auf, ob die Aufnahmen überhaupt in dem vom Schnitt suggerierten Zusammenhang entstanden sind. Entscheidend für die Interpretation ist letztlich die Botschaft, die die Schnitt-folge vermitteln soll: Frauen schwärmen für den »Führer«. Was *Triumph des Willens* durch den Schnitt in peinlicher Weise explizit darstellt, gilt später implizit für unzählige, weniger spektakuläre Schnittfolgen von Hitler einerseits und begeister-ten Frauen andererseits, besonders in Wochenschauberichten vom »Anschluß« Österreichs sowie einer Ufa-Tonwoche vom März desselben Jahres zum Staatsbesuch Hitlers in Italien.

Nahezu alle Wochenschaubeiträge aus der Vorkriegszeit (Abb. 5), in denen Hitler auftritt, stehen in der Abfolge der Bei-träge an einer der beiden prominenten Stellen. Entweder bilden sie den Auftakt der Wochenschau-Ausgabe, öfter aber noch den Schlußbeitrag; gelegentlich erscheint der »Führer« gleich in

6

Abb. 6: Ufa-Tonwoche Nr. 451 zu Hitlers 50. Geburtstag, 1939: Hitler und Himmler.

mehreren Beiträgen und besetzt die zwei oder gar die drei letzten Positionen der Wochenschau. Nur sehr wenige Wochenschau-Ausgaben bleiben ganz dem »Führer«-Bild vorbehalten: Dazu gehört z. B. eine Ufa-Tonwoche von Ende März 1938 zum »Anschluß« Österreichs sowie eine Ufa-Tonwoche aus demselben Jahr zum Staatsbesuch Hitlers in Italien.

Herausragend ist vor allem die Festausgabe der Ufa-Tonwoche zu Hitlers 50. Geburtstag aus dem Jahr 1939 (Abb. 6).[8] Die 20 Minuten dauernde Wochenschau beginnt mit dem Schmükken von Häusern und Schaufenstern und zeigt das Eintreffen der Geschenke. Selbst Hitlers Geburtstag wird, so die Diktion der Kamera, als Staatsakt begangen. Der »Führer«, alles andere als entspannt, läßt ein Morgenständchen über sich ergehen, darf die artigen Goebbels-Kinder begrüßen und Trachtengruppen »aus allen Gauen des Reichs« empfangen. Im Anschluß an diese Einstimmungsrituale kommt die Ufa rasch zur Sache: Nach dem Einmarsch in die Tschechoslowakei und kurz vor dem Höhepunkt der Polenkrise signalisiert diese Wochenschau-Ausgabe eine entscheidende Wende – Hitler wird zum »größten Feldherrn aller Zeiten«. Das Gewicht der filmischen Darstellung liegt nicht auf den Vorbereitungen, den Ständchen und Huldigungen, sondern es liegt auf der monströsen Präsentation eines militärischen Schauspiels, nämlich der bislang größten Militärparade des »Dritten Reichs«. Vier Minuten lang zeigt die Ufa-Wochenschau Hitlers Vorbeifahrt an den längs der Via triumphalis, Berlins neuer Ost-West-Achse, angetretenen Truppen; achteinhalb Minuten lang zeigt sie den Vorbeimarsch dieser Truppen vor ihrem Obersten Befehlshaber. Tonmischung und Bildschnitt sind meisterhaft aufeinander abgestimmt: Zuschauerjubel setzt dramaturgisch effektvoll bei Hitlers Durchfahrt durch das Brandenburger Tor ein, majestätische Akkorde begleiten Hitler zur Ehrentribüne und verstummen exakt in dem Augenblick, als er Platz nimmt.

Da die Ufa auf diese Geburtstagsausgabe stolz war, hat sie ihr einen Festartikel gewidmet, dem der ungewöhnliche Aufwand zu entnehmen ist: Allein für die militärischen Aufnahmen waren zwölf Kameramänner eingesetzt, postiert auf Begleitautos, auf Omnibusplattformen, Dächern öffentlicher Gebäude, selbst auf dem Brandenburger Tor und der Siegessäule. Aus sechs Stunden belichteten Filmmaterials wurden 20 Minuten verwendet – dieses Drehverhältnis von 1:18 reicht zwar noch lange nicht an die unglaubliche Zahl von 1:40 bei *Triumph des Willens* heran, ist aber im Bereich der aktuellen Wochenschauproduktion wohl einzigartig. Geld spielte in diesem Fall keine Rolle, da es für die mittlerweile in Staatsbesitz befindliche Ufa galt, den Staatschef zu feiern.

Mit Beginn des Zweiten Weltkriegs wird der stereotype Führerbilder-Kanon der Wochenschau um einige neue Rituale erweitert; dazu gehören vor allem Hitlers Frontbesuche: Beobachtet von begeisterten jungen Soldaten, besichtigt er, stets in korrekter Uniform, modernstes Kriegsgerät, verleiht Orden und demonstriert Anteilnahme am Schicksal von Kriegsversehrten.

Nicht eigens für die Kamera inszenierte Auftritte zeigt die Wochenschau im Kriege äußerst selten. Dazu gehört Hitlers sogenannter Freudentanz aus der Deutschen Wochenschau von Ende Juni 1940, als er von der Kapitulation Frankreichs erfährt (Abb. 7). Walter Frentz, der als Wochenschaukameramann während des Kriegs ständig in Hitlers Nähe war, hatte

7

Abb. 7: Deutsche Wochenschau Nr. 512, Juni 1940: Hitler nach der Meldung von der Kapitulation Frankreichs.

rechtzeitig von der Ordonnanz erfahren, daß die wichtige Meldung an Hitler unterwegs sei. So konnte er den Diktator in dem Moment filmen, als dieser die Nachricht erhielt. Die Wochenschau integriert dieses Ereignis in einen sinnfälligen Zusammenhang: Sie zeigt Hitler und Göring im Gespräch, dann Hitlers Mitarbeiterstab, am Ende wieder Göring mit Hitler. Dieser Zusammenhang ist erst am Schneidetisch hergestellt worden: Am Anfang und am Ende des Wochenschau-Beitrags trägt Hitler eine lange Uniformhose, in der Mitte jedoch eine Reithose und Stiefel. Daß diese kombinierten Aufnahmen vom Publikum auch als genuin zusammengehörig wahrgenommen werden, ist hauptsächlich eine Leistung der Tonspur: Während der Wochenschau-Sprecher militärische Beratungen signalisiert, werden musikalische Leitmotive unterlegt, die den Zuschauern aus Wochenschau-Beiträgen über Kampfeinsätze bekannt sind. Auf diese Weise wird glaubwürdig, was der Sache nach Artefakt ist.

Bei Befragungen von Kameramännern, die im Krieg als »Filmberichterstatter« bei den sogenannten Propaganda-Kompanien eingesetzt waren, ist immer wieder zu hören, daß sie bei ihrer Filmarbeit an der Front kaum Vorschriften zu beachten hatten. Was jedoch Filmaufnahmen von Hitler selbst betraf,

97

war dies spätestens ab Mitte 1941 anders. Jüngste neurologische Untersuchungen, aus denen im Institut für den Wissenschaftlichen Film, Göttingen, ein Forschungsfilm entstanden ist, haben ergeben, daß Hitler ab 1941 ein fortschreitendes Parkinson-Syndrom erkennen ließ, mit typischen Haltungsanomalien, vor allem einem ausgeprägten Händezittern, dem sogenannten Ruhetremor.[9] Walter Frentz hatte als Kameramann im Führerhauptquartier für geeignete Kamerapositionen zu sorgen, die diese Symptome nicht deutlich werden ließen (Abb. 8). Die

8

9

Abb. 8: Deutsche Wochenschau Nr. 754, März 1945.
Abb. 9: Deutsche Wochenschau Nr. 755, Ende März 1945.

Zensur der Wochenschau-Aufnahmen in Berlin tat ein übriges, um unerwünschte Details zu unterdrücken. Erst in den Wirren der letzten Kriegswochen hat das System der Kontrolle offenbar nicht mehr richtig funktioniert (Abb. 9).

Nach dem Willen von Goebbels' Ministerium sollte Hitler, vom Kriegsverlauf und seiner Krankheit sichtlich gezeichnet, in der Wochenschau zum letzten Einsatz für den in unerreichbare Ferne gerückten »Endsieg« motivieren.[10] Mit Hilfe des Sprechers und einer geschickten Kameraführung suggeriert Hitlers letzter Auftritt für die Wochenschaukamera, daß ihm die Hitlerjungen Kriegserlebnisse erzählen und ihm die Tapferkeit der Hitlerjugend und ihren Glauben an den »Endsieg« versichern. In Wahrheit sprachen sie nicht zu Hitler, sondern zur Kamera, vor einem anderen Hintergrund, wie man bei der genauen Betrachtung der Filmaufnahmen am Schneidetisch erkennen kann, sowie zu einem andern Zeitpunkt und vor einem anderen Kamerateam.

Was die Wochenschauen zu Beginn des »Dritten Reichs« erst langsam und zögerlich zu lernen bereit waren, hat die Deutsche Wochenschau am Ende perfekt beherrscht: die technische Manipulation der Bilder. Daß auf diese Weise auch eine Manipulation der Zuschauer gelang, ist angesichts der aussichtslosen militärischen Lage ausgeschlossen.

Anmerkungen

1 Zu den filmografischen Angaben für alle im Folgenden zitierten Filmquellen vgl. den Verleihkatalog: Peter Bucher, *Wochenschauen und Dokumentarfilme im Bundesarchiv-Filmarchiv* (= Findbücher zu Beständen des Bundesarchivs, Bd. 8), Koblenz 1984.

2 Vgl. zu den beiden NSDAP-Parteitagsfilmen von 1927 und 1929 ausführlich Albrecht Tyrell, *III. Reichsparteitag der NSDAP, 19.–21. August 1927, Nürnberg, »Eine Symphonie des Kampfeswillens«*, Begleitpublikationen zur Filmedition G 122 des IWF, Göttingen 1976, sowie ders., *IV. Reichsparteitag der NSDAP, Nürnberg 1929*, Begleitpublikation zur Filmedition G 140 des IWF, Göttingen 1978.

3 Vgl. Hilmar Hoffmann/Martin Loiperdinger, Wilhelminisches Kino. Zwischen Kintop, Kunst und Krieg, in: Hilmar Hoffmann, *100 Jahre Film. Von Lumière bis Spielberg*, Düsseldorf 1994.

4 Vgl. ausführlich die Modelledition des Instituts für den Wissenschaftlichen

Film: K. F. Reimers u. a., *Hitlers Aufruf an das deutsche Volk vom 10. Februar 1933*, Begleitpublikation zur Filmedition G 126 des IWF, Göttingen 1971.

5 Vgl. dazu Riefenstahls Äußerungen in Ray Müllers Dokumentarfilm *Die Macht der Bilder* (1993); zur Widerlegung mit Goebbels' Tagebucheinträgen und einem Foto, das deren Glaubwürdigkeit beweist, siehe Martin Loiperdinger, »Sieg des Glaubens« – Ein gelungenes Experiment nationalsozialistischer Filmpropaganda, in: Ulrich Herrmann / Ulrich Nassen (Hrsg.), *Formative Ästhetik im Nationalsozialismus. Intentionen, Medien und Praxisformen totalitärer ästhetischer Herrschaft und Beherrschung*, Weinheim / Basel 1994, S. 35–48.

6 Vgl. ausführlich Martin Loiperdinger, *Rituale der Mobilmachung. Der Parteitagsfilm »Triumph des Willens« von Leni Riefenstahl*, Opladen 1987. Eine detaillierte Filmbeschreibung kann gegen eine Schutzgebühr bezogen werden über das Institut für den Wissenschaftlichen Film (IWF), Göttingen: Martin Loiperdinger, *»Triumph des Willens«. Einstellungsprotokoll*, München 1980.

7 Vgl. Martin Loiperdinger / Klaus Schönekäs, Krieg im Frieden. Die UFA-Wochenschau in den dreißiger Jahren, in: Witich Roßmann / Joachim Schmitt-Sasse (Hrsg.), *AchtungFertigLos. Vorkrieg 1935–1939*, Berlin 1989, S. 101–103.

8 Vgl. die Edition des Instituts für den Wissenschaftlichen Film: Friedrich Terveen, Ufa-Tonwoche Nr. 451/1939 – Hitlers 50. Geburtstag, Göttingen 1960.

9 Ellen Gibbels, Hitlers Parkinson-Syndrom – Eine Analyse von Aufnahmen der Deutschen Wochenschau aus den Jahren 1940–1945, Video-Produktion des Instituts für den Wissenschaftlichen Film, Göttingen 1992, 42 min., Verleih-Signatur IWF-G 254. Siehe auch Ellen Gibbels, Hitlers Nervenkrankheit. – Eine neurologisch-psychiatrische Studie, in: *Vierteljahrshefte für Zeitgeschichte*, 42. Jg., Heft 2, München 1994.

10 Vgl. die Edition des Instituts für den Wissenschaftlichen Film: Dietmar Waterkamp, Die Deutsche Wochenschau Nr. 755/10/1945, Göttingen 1977.

Enrico Sturani
Mussolini auf Postkarten – Symbol oder Dokument?

Beim Verlassen einer Mussolini-Audienz sagten viele Leute: »Er ist ja überhaupt nicht so, wie sie ihn darstellen, er sieht gar nicht so aus wie auf den Bildern (...) Er hat gelächelt!« Ihr Unwillen richtete sich gegen die Fotografen: »Sie machen ihn immer so mürrisch und widerspenstig! Er ist doch sehr liebenswürdig.« Eine ursprünglich von Margherita Sarfatti getroffene Feststellung[1] bestätigt später auch Emil Ludwig: »Die in der Welt verbreitete Karikatur von Mussolini geht zu Lasten der Fotografen.«[2]

In diesen Zitaten offenbart sich eine Spannung, ja ein Widerspruch zwischen dem öffentlichen Repräsentanten und der Privatperson Mussolini. Gerade den Fotografen warf man vor, nicht nur das Gesicht hinter der Maske nicht erfaßt, sondern sogar entscheidend zur Entstehung eines offiziellen Bildes beigetragen zu haben, das letztendlich den Blick auf die gesellschaftliche Realität verstellte. Ähnliche Kritik, wenn auch aus anderen Gründen, wird noch heute an den Mussolini-Fotos geübt: daß sie die Wirklichkeit des Faschismus zugunsten einer rhetorischen Fiktion verfälschten.

Die Kritik trifft nur partiell zu, denn es existieren mehrere tausend Fotografien, die lediglich als Andenken entstanden und halb private, jedenfalls nicht offizielle Besuche Mussolinis dokumentieren – die Rast auf einem Bauernhof inmitten der Landleute oder eine Begegnung mit Schülern. Die Verbreitung solcher Bilder war örtlich und zeitlich begrenzt, sie waren für das Familienalbum der unmittelbar beteiligten Personen gedacht und waren deshalb auch nicht mit Bildunterschriften versehen. Sie zeigen häufig einen lächelnden, gelösten, einen »menschlichen« Mussolini.

Bei wichtigeren Reisen, Besuchen, Einweihungen und Reden dagegen erscheint er in Kleidung, Gestik und Mimik als die offizielle Persönlichkeit, die er in diesen Fällen zu verkörpern hatte: der Duce. Die entsprechenden Bilder wurden meist von den offiziellen Fotografen des Istituto LUCE[3] aufgenommen und waren zur Veröffentlichung im In- und Ausland bestimmt. Aus diesem Grunde waren sie einer Vorzensur unterworfen, um diejenigen Aufnahmen auszusondern, die nicht »würdig« genug erschienen. Die für gut befundenen wurden im Anschluß an das Ereignis in Zeitungen, Zeitschriften, Büchern und Postkartenserien – stets mit präzisen Angaben in den Bilderunterschriften – veröffentlicht.

Neben diesen offiziellen Bilddokumenten wurden unter Zuhilfenahme der verschiedensten Labortechniken (Schnitt, Freistellung, Retusche, Montage mit anderen Fotografien oder grafischen bzw. malerischen Elementen) auch Bilder hergestellt, die die Figur Mussolinis isolieren, aus dem Kontext herausnehmen und so ins Absolute erheben. Jenseits jeglichen Bezugs auf Zeit, Ort und Anlaß sollen sie ein Beispiel, ein Ideal, ein Symbol veranschaulichen: »Il Duce«, eine Realität, die für sich spricht, so daß in der Bildunterschrift der Name häufig durch einen Ausspruch oder ein »Gebot« Mussolinis ersetzt wird. Diese von bestimmten Ereignissen losgelösten Bilder waren für den langfristigen Verkauf konzipiert und als Postkarten in den Tabakläden aller italienischen Städte teilweise über zehn Jahre lang erhältlich. Solche »absoluten« Darstellungen des Duce wurden besonders häufig in Großformaten reproduziert (z. B. als Porträts für Amtszimmer).

Daß der letztgenannte symbolisierende Bildtypus der am stärksten verbreitete und auch heute noch bekannteste ist, hat zu der Annahme geführt, alle Fotografien Mussolinis hätten gezielt propagandistischen Zwecken gedient und seien damit als historische Quellen wertlos. Ehe ich dieser These widerspreche, möchte ich hervorheben, daß die von örtlichen Fotografen aufgenommenen inoffiziellen Bilder zwar wenig bekannt – weil vor allem in privaten Sammlungen befindlich –, dafür aber sehr zahlreich sind: Eine einzige Sammlung aus faschistischer Zeit enthält, wie ich feststellen konnte, allein 1500 Aufnahmen des Fotografen Eugenio Risi nur aus der Zeit bis 1932.

Darüber hinaus verwahrt das Archiv von LUCE Tausende von Aufnahmen, die der Vorzensur (die oftmals Mussolini selbst vornahm) zum Opfer gefallen waren. Diese Zensur war sehr streng, selbst den Bildern der offiziellen Bildstelle gegenüber – vielleicht, weil die Informanten, weder fachlich noch administrativ hinreichend kompetent, den Verdacht hegten, einige leitende Angestellte stünden unter dem Einfluß antifaschistisch orientierter Auslandsagenturen, denen das Istituto LUCE die Exklusivrechte für den Verkauf außerhalb Italiens übertragen hatte.

Die symbolisierenden Porträts zeigen das Bild, das Mussolini von sich selbst hatte und vermitteln wollte. Interessant in diesem Zusammenhang sind seine Äußerungen nach der Begutachtung eines Dokumentarfilms, den Paramount 1936 nach Aufhebung der »Sanktionen« des Völkerbundes gedreht hatte und für den man ihn unbedingt auch im Familienkreis und beim Sport hatte filmen wollen: »Es ist mein Schicksal, daß ich niemals so erscheinen soll, wie ich wirklich bin. Was ihr macht, ist Rhetorik. Wenn ich existiere, so existiere ich nicht als einer, der seine Kinder liebt wie alle Väter dieser Welt oder der zu Pferde eineinhalb Meter springt wie alle Carabinieri-Offiziere – ich existiere, weil ich getan habe, was ich getan habe.«[4] Mussolini wollte vermeiden, ein privates, bürgerliches Bild von sich zu geben. Das Bürgerliche macht große Männer klein, wie er selbst sagte. Besonders gefiel ihm eine bestimmte Stelle des Films *Maria Walewska* (*Conquest* von Clerence Brown, 1937, mit Greta Garbo), wo sich Napoleon im Morgenmantel rasiert: »Seht ihr«, sagte er, »er ist wie ich.«[5]

In erster Linie zeigen die symbolisierenden Darstellungen die kollektive Vorstellung, die zwar nicht alle Italiener von ihm hatten, aber doch eine breite Schicht, die zugleich einen interessanten Markt für Druckerzeugnisse wie die Postkarten des Duce bildete. Entgegen einer verbreiteten Meinung wurden sie zumindest bis 1938 nicht von Propagandaorganen verbreitet, sondern von privaten Verlegern, die nicht einmal immer Mitglieder der Faschistischen Partei waren; eine geduldete, doch nicht geförderte und schon gar nicht von der Regierung autorisierte Handelsware. Die Leute kauften diese Karten nicht, um sie zu verschicken, sondern um sie wie Heiligenbilder zwischen dem Foto des gefallenen Sohnes und dem Christusbild aufzubewahren. Viele – besonders weibliche – Jugendliche hatten das Mussolini-Bild unter dem Kopfkissen und küßten es vor dem Einschlafen. Erst ab 1938 brachten die Propaganda-Organe angesichts der nachlassenden Begeisterung in der Bevölkerung die Postkarten des Duce in Umlauf: nicht, um den Mussolini-Kult aufzubauen, sondern um dem Verfall seiner Popularität entgegenzuwirken.

Die Postkarten waren also Sympathieträger, ebenso wie Postkarten von Stars, doch Mussolini war ein Star, der außerhalb der Norm lag. Er ließ sich nicht durch bestimmte Attribute und Rollen identifizieren, sondern war eine Konstante, die über die verschiedenartigsten Erscheinungsformen hinausreichte: Ministerpräsident, Erntearbeiter, Admiral, Skifahrer, Flieger oder Schwimmer. Er verkörperte Dutzende von Rollen und war auf über 2000 unterschiedlichen Postkarten (nach Fotografien und Gemälden) mit einer Gesamtauflage von etwa 30 Millionen Stück abgebildet; diese scheinbar enorme Zahl entspricht allerdings nur etwa 0,03 Prozent aller in den zwei Jahrzehnten des Faschismus verkauften Postkarten und 2 bis 6 Prozent der Propagandakarten. Daher ist es wohl angebracht, bei der Untersuchung der tatsächlichen Verbreitung des Duce-Kults die allzu generischen Kategorien »Masse« und »Volk« durch »Markt« zu ersetzen, woraus sich ergibt, daß dieser im wesentlichen in den Städten und im kleinen und mittleren Bürgertum verbreitet war.

Wenn man sich, wie das auch Liliana Lanzardo tut[6], auf die ikonografische Untersuchung beschränkt und die fotografischen Darstellungen in der untergeordneten Rolle von Illustrationen eines vorher festliegenden Textes sieht, erliegt man allzu leicht dem Vorurteil, Faschismus, Propaganda und Geschichtsfälschung seien ein und dasselbe. Nur wenn man auch die materiellen und kommerziellen Merkmale dieser Fotografien berücksichtigt (Format, Drucktechnik, Auflage, Herausgeber, Art und Zeit der Verbreitung, Kosten und Verkaufspreis, Größe und Beschaffenheit des Marktes, Verwendung etc.), können sie zu wertvollen historischen Quellen werden – weniger für die zeitgeschichtlichen Ereignisse als vielmehr für die Mentalität ihrer Käufer: ein Publikum, das, ohne unbedingt aktiv faschistisch zu sein, mit dem Duce einen regelrechten Kult trieb.

Aus dem Italienischen übersetzt von Wolfgang Kück.

Anmerkungen

1 Margherita Sarfatti, *Dux*, Milano 1926 (London 1925).
2 Emil Ludwig, *Gespräche mit Mussolini*, Wien 1932.
3 Zur Bedeutung des Instituts LUCE vgl. auch den Beitrag von Spagnoletti im vorliegenden Band.
4 Luigi Freddi, *Cinema*, Roma 1949, Bd. I.
5 Discorso al consiglio nazionale del PNF, 25. X. 1938.
6 Liliana Lanzardo, *Immagine del Fascismo*, Milano 1991.

Die Kartensammlung, auf die sich dieser Beitrag stützt, liegt auch als Buch vor: Enrico Sturani, *Otto milioni di cartoline per il Duce*, Centro Scientifico Editore, Torino 1994.

Abb. 1: Ein Bild von Caminad aus dem Jahre 1921; das erste einer Serie von fotografierten und gemalten Porträts in romantischem Stil, die Mussolini übermenschlich bis dämonisch darstellen.

Abb. 2: Auch der ländliche Mussolini kann als Symbol verwendet werden; diese Postkarte wurde in 150000 Exemplaren gedruckt und in den Geschenkpäckchen der faschistischen Weihnachtsfee »Befana« an Kinder verteilt. Als der Herausgeber Boeri 1933 Mussolini das Bild vorlegte, schrieb er dazu: »Ich beehre mich, Ihnen einige Exemplare zuzusenden, auf denen endlich ein lächelnder Duce zu sehen ist. Ich wollte es einmal anders machen als alle, die bis heute der Wirklichkeit zum Trotz aus dem edlen, durch und durch gütigen Duce jene ewig finster dreinblickende Gestalt gemacht haben«.

Abb. 3: Ein Bild von Mussolini ohne Symbolgehalt. Nach Beendigung der Erntearbeit und den entsprechenden offiziellen Fotos (wie das vorhergehende) hat sich Mussolini die Mütze verkehrt herum aufgesetzt; er lacht fröhlich mit den Landleuten und bringt ungeniert und mit wenig herrscherlicher Geste seine »persönlichen Angelegenheiten« in Ordnung. Diese Postkarte erschien nur in wenigen Exemplaren als Erinnerung und Reliquie für die beteiligten Bauern: sie war nur für den privaten Gebrauch bestimmt und deshalb auch keineswegs anstößig wie jener Schnappschuß von Fedele Toscani, der Mussolini beim Pinkeln zeigt und an ausländische Zeitungen verkauft wurde.

4

5

6

Abb. 4: Für Begegnungen, Besuche und Anlässe von untergeordneter Bedeutung wurden nicht die Fotografen des Istituto LUCE bestellt, sondern weniger bedeutende, auf bestimmten Gebieten jedoch angesehene Fotografen wie Amerigo Petitti im Vatikan. Ihre Arbeit war nicht immer willkommen, ihre Aufnahmen unterlagen aber keiner Zensur, sofern sie nicht für die breite Veröffentlichung vorgesehen waren. Dieses Bild aus dem Jahre 1926 zeigt Mussolini mit dem Militärbischof des Heiligen Stuhls.

Abb. 5: Die Aufnahmen von offiziellen Besuchen Mussolinis, hier bei FIAT in Turin 1932, wurden dagegen – oft von ihm selbst – zensiert, da sie zur Veröffentlichung bestimmt waren. Sie hatten dem Kriterium der »Würde« zu entsprechen. Der Fotograf dieses von LUCE vertriebenen Bildes war Ottolenghi. Man stelle sich den riesigen Fotoapparat vor, mit dem diese Art von sorgfältig in Szene gesetzten Bildern auf Platten aufgenommen wurde.

Abb. 6: Hier ist weder Anlaß noch Zeitpunkt angegeben. Auf dem von unten aufgenommenen Bild hebt sich die Gestalt Mussolinis gegen den Himmel ab, ohne jeglichen Bezug zum Irdischen. Dieser Verfremdungseffekt wird noch durch die Retusche unterstützt. Eine Symbolaufnahme ohne örtlichen und zeitlichen Bezug.

IL DUCE

Abb. 7: Aufnahme von Mario Greganti: 1931 in der Villa Mussolinis in Càrpena. Sie zeigt Mussolini mit seinem Sohn Romano auf den Schultern und den teilweise barfüßigen Bauern seines Gutes. Sofort nach dem Erscheinen als Postkarte wurde sie in die Familienalben der Mussolinis und der abgebildeten Landleute aufgenommen.

Abb. 8: Das gleiche Bild wurde bei LUCE geschnitten und retuschiert, so daß nur noch Mussolini mit seinem Sohn gegen den Himmel zu sehen ist. Diese symbolisierende Version wurde in über 100000 Exemplaren als Postkarte gedruckt und sechs Jahre später den Geschenkpäckchen der faschistischen »Befana« beigelegt. Bis Anfang der vierziger Jahre wurde sie auch in allen italienischen Tabakläden verkauft.

Abb. 9: Der Eindruck ästethischer Kostbarkeit wird neben der Komposition auch durch die besondere Druckqualität hervorgehoben: »Echt handvergoldete Fotografie«. Solche Kunstkarten kosteten eine Lira – ein damals nicht unerheblicher Preis. (Editore A. Traldi, Milano 1937)

10 IL DUCE

La Santa dell'impossibile veglia sul nostro DUCE **11**

12

Abb. 10: Sehr viele von privaten Verlagen in den Handel gebrachte Mussolini-Karten waren aufgemacht wie Starpostkarten. Carlo Emilio Gadda beschreibt in Eros e Priapo *genau dieses Bild und behauptet, während der Zeit des Faschismus seien viele Frauen davon geradezu besessen gewesen und hätten sich damit sexuell befriedigt! (Editore A. Traldi, Milano 1935)*

Abb. 11: Der Kopf oder die Büste mit schwimmender Basis erscheint in besonderen »himmlischen« Kompositionen; dieses eindeutig religiöse Bild zeigt Mussolini mit der hl. Rita, der Heiligen, die das Unmögliche möglich macht und dank deren Hilfe Mussolini 1926 vor den Folgen dreier Attentate bewahrt blieb. (Foto C. Marziani, Cascia)

Abb. 12: Diese Komposition aus dem Jahre 1935 stammt von Fotocelere, Turin. Die Fotomontagen von Mussolini beschränken sich aber nicht nur auf diese himmlischen Erscheinungen.

QUESTA ALA CHE HA RIPRESO IL
13 SUO VOLO NON SARA PIU INFRANTA

14

15

Abb. 13: Viele Futuristen und ähnliche Künstler verwendeten die Fotomontage mit der Figur Mussolinis, wie in dieser rationalistischen Komposition von Pintori für die Luftfahrtschau 1934 in Mailand.

Abb. 14: Die Neuen Italiener Mussolinis, nach ihrem Idealbild geklont. (»Moschettieri: del Duce«, ed. Boeri, autore C. Tafuri, 1938)

Abb. 15: Ein Gegenstand der Liebe kann auch ein Gegenstand des Hasses sein. Das Heiligenbild kann in einem Ritual schwarzer Magie entweiht und zerstört werden. Diese Mussolini-Karte aus dem Staatsarchiv wurde in drei Teile geschnitten, die Augen durchstochen. Die Schrift auf der Rückseite könnte nicht deutlicher sein: »Geblendet, enthauptet, zerrissen!« Sie wurde als Warnung im Jahre 1927 an den faschistischen Verleger Nerbini geschickt mit der Drohung, er werde genauso enden wie »dieser siphylitische Henker«. Das Besondere daran ist, daß Nerbini sie zur Kenntnis an Mussolini schickte und dieser sie korrekt archivierte.

Giovanni Spagnoletti
»Gott gibt uns das Brot – Er bereitet es uns und
verteidigt es«
Bild und Mythos Mussolinis im Film

Das kinematografische Bild des Duce und die damit verbundenen Medienstrategien in den zwanzig Jahren faschistischer
Herrschaft in Italien können ohne einen Abriß zur damaligen
Situation des Spielfilms und der Informationsmedien Radio
und Wochenschau nicht rekonstruiert werden. Darauf verzich-
ten hieße, die Nabelschnur ignorieren, die in jedem totalitären
System (und nicht nur dort!) die direkte mit der indirekten Propaganda verbindet; überdies würden die Eigentümlichkeiten
nicht deutlich, die der »Fall« Mussolini auf der Leinwand gegenüber anderen Politikern aufweist. Der Verzicht auf einen,
wenn auch skizzenhaften Überblick über die audiovisuellen
Medien im faschistischen Italien würde Mussolinis Kino-Bild in
verfälschender Weise verkürzen. Das haben bereits diejenigen
geleistet, die die vieldiskutierte Frage nach dem faschistischen
Film auf die Handvoll Filme reduziert haben, welche die Revolution der »Fasci« direkt darstellen bzw. verherrlichen. Da es
unmöglich ist, hier eine Gesamtdarstellung der Entwicklung
von Film und Kino im italienischen Faschismus zu geben, müssen wir uns auf einige exemplarische Thesen beschränken.

Faschismus und Film
Zunächst sei daran erinnert, daß seit Mitte der siebziger Jahre
die von der Generation der Resistenza über den im Faschismus
entstandenen und produzierten Film verhängte generelle
»damnatio memoriae« einer präziseren und vielschichtigeren
Bewertung dieser Periode Platz gemacht hat (ähnlich wird seit
einiger Zeit in Deutschland die Nazizeit aufgearbeitet), ohne
jedoch gleich in historischen »Revisionismus« zu verfallen.
Noch 1961 konnte der Regisseur und Historiker Carlo Lizzani
schreiben: »Auch nicht ein Meter Film aus der faschistischen
Zeit wird aufbewahrt.«[1] Eine solche Aussage ist heute nicht

mehr möglich – zumindest seit auf dem »Seminario sul cinema italiano 1929–1943« in Ancona (5.–11. Oktober 1976)[2] das komplexe Problem der Bewertung des Films der faschistischen Ära in seiner ganzen ästhetischen, politischen und theoretischen Bandbreite von zwei kritischen Generationen äußerst kontrovers und polemisch diskutiert wurde. Dieses Seminar und die sehr zahlreichen einschlägigen Veröffentlichungen, beispielsweise von Gian Piero Brunetta oder Jean A. Gili – denen wir neben anderen für diesen Beitrag zu Dank verpflichtet sind –, haben zu einer Beurteilung geführt, die man folgendermaßen zusammenfassen könnte:

1) Vereinfacht – aber treffend – könnte man sagen: Der italienische Film der dreißiger Jahre ist nicht faschistisch, sondern kleinbürgerlich, d. h. der allergrößte Teil der Werke reflektiert die Ideologie der Klasse, die zusammen mit der Industrie das Regime Mussolinis gestützt und getragen hat. So erklärt sich auch, daß sehr viele der zwischen 1930 und 1943 (dem Jahr, in dem Mussolinis Regierung fiel) entstandenen Spielfilme – nach der kompetenten Bibliographie Francesco Savios genau 722[3] – realitätsferne Heile-Welt-Komödien waren, einige davon – wie die von Mario Camerini – zuweilen durchsetzt mit kleinen Spitzen gegen das Regime. Zu diesen gehört *Il cappello a tre punte* (1934) – wohl der einzige Film dieser Zeit, der Schwierigkeiten mit der Zensur hatte. Das gleiche gilt in noch stärkerem Maße für das Genre der sogenannten »telefoni bianchi« (Kammerspiel-Komödien, die von 1937 bis 1943 Mode waren); der wichtigste Vertreter dieser Gattung war übrigens der aus rassischen Gründen nach Italien ausgewanderte österreichische »Halbjude« Max (oder italianisiert: Massimiliano) Neufeld mit Filmen wie *Mille lire al mese* (1939), *La casa del peccato* (1939) oder *Taverna rossa* (1940). Dagegen sind die »politischen« Filme, die direkt den Faschismus oder die Bewegung des Squadrismo (der faschistischen Stoßtrupps) behandeln, an einer Hand abzuzählen. Der beste von ihnen ist zweifellos *Vecchia Guardia* (1934/35) von Alessandro Blasetti, über den Luigi Freddi, ein schlauer faschistischer Funktionär, dem der italie-

nische Film seine industrielle Neuorganisation nach 1934 verdankt, folgendes schrieb:

> Während der Vorführung des zweifellos sehr gut gemachten Films empfand ich ein Gefühl des Unbehagens – so wie man sich fühlt, wenn man den Eindruck hat, auf liebenswürdige Weise moralisch erpreßt zu werden (...). Ich dachte mir, ich würde den Film durchfallen lassen müssen, schon um ein Zeichen zu setzen, denn das Regime hatte meiner Meinung nach derartige Exhumierungen und Anbiedereien nicht nötig, die sogar schädliche Reaktionen auslösen könnten.[4]

Neben dem Film von Blasetti sind noch erwähnenswert: *Camicia Nera* von Giovacchino Forzano, von dem später noch die Rede sein wird; dieser Film entstand 1932 anläßlich des zehnten Jahrestages des Marsches auf Rom und wurde »all'americana« lanciert, d. h. durch gleichzeitige Vorführungen in allen italienischen Großstädten sowie in Paris, London und Berlin (am 23. März 1933); ferner *Aurora sul mare* von Giorgio C. Simonelli (1935), der weder den Faschisten noch den Katholiken gefiel (»wegen des Fehlens christlicher Liebe und Vergebung moralisch negativ«) und wegen seiner filmtechnischen Unzulänglichkeit zu einer Art Untergrunddasein verdammt wurde; schließlich noch *Redenzione* von Marcello Albani nach dem gleichnamigen Drama von Roberto Farinacci, 1942 anläßlich des zwanzigsten Jahrestages des Marsches auf Rom gedreht; ein anachronistisches Relikt aus vergangenen Tagen, denn zu jener Zeit knirschte es bereits deutlich im Gebälk des Regimes.

Zu dieser Gruppe von Filmen kann auch ein ziemlich gelungener Film über den Krieg in Spanien gezählt werden, *L'assedio dell'Alcazar* (1940) von Augusto Genina, der wesentlich besser war als *Carmen tra i rossi* (1939) von Edgar Neville, eine spanisch-italienische Koproduktion zum gleichen Thema. Zahlreicher als die für den direkten politischen Einsatz gedachten Filme – die übrigens sowohl von der Filmindustrie als auch von der Bürokratie des Regimes (insbesondere Luigi Freddi) abgelehnt wurden – waren solche, in denen das faschistische Italien und seine heroischen Ideale unverhohlen verherrlicht wurden (der Kolonialismus, die Eroberung des »Impero« etc.). Dazu gehören z. B. *Lo squadrone bianco* (1936) von Augusto Genina oder *Luciano Serra pilota* (1938) von Goffredo Alessandrini, die der »amerikanischen« Linie Freddis wesentlich näher lagen, oder auch historische Filme wie *Scipione l'africano* (*Karthagos Fall*) von Carmine Gallone (1938) oder *Condottieri* von Luis Trenker (1937), in denen sich direkte Parallelen zur Figur des Duce oder den Parolen des Squadrismo ziehen lassen. Eine Sonderstellung nimmt schließlich die kleine Gruppe »protoneorealistischer« Filme ein, die während des Krieges im »Centro Cinematografico« des Marineministeriums entstanden, wie *Uomini sul fondo* (1941) von Francesco De Robertis oder *La nave bianca* (1942) von Roberto Rossellini, Filme mit einer eher subtilen, »humanistischen« Propaganda«, die sich mit den Ängsten und Hoffnungen des gewöhnlichen Volkes befassen und in krassem Gegensatz zu den bei den Nationalsozialisten beliebten, gleichzeitig entstandenen, heroischen Filmen stehen (*Stukas* von Karl Ritter usw.).

Der italienische Film hat sicherlich, wie Brunetta zu Recht schreibt, »keine Verabredung des Regimes mit der Geschichte versäumt, alle ideologischen Veränderungen an der Spitze und alle wichtigen Tendenzen auf dem Gebiet der Kulturpolitik verfolgt und registriert, deren Vorgaben er auch in nicht ausgesprochen propagandistischen Werken reflektiert«.[5] Andererseits machten aber die linientreuen Filme nicht mehr als ein Siebtel der Gesamtproduktion aus.[6] Dies bestätigt unsere eingangs getroffene Feststellung, daß der italienische Film der faschistischen Ära trotz aller Gleichschaltung und Linientreue im Grunde nicht spezifisch *faschistisch*, sondern eher kleinbürgerlich war. Aus Platzgründen ist es leider nicht möglich, an dieser Stelle die hochinteressante These von Lino Miccichè zu diskutieren, die folgendes besagt:

Der Film des Faschismus durfte, um dem Faschismus voll zu dienen, *nicht faschistisch*, sondern mußte *kleinbürgerlich* sein. Das heißt, er durfte nicht die Ideologie des Regimes darstellen, beschreiben, kodifizieren und verbreiten, sondern die Ideologie, aus welcher das Regime hervorgegangen war, d. h. auf die Ursache und nicht auf die Wirkung zielen (...). Das »Design« des italienischen Films im Faschismus ist scharfsinniger als das der anderen Regime-Kinos jener Epoche, sowohl des deutschen Nationalsozialismus wie auch des sowjetischen Stalinismus.[7]

Diese These wird auch durch die Tatsache untermauert, daß die Bevorzugung einer »indirekten Propaganda« ziemlich verbreitet war und auch von führenden Persönlichkeiten des Faschismus vertreten wurde. Zu ihnen gehörte der einflußreiche Direktor des »Istituto Internazionale della Cinematografia Educativa«, der in *Popolo d'Italia* folgendes schrieb:

Bei der Konzeption und Herstellung der Filme sollte Propaganda immer gegenwärtig sein. (...) Es geht nicht darum, reine Propaganda zu machen: alles kann sich in Propaganda verwandeln, alles ist in Wirklichkeit Propaganda für eine Idee, ein Faktum, ein Produkt, eine Geisteshaltung oder ein soziales Anliegen.[8]

2) In den dreißiger Jahren befand sich das italienische Kino praktisch in der Hand der amerikanischen Filmindustrie, zumindest aber bis Ende 1938, als sich aus politischen und wirtschaftlichen Gründen die vier Major Companies (Paramount, Warner, Metro, Fox) vom Markt zurückzogen; nach dem Kriegseintritt Italiens im Jahre 1940 verschwanden die amerikanischen Produzenten endgültig. 1937 z. B. waren von etwa 320 in Italien aufgeführten Filmen 250 amerikanische, 15 deutsche, 10 französische, 5–6 englische, 5–6 österreichische und der Rest, nämlich 37, italienische. Noch 1938 machte der amerikanische Film 73,5 Prozent des Kinoumsatzes aus.

3) Zu Beginn der dreißiger Jahre war die italienische Filmproduktion sehr gering. 1930: 12 Filme, 1934: 30, 1938: 45, 1939:

50, 1942 dagegen 119 (eine ansteigende Linie im Gegensatz zur deutschen Filmproduktion; 1934: 147 Filme, 1936: 143, 1939: 119, 1942: 64). Dieser quantitative Unterschied ist sowohl auf die Realisierung der Projekte Freddis – dazu mehr im folgenden – als auch auf den plötzlichen Rückzug der Amerikaner vom italienischen Markt zurückzuführen.

4) Das griffige, frei nach Lenin formulierte Motto Mussolinis »La cinematografia è l'arme più forte« (Der Film ist die stärkste Waffe) darf jedoch nicht irreführen. Die Faschisierung der italienischen Filmwirtschaft ging (zumindest im Vergleich mit dem blitzschnellen und totalitären Vorgehen der Nazis) ziemlich langsam vonstatten. Das Regime begann sich erst zu Beginn der dreißiger Jahre wirklich für den Film zu interessieren (abgesehen von Dokumentarfilmen und Wochenschauen, wie wir später noch sehen werden). Dieses Interesse hing mit der sogenannten »Renaissance« des italienischen Films unter Führung der starken Persönlichkeit Alessandro Blasettis (1900 bis 1987) zusammen.[9] Die »Nichtachtung« ging merkwürdigerweise mit einer anderen einher: Bekanntlich hatten die Faschisten (insbesondere der Duce persönlich) ein schwieriges Verhältnis zum Rundfunk, obwohl dieser eine Erfindung des Italieners Guglielmo Marconi war. Fast fünf Jahre lang ignorierte der Faschismus praktisch die Möglichkeit, den Rundfunk propagandistisch zu nutzen; erst zu Beginn der dreißiger Jahre besann er sich darauf, als die »heroische«, die »revolutionäre« Epoche des Squadrismo von einer Phase des »Konsenses« zwischen den Klassen und der Zeit des »Impero« abgelöst wurde.

Die grundsätzliche Abneigung gegen ein Eingreifen in die Spielfilmproduktion wandelte sich radikal mit der Gründung der »Direzione Generale della Cinematografia« (D. G.), die ab dem 28. September 1934[10] alle filmischen Aktivitäten auf das Regime hin ausrichtete. Der »italienische Goebbels« an der Spitze dieses Amtes war, wie gesagt, Luigi Freddi, dessen Politik zur Wiederbelebung der italienischen Filmwirtschaft jedoch wesentlich geschmeidiger war als die seines deutschen Kollegen, dem er folgendes vorwarf:

(...ein) politisches und administratives Eingreifen des Staates von erdrückender Gewalt und Schwere. (...) Der Nationalsozialismus gibt sich der Täuschung hin, der Film könne auf dem neuen Terrain marschieren, so wie vor ihm andere Industrien marschierten; auf dem Gebiet des Films aber, wo jedes technische und wirtschaftliche Element vom Geist durchdrungen wird, kann man nicht gewaltsam das feine, komplexe Sichentwickeln von Ideen erzwingen, deren ethischer Nährboden *nur eine kontinuierliche Betätigung der Intelligenz, nicht aber blinder, autoritärer Zwang* sein kann.[11]

Freddis Tätigkeit wirkte sich auf alle Gebiete der Filmindustrie aus: staatliche Unterstützung der Produktionen (daher die rasche Zunahme der italienischen Filme, die während des Krieges ihren zahlenmäßigen Höhepunkt erreichten), 1935 Schaffung einer Kette staatlicher Filmtheater, Gründung der Cinecittà-Studios in Rom am 21. April 1937 (es war das modernste Filmproduktionszentrum jener Zeit) und der Filmakademie »Centro Sperimentale di Cinematografia« (zu der ab 1937 die Zeitschrift »Bianco e Nero« gehörte), Ausbau der seit 1932 bestehenden »Mostra del Cinema« in Venedig (als wichtiges Schaufenster zur Anpreisung der Produktionen des neuen Italien), des ersten Filmfestivals der Welt, das seit 1934 alljährlich veranstaltet wurde, etc. Mit der Ablösung Freddis als Direktor der »D. G.« im Jahre 1939 wich die dirigistische Politik, die der eifrige Funktionär etabliert hatte – vor allem aufgrund von Pressionen aus der Industrie –, allmählich einer weicheren, »liberaleren« Linie.

5) Wie funktionierte die »dittatura imperfetta« des Faschismus, wie sie von einigen Historikern bezeichnet wurde, in der Filmwirtschaft? Sie arbeitete ganz im Gegenteil perfekt: Mit Hilfe der Synchronisation wurden im Bedarfsfalle »nicht genehme« Texte gezähmt bzw. ausländische Filme brutal geschnitten (französische Filme waren damals der »Buhmann« der faschistischen Zensoren). Auf italienische Produktionen

117

dagegen wurde kaum mit direkter Zensur eingewirkt – dazu bestand nur wenig Handlungsbedarf, weil die Selbstzensur der hauseigenen Produzenten gut funktionierte. Es gab keine schriftliche Verpflichtung (wie in Deutschland), in der Praxis jedoch mußte jedes Drehbuch zur Begutachtung das »Mincul-pop«, das Ministerium für Volkskultur, passieren, das die Genehmigungen und Subventionen für die Realisierung des Films erteilte. Die Lage änderte sich während des Krieges wegen der Zunahme der Produktionen (und der Ablösung Freddis). So konnte zum Beispiel Visconti 1942 einen Film wie *Ossessione* drehen, der nach verschiedenen Widrigkeiten und Beschlagnahmungen durch die Präfekten schließlich Mussolini selbst vorgeführt und von ihm auch genehmigt wurde.

Die »Fabrik des Duce«

Die kleinbürgerliche Natur des italienischen Films im Faschismus, der seine Nische im Schatten der Macht gefunden hatte, und seine (übrigens geförderte) Weigerung, sich mit unverhohlener Propaganda im Spielfilm »die Hände schmutzig zu machen«, hatten durch eine doppelte Beziehung von Ursache und Wirkung zur Folge, daß Mussolini praktisch niemals in einem Spielfilm aus der faschistischen Zeit erscheint. Einzige Ausnahme: *Camicia nera* (1932), »der Film zum zehnten Jahrestag« von Giovanni Forzano, der mit erheblichem finanziellem Aufwand ausnahmsweise vom Istituto LUCE produziert wurde. Dieser Film zeigt einen »Überblick über die Geschichte Italiens von 1914 bis 1932 am Beispiel des Alltags einer Bauernfamilie aus den ehemaligen, vom faschistischen Regime ›erlösten‹ Pontinischen Sümpfen«.[12] Im dritten Teil, dem Höhepunkt der dramatischen und ideologischen Entwicklung, wird die Aufnahme einer Mussolini-Rede anläßlich der Einweihung der Stadt Littoria (heute Latina) gezeigt; die Rede war eigens für diesen Film geschrieben worden. (Der Historiker Gian Piero Brunetta bezeichnet dies als eine Mischung aus Fiktion und Wirklichkeit, während es Gianfranco Casadio als eine »Parodie in der Parodie« beschreibt.) Ansonsten finden sich typische Attitüden oder Parolen des Duce in einigen historischen

Filmen wieder: Der Schwur des Giovanni dalle Bande nere in *Condottieri* (1937) von Luis Trenker oder die Rede vor der siegreichen Schlacht bei Zama gegen die Karthager in *Scipione l'Africano* (*Karthagos Fall*, 1937) von Carmine Gallone verraten nur allzu deutlich, welche Persönlichkeit des Zeitgeschehens hier Modell gestanden hatte. Gerade das Fehlen einer Symbolik läßt diese beiden Filme lächerlich und plump erscheinen.

Abgesehen von diesen wenigen Beispielen oblag, wie bereits angedeutet, die direkte Propaganda im Film fast ausschließlich den Dokumentarfilmen und Wochenschauen des Istituto LUCE (L'Unione Cinematografica Educativa), die obligatorisch vor jedem Spielfilm im Kino gezeigt wurden. Hier zeigte sich die andere Seite der Filmpolitik: Der Faschismus hatte es mit der autoritären Kontrolle des audiovisiven Informationssystems sehr eilig. Im September 1924 wurde LUCE gegründet und am 5. November 1925 (dem Jahr, in dem die Faschisierung Italiens abgeschlossen wurde) verstaatlicht. Seine Aufgabe bestand in der »Verbreitung volkstümlicher Kultur und allgemeiner Bildung mit Hilfe von Filmen, die zu kleinstmöglichen Preisen in den Handel gebracht oder zum Zwecke der Wohltätigkeit und der nationalen und patriotischen Propaganda verteilt werden«.[13]

Fünf Monate später, am 3. April 1926, wurde die Vorführung der von LUCE hergestellten Filme in den italienischen Kinos gesetzlich vorgeschrieben; im Jahr darauf erhielt LUCE das Monopol für die Herstellung von Wochenschauen, das bis 1940 bestand (erst mit dem Beginn des Zweiten Weltkrieges wurde einer Privatgesellschaft namens INCOM die Erlaubnis zur Herstellung von Propagandafilmen erteilt)[14]. Mit dem königlichen Dekret vom 24. Januar 1929 wird ein weiterer Schritt zur Institutionalisierung von LUCE als offiziellem Propagandaorgan des faschistischen Regimes getan:

(Artikel 2): ...Dem Institut obliegen Produktion, Herausgabe und Vertrieb von Filmen und Fotografien sowohl eigener als auch fremder Herstellung mit didaktischem, erziehe-

rischem, künstlerischem, kulturellem und wissenschaft-
lichem Inhalt zum Zwecke der Sozial-, Wirtschafts-, Ge-
sundheits-, Landwirtschafts-, Berufs- oder Nationalpropag-
anda sowie zur Vervollkommnung der Erziehung und zur
Verbesserung der Allgemeinbildung. Das Institut hat ferner
die Aufgabe, die verschiedenen öffentlichen Aktivitäten auf
dem Gebiet des Erziehungs- und Propagandafilms zu koordi-
nieren.

(...)

(Artikel 4): Das Istituto Nazionale LUCE ist das Fachorgan
der Ministerien, der Nationalen Faschistischen Partei und
der ihr unterstehenden Organisationen sowie aller der Kontrolle des Staates unterstellten Behörden, zur Erreichung der
in Artikel 2 genannten Ziele.[15]

Es verwundert nicht, daß an der Spitze dieser Einrichtung –
eines kleinen »Imperiums«, das 1936 in der Zentrale in Rom
und den elf regionalen Außenstellen insgesamt 350 Beschäf-
tigte zählte und dessen Bilanz 1934 höher war als die des EIAR
(der italienischen Rundfunkgesellschaft) –, einer Einrichtung,
die für das Image des Faschismus von grundlegender Bedeutung war, ausschließlich treue Gefolgsleute des Duce zu finden
waren.[16] Dazu zählte vor allem der bei Luigi Freddi äußerst
unbeliebte Marchese Giacomo Paolucci de' Calboni, der nach
dem Geschäftsführer Alessandro Sardi und einer kommissari-
schen Leitung von 1933 bis 1940 Präsident des Instituts war.
Der »erzieherische« Zweck von LUCE (das Wort bedeutet
»Licht«) bestand also in der systematischen Produktion von
Dokumentarfilmen und Wochenschauen. Nur in einem einzigen Fall befaßte sich das Institut mit einem semidokumentari-
schen Spielfilm, dem bereits erwähnten Streifen *Camicia nera*
zum zehnten Jahrestag des Marsches auf Rom. Dies war der
offizielle Auftrag des Istituto LUCE; inoffiziell aber und mit
einer Beharrlichkeit, die in allen anderen Institutionen des Regimes ihresgleichen sucht, baute LUCE systematisch den Mythos des Duce, den »Mussolinismo« auf. Benito Mussolini war
gleichzeitig Subjekt und Objekt, Auftraggeber und Nutznießer

und schließlich einziger »Star« einer gewaltigen, endlosen Plansequenz: Abgesehen von Dokumentarfilmen jeder Art und Länge wurden von 1927 bis Dezember 1931 ca. 900 Ausgaben des stummen »Cinegiornale« und zwei Tonfilm-Serien produziert. Die erste, die bis März 1940 lief, bestand aus 1693, die zweite (bis Dezember 1943) aus 379 Ausgaben.[17] Die Größe der Zielgruppe dieses riesigen Filmwerks war imponierend: außer den staatlichen Kinos (1930 waren es 2450, 1942 bereits 2876) die der paramilitärischen Gruppen des Partito Nazionale Fascista und des Staates sowie 25 als fahrbare Kinos ausgestattete Lastwagen, die an jedem beliebigen Ort Freilichtaufführungen veranstalten konnten, vor allem in den fast 5000 Gemeinden Italiens, die damals noch keine Kinos hatten.[18]

Die Produktionen von LUCE hatten also damals die gleiche Bedeutung wie heute das Fernsehen; während die Zeitungen eher einer Elite vorbehalten blieben, waren diese Produktionen die wichtigste Informations- und Indoktrinationsquelle des italienischen Volkes. Während der dreißiger Jahre kam dann der Rundfunk hinzu. Regisseur und Star dieses totalen Spektakels war, wie schon gesagt, Mussolini. Als gewandter Journalist und »Propagandagenie«, wie der Führer der Antifaschisten Gaetano Salvemini schon damals verbittert eingestehen mußte, kümmerte sich der Duce persönlich regelmäßig um die Herstellung der Wochenschauen – eine Gewohnheit, die er zumindest bis zum Ende seiner absoluten Macht am 25. Juli 1943 beibehielt. Die Zeugnisse hierüber stimmen überein; zum Beispiel schreibt der Diener des Duce, Quinto Navarra:

Ebendort [in der Villa Torlonia, der Residenz des Duce] wurden gewissenhaft sämtliche Filme von LUCE, die später für das Publikum bestimmt waren, vorgeführt: Mussolini bestand darauf, sich vorher zu kontrollieren, um jene Bewegungen oder Äußerungen herausschneiden zu lassen, die seiner Meinung nach für das faschistische Italien nicht präsentabel waren. Es war eine Arbeit, die ihm am Herzen lag.[19]

Häufig wird auch die bekannte Aussage von Freddi zitiert:

Heute, Dienstag, brachte der Präsident des Istituto LUCE dem Duce die »Giornali« zur »Begutachtung« (...) Auch ich war bei den Vorführungen anwesend. (...) Am Ende der Vorführung gab Mussolini sein Urteil ab: dieses schneiden, jenes kürzen, jene Begebenheit ausbauen, den gesprochenen Kommentar ändern etc. Er wirkte fast immer irgendwie unzufrieden. Offenbar wußte er nicht genau, was getan werden sollte und konnte, aber er begriff, daß die »Giornali« unzureichend und monoton waren. Im allgemeinen reagierte er damit, daß er anordnete, das Material, das ihn persönlich betraf, zu reduzieren. Er hatte klar erkannt, daß überzogenes Insistieren Übersättigung und schließlich Langeweile zur Folge haben würde.[20]

Die letzte Bemerkung Freddis ist allerdings mit Vorbehalt zu betrachten, denn Mussolini wurde unter seiner eigenen Regie (anders als in Deutschland, wo Hitler und Goebbels getrennte Machtbereiche hatten) zum unangefochtenen Superstar des audiovisuellen Informationssystems – angefangen bei dem ersten, nur zu einem Drittel erhaltenen Dokumentarfilm über ihn, *Dux* (alternativer Titel: *Duce*, 1926 oder Anfang 1927 gedreht). Mit diesem beginnt die systematische Mythisierung des Diktators, die mit beeindruckendem organisatorischem Aufwand betrieben wurde. Bernagozzi schreibt hierzu:

In diesem Sinne wirken 15 350 Vorführungen des Dokumentarfilms *Duce* (oder *Dux*) in 7254 Gemeinden im Inland und 867 in 543 Orten im Ausland; ein Film, in dem der Squadrismo, der Marsch auf Rom, die Streitkräfte und die öffentlichen Bauten als politischer Hintergrund zur Überhöhung eines Mussolini benutzt werden, der bereits seine Apotheose vorbereitet.[21]

Die Wochenschauen wurden zum bevorzugten Kanal, über den unter aufmerksamer Kontrolle des Duce (vgl. das obige Zitat von Navarra) das Projekt eines tausendfach variierten Mythos lanciert wurde; wie ein Schlangenbeschwörer wollte der Diktator sein Publikum – oder besser: sein jeweiliges Publikum – verführen (bekanntlich konnte Mussolini seine Reden sehr geschickt der jeweiligen Zuhörerschaft anpassen). So erlebt man während der zwanziger Jahre eine chamäleonhafte Vielfalt von Auftritten, die Mussolini zum alleinigen, wahren Star der Wochenschauen machen. Neben unzähligen Auftritten bei öffentlichen Feierlichkeiten sieht man Mussolini beim Tanz, beim Sport, beim Reiten und Schwimmen, Mussolini als Pilot, Mussolini als Familienvater oder treuer Gatte (dies allerdings eine eher seltene Variante) usw. Vor einigen Jahren erstellte das (noch immer bestehende und aktive) Istituto LUCE einen »Zusammenschnitt« von etwa 10 Minuten Länge (*Mussolini eclettico*) aus eben diesem Material, das den Duce in einer Vielfalt von Masken und Posen zeigt, die er zum visuellen und erotischen Vergnügen des faschistischen Italien darbot (Abb. 1–4). Keinem anderen Exponenten von Partei oder Staat (weder dem König noch der königlichen Familie) wurde eine derartig große Aufmerksamkeit gewidmet, im Gegenteil, die Unverhältnismäßigkeit in den Cinegiornali ist immens: die Parteibonzen werden zur reinen Staffage – der Parteisekretär Starace in einer winzigen Nebenrolle (»Gruß an den Duce« und ab); der König ist als Konkurrent so unterlegen, daß er niemals eine Gefahr darstellt. Mythos total – »Mussolinismo«.

Das Charisma Mussolinis – so die allgemeine Meinung – lag vor allem in seiner außergewöhnlichen schauspielerischen Begabung; ein Schauspieler aus der Schule des Gustave Le Bon, dessen Schrift *Psychologie der Massen* der Duce kannte. Diese Fähigkeit war auch von seinen Zeitgenossen bereits bemerkt worden. Salvemini schrieb 1927:

In den letzten Jahren hat Italien zwei wunderbare Filmschauspieler hervorgebracht: Mussolini und Valentino. Um die Begeisterung der Schwarzhemden für ihren Führer zu verstehen – ich sage der Schwarzhemden und nicht des italienischen Volkes –, muß man an die Wellen des Enthusiasmus

Abb. 1–4: Mussolini bei seinen Jubiläumsreden 1932 in Mailand (oben links) und in Ancona.

denken, die in manchen Schichten der New Yorker Bevölkerung aufwallten, als Valentino starb.[22]

Der amerikanische Historiker Edward R. Tannenbaum behauptet also zu Recht:

Anders als Hitler, der sehr viel Erfolg im Rundfunk hatte – weniger aufgrund dessen, was er sagte, als vielmehr, weil das Medium perfekt für sein Ziel geeignet war (nämlich das deutsche Volk wieder zu einer Stammesgesellschaft zu machen) –, mußte Mussolini gesehen werden, um zu wirken.[23]

Dies würde auch die Antipathie Mussolinis gegen den Rundfunk und umgekehrt diejenige Hitlers gegen das aufkommende deutsche Fernsehen erklären, das er nicht förderte. Wenn also Tannenbaums These zutrifft, bot sich die Wochenschau als natürliches Medium zur Vervielfachung von Mussolinis Wirkung an und ersparte ihm dank der Reproduktionstechnik die Mühe, Versammlungen auch an den entlegensten Orten Italiens besuchen zu müssen. Tatsächlich geht, wie wir gesehen haben, der Aufbau der gesamten »Maschinerie« des Istituto LUCE in diese Richtung – in vollkommenem Gleichklang mit der Faschisierung des Königreichs Italien. Jedenfalls zeigte der Duce offenbar schon sehr früh, vielleicht durch seine (teilweise) modernistisch-futuristische Bildung beeinflußt, eine spontane Neigung zu den modernen Systemen der Massenindoktrinierung, denn 1923 (als er bereits Regierungschef war) setzte er seine Unterschrift unter eine Werbung für die Eierlikör-Marke Vov Pezziol (der von ihm genehmigte Werbespruch lautete: »Vov nahm ich jeden Morgen in Mailand zu mir, es ist eines der exquisitesten Produkte«).

Würde man das bisher Gesagte verallgemeinern, ergäbe sich nach dem Prinzip der kommunizierenden Röhren eine Theorie, der viele Filmhistoriker anhängen, nämlich, daß die Explosion des Mussolini-Kults bewußt oder unbewußt die Existenz eines notwendigerweise mit Konkurrenz verbundenen Starkults im italienischen Film verhindert hat, der mit den Filmlandschaften anderer Länder vergleichbar wäre (vgl. auch den oben zitierten Gedanken von Salvemini).

Zu diesem Thema schreibt Mario Verdone:

Die Geschichte des Starkults im italienischen Film ist exemplarisch. Er blühte in Italien bis zur Zeit der »Squadre« und noch kurz danach. Dann verschwand er für zwanzig Jahre, um nach dem Ende des Faschismus wieder üppig zu wuchern. Ging es uns während der Zeit des Verschwindens besser? Keineswegs. Er war vom Persönlichkeitskult des Duce, von dem politischen Divus eines totalitären Starsystems aufgesaugt worden (...) [24]

125

Gilt das gleiche für den deutschen oder den sowjetischen Film? Wohl nicht. Das bisher Gesagte zeigt aber wohl, daß es unmöglich ist, direkte und indirekte Propaganda, Dokumentar- und Spielfilme, Kino als System und Film als Produkt klar zu trennen.

Der zehnte Jahrestag der Bewegung im Jahre 1932 und die damit verbundenen Feierlichkeiten brachten eine weitere Beschleunigung der Mythisierung des Duce mit sich. Von den zahlreichen Reden, die Mussolini in den Städten Italiens hielt (und die gewissenhaft von LUCE als »numeri unici« aufgenommen wurden), wollen wir zwei – Ancona und Mailand – herausgreifen, um einige Besonderheiten und Topoi der öffentlichen Auftritte Mussolinis (und der von ihm angeratenen und von den LUCE-Kameraleuten prompt befolgten Aufnahmetechnik) zu veranschaulichen.

Ohne Zweifel ist die Rede in Ancona eine der größten auf Zelluloid gebannten Perlen von Mussolinis Schauspielkunst und seiner Gestik bei der Ansprache an die Massen, die er, im Gefolge Le Bons, als »weiblich« ansah und die es daher zu verführen galt. Abgesehen von der unfreiwilligen Heiterkeit, die dieses Dokument heute – ebenso wie z. B. die Rede in Taranto in *La visita del Duce in terra di Puglia* (1935) – unweigerlich hervorruft, teilen wir nicht die Ansicht von Ernesto G. Laura, wenn er schreibt:

Das Resultat (...) ist im Hinblick auf die propagandistische Wirkung eindeutig kontraproduktiv: Das Fehlen der Distanz zwischen dem Führer und der Menge, das vertrauliche Heranholen seines Gesichtes in Großaufnahme macht aus der Redekunst Mussolinis Schauspielerei minderer Qualität, Demagogie vierter Klasse.[25]

Vielmehr meinen wir, daß gerade diese Darbietungen das eigentlich Spektakuläre an Mussolinis öffentlichen Auftritten waren und damit auch das, was der Film dokumentieren konnte und wollte. Zusätzlich zu dem bisher Gesagten sei uns eine weitere Vereinfachung gestattet: Man könnte sagen, daß die

Abb. 5–6: LUCE-Wochenschau Il Duce trebbia il grano *(1938).*

kommunikative Kraft der nationalsozialistischen Propaganda in der geometrisch-architektonischen Anordnung der Massen mit der sich daraus ergebenden Wirkung im Raum lag, die der italienischen Propaganda dagegen vor allem in der szenischen Bravour ihres Protagonisten, des Duce. Filmisch gesprochen ließe sich also eine imaginäre »monumentalistische« Linie Fritz Lang–Leni Riefenstahl ziehen gegenüber einer »Commedia all'italiana«-Linie mit einem brillanten »Matador« und seinem berühmten Repertoire an Gesten und Gebärden: das markante Kinn emporgereckt, die Arme in die Seiten gestemmt, die Augen rollend; Aufschlagen mit der Faust, Anklammern am Pult, gezielt eingelegte Pausen, um Atem zu schöpfen, die Wirkung der Rede zu prüfen oder einen markigen Satz vorzubereiten (hier und da ein Blick in die Kamera) usw.

Ein beispielhaftes Dokument für Mussolinis Neigung zur publikumswirksamen, exemplarischen Geste – einzigartig unter den Auftritten von Diktatoren – ist *Il Duce trebbia il grano* (Juli 1938, Abb.: 5–6): Der Duce versetzt sich vortrefflich in die Rolle eines Bauern; die Vorliebe für populistische Gesten und für die Landpolitik blieb auch nach der Proklamation des »Impero« seinem Herzen nahe. Hier hält er eine Ansprache an Bauern und Landarbeiter, die herzlich applaudieren, dort

127

dort mäht er zur Freude der Kamera nach der Aufforderung »Kamerad, wirf den Motor an« in vier verschiedenen Dörfern des Agro Pontino 35 Zentner Getreide (»methodisch, willig, beharrlich«, wie die Stakkato-Stimme des Off-Sprechers wohlgefällig bemerkt, der die Reportage mit dem Kommentar einer Bäuerin beim Anblick des Duce einleitet: »Gott gibt uns das Brot, Er bereitet und verteidigt es für uns«).

Doch zurück zu den Kundgebungen von 1932: *Milano Anno X Discorso del Duce* zeigt gegenüber anderen ähnlichen Dokumenten eine sorgfältigere Regie bei der Organisation der Veranstaltung: eine Bühne in Form des Liktorenbündels, Lichteffekte, nächtliche Fackelzüge zum Ausklang usw. Im allgemeinen ist aber das Bühnenbild – und darin liegt ein krasser Unterschied zwischen den Inszenierungen der Faschisten und denen der Nazis – recht karg und einfach, von Ausnahmefällen einmal abgesehen. Die Choreographie der Massen ist absolut ungeordnet, die Menschen drängen sich zusammen, um den Duce zu hören und vor allem zu sehen; eine Organisation oder ein paramilitärisches Bewußtsein existiert nicht oder nicht in ausreichendem Maße. Die Zuschauer füllen einfach die Plätze oder Versammlungen, was einen Eindruck von Zufälligkeit und Unordnung hervorruft, der für die meisten Aufnahmen von LUCE kennzeichnend ist. Alles in allem sind sie weit entfernt von jener eisernen Disziplin, die so oft von der Höhe des Podiums beschworen wird. Auch die visuelle Strategie der Wochenschauen und Dokumentarfilme folgte im allgemeinen der einfachen, immer aufs neue wiederholten Wechselbeziehung Masse–Führer. Die Aufnahmeschemata sind recht primitiv mit ihrem ständigen, eher langweiligen Wechsel zwischen dem Hauptakteur im Zentrum (in Nah- oder Standaufnahme) und der Totalen von der applaudierenden Menge. Ein Kameramann, Vittorio Abbati, war für die Nahaufnahmen von Mussolini bei seinen Ansprachen vom Balkon des Palazzo Venezia (dem Ort der großen Ankündigungen und Ansprachen an die Menge) zuständig, doch diese Berufung war nicht auf irgendwelche besonderen Qualitäten zurückzuführen. Kein Vergleich zu Walter Frentz, dem persönlichen Kameramann Hitlers im Krieg, der als ständiger Begleiter die Aufgabe hatte, Hitler aus nächster Nähe zu filmen.

Daß der Film das Image der Diktatoren beeinflußt und für das Feedback von Bedeutung ist, ist nichts Neues. Es gilt mit Sicherheit für das Material von LUCE, das, grob gesprochen, sich allmählich von dem besonders von Wertow beeinflußten sowjetischen Vorbild ab- und den Modellen des nazistischen Deutschland zuwandte. Nach 1934 fanden Leni Riefenstahl und die nationalsozialistischen Paraden Nachahmer in Italien: Mussolini war sehr beeindruckt von dem, was er in den deutschen Wochenschauen sah, und versuchte nun auch, Rituale und eine Choreographie der Massen auszuarbeiten, um die wahrlich nicht umwerfende Ikonografie des Faschismus zu verbessern (schwarze Hemden, Wimpel, Feze, Liktorenbündel und ähnliches gehören eher in die Kostüm- und Dekorationsabteilung, dienen aber nicht zur Gestaltung des Raumes). Der auffallendste Effekt dieses Umschwenkens ist, daß der Duce fast vollständig auf die Zivilkleidung zugunsten der Uniform verzichtet (Abb. 7–8); die Gestik ist weniger gewöhnlich, sondern würdiger, und LUCE bemühte sich um eine abwechslungsreichere szenische Darstellung der Veranstaltungen.

Hier beginnt die Phase, die von Brunetta und anderen Historikern mit der absoluten Mythisierung Mussolinis gleichgesetzt wird und die in der nächtlichen Proklamation des »Impero« nach dem Sieg in Äthiopien gipfelte: In *Adunate generali del popolo italiano* werden die beiden Veranstaltungen zur Proklamation des »Impero« vom 5. und 9. Mai 1936 dokumentiert; die Aufnahmen gehören zu den absolut wirkungsvollsten Produkten der italienischen Propaganda. Damit begann auch eine zunehmende Abkehr des Faschismus von der »ländlichen« Ideologie, die jedoch weiterhin eine gewisse Bedeutung behielt: Ein Beispiel hierfür ist der bereits erwähnte Film *Il duce trebbia il grano*. Mit fortschreitender Mythisierung des Duce verschwand der Parteiapparat zugunsten des charismatischen Führers fast vollständig aus dem Rampenlicht. Nach der Phase des größten Konsenses Mitte der dreißiger Jahre konzentrierte sich angesichts der Skandale und negativen Schlagzeilen um die

7   8

Abb. 7–8: Mussolini spricht in Taranto (1935, links) und erklärt den Krieg (1940, rechts).

Großen der faschistischen Partei das Prestige noch stärker auf die Person Mussolinis. Jedenfalls versuchte man ab 1935/36 – auch auf Anregung des Duce, der vom geringen Schauwert des Kolonialkrieges enttäuscht war[26] –, die visuelle Propaganda zu verbessern. Höhepunkt dieser Aktion war eine Diskussion in der Fachpresse über den »Wert, die Realisierung und die politische Bedeutung des Dokumentarfilms«.[27]

Ein erstes positives Resultat dieses Versuchs, die propagandistische Qualität der Produkte von LUCE zu verbessern, ist die Choreographie der bereits erwähnten Proklamation des »Impero« am 9. Mai 1936 mit der nächtlichen Ansprache des Duce (ein bescheidener Versuch, die »Lichtkathedralen« der Nazis zu imitieren) oder auch *Il cammino degli eroi* (1936) von Corrado D'Enrico, eine Verherrlichung des ruhmreichen Afrika-Feldzuges. Dieser wie üblich von LUCE hergestellte abendfüllende Dokumentarfilm, der »die Verve einer episch-chorischen Erzählung« (Argentieri) besitzt, ist aus verschiedenen Gründen interessant, kann aber nicht im entferntesten mit der diabolischen Perfektion von *Triumph des Willens* konkurrieren. Er nimmt, auch mit dem emphatischen, die zivilisatorische Mission des Afrikakrieges verherrlichenden Off-Kommentar, in mancher Hinsicht den Kern von »proto-neorealistischen« Werken vorweg, z. B. von Filmen des »Centro Cinematografico del Ministero della Marina« wie *Uomini sul fondo* (1941) oder *La nave bianca* (1942) von Roberto Rossellini. Hier besteht ein Ungleichgewicht zwischen dem Plot und einem überbetonten anthropologischen Interesse. Anstatt die Heldentaten des Krieges zu zeigen (nur in den letzten fünf Minuten des Films, wobei der Feind unsichtbar bleibt und kein Tropfen Blut fließt), werden in aller Ausführlichkeit eine Stunde lang die Vorbereitungen beschrieben.

Neben einer eindeutigen Qualitätsverbesserung der Produktionen von LUCE – und der gleichzeitig zunehmenden Wiederbelebung der Spielfilmproduktion – nach der Proklamation des »Impero« und den aus dem deutsch-italienischen Bündnis resultierenden politischen Veränderungen konzentrierten sich die Propagandatätigkeit des Regimes und die Auftritte Mussolinis vorwiegend auf öffentliche Veranstaltungen und internationale Begegnungen, in dem vergeblichen Versuch, das Vorbild Hitler zu erreichen: Bilder von Paraden und Händeschütteln traten an die Stelle des Maskentreibens von einst – das Abenteuer des Zweiten Weltkrieges stand vor der Tür.

Im Zusammenhang mit Mussolinis schauspielerischer Leistung ist bisher nur die Rede von seiner Mimik und Gestik gewesen. Zum Abschluß wollen wir wenigstens kurz auf seine Sprache eingehen, dieses unerläßliche Requisit der öffentlichen Auftritte des Diktators. Die Sprache des Duce war mit Blüten der patriotischen Rhetorik des 19. Jahrhunderts und Anspielungen auf die Welt des alten Rom, aber auch mit unbestimmten technischen Termini durchsetzt – eine einzigartige Synthese aus D'Annunzio und Marinetti; jedoch verfügte er auch über die sehr moderne, vom Journalismus herrührende Begabung, wirkungsvolle Slogans anzubringen, die die Phantasie der Zuhörer anregten. So konstruierte er Reden, die weniger auf eine logische Entwicklung als auf die Wirkung von Crescendi und Überraschungseffekten setzten. Ein berühmter Satz: »Der Pflug ist es, der die tiefe Furche zieht, das Schwert aber ist es, das sie verteidigt – (rhetorische Pause). Und der Pflug und das Schwert sind beide aus gehärtetem Stahl, so wie die Treue unserer Herzen« (aus der Rede in Sabaudia von 1934).

Ein anderes Merkmal seiner Redeweise ist der Dialog mit dem Publikum, so als wollte er gleichzeitig Nähe und Distanz, ohne jedoch jemals mit dem virtuellen Gesprächspartner auf einer Stufe zu stehen. Ein kleines Beispiel dieser Redekunst findet sich auch in dem letzten historischen Auftritt Mussolinis, der den endgültigen Schlußpunkt seiner Laufbahn auch als Beschwörer der italienischen Massen darstellt: der Kriegserklärung vom 10. Juni 1940 vom Balkon des Palazzo Venezia.

Danach der unaufhaltsame Niedergang vor dem »letzten Akt«:

> Die letzte Phase Mussolinis, jene von Salò, zeigt uns das Bild eines alten, kranken und schon verfallenden Mannes (...), der Kreis schließt sich mit der Rückkehr des Schauspielers zu den armseligen Mitteln der Provinzschmiere aus seiner Anfangszeit. (...) Wir stehen vor einem Gespenst ohne jede charismatische Kraft. Der Eindruck, der von der politischen Satire vehement aufgegriffen wurde, ist der einer Marionette und nicht mehr der eines Schauspielers.[28]

Am 28. April 1945 besetzten die Partisanen in Venedig die Geschäftsräume des Istituto LUCE, das während der Zeit der Republik Salò aus Rom dorthin umgezogen war. Am gleichen Tag wird der Duce auf der Flucht in die Schweiz in Dongo verhaftet und erschossen. Am nächsten Tag dann sein letzter, makabrer Auftritt in der Öffentlichkeit: an den Füßen aufgehängt auf dem Piazzale Loreto in Mailand.

Aus dem Italienischen übersetzt von Wolfgang Kück.

Anmerkungen

1 Carlo Lizzani, *Storia del cinema italiano*, Firenze 1961 (Erstausgabe 1953).
2 Die Vorträge der Konferenz von Ancona und die darauffolgenden Polemiken in den Medien wurden veröffentlicht in: Riccardo Redi (Hrsg.), *Cinema italiano sotto il fascismo*, Venezia 1979.

3 Francesco Savio, *Ma l'amore no*, Milano 1975. Die Zahl ist lt. Riccardo Redi jedoch weder gesichert noch unangefochten: »Nach dem Annuario del cinema italiano waren es 707, nach Quaglietti 666 (in: *Materiali sul cinema italiano*, Mostra nuovo Cinema 1975)«; vgl. Riccardo Redi, *E' stato fascista il cinema italiano?*, in: Redi (Hrsg.) (Anm. 2), S. 272–273. Von diesem gesamten Filmbestand sind wohl 50 Prozent verlorengegangen.

4 Luigi Freddi, *Il cinema*, Roma 1949, Bd. 1, S. 156–157. Diese zweibändigen Memoiren sind – ebenso wie die *Tagebücher* von Goebbels – eine der interessantesten Quellen für die Rekonstruktion der faschistischen Ära, da sie einen, wenn nicht den maßgeblichen Standpunkt aus dem Inneren des Regimes zum Thema Film wiedergeben.

5 Gian Piero Brunetta, *Storia del cinema italiano*, Bd. 2, Roma 1993, S. 122.

6 In seinem Buch *Il grigio e il nero* (Ravenna 1989) zählt Gianfranco Casadio weniger als hundert Filme auf, die in irgendeiner Weise mit politisch-ideologischen Weisungen des Faschismus in Verbindung zu bringen sind.

7 Lino Micciché, *Fascisti senza cimice all'occhiello*, in: Redi (Hrsg.) (Anm. 2), S. 271.

8 Luciano De Feo, *Fascismo e Cinematografia nel decennale*, in: *Popolo d'Italia*, 30. Oktober 1932. De Feos Ideen decken sich voll mit dem dirigistischen »Amerikanismus« von Luigi Freddi.

9 Eine bemerkenswerte Darstellung dieses Prozesses, wenn auch mit einigen kleinen Ungenauigkeiten, findet sich in: Jerzy Toeplitz, *Geschichte des Films*, 1934–1939, München 1980, S. 287–310.

10 Die D. G. bildet sich innerhalb des »Sottosegretariato per la stampa e propaganda«, das am 24. Juni 1935 in ein Ministerium verwandelt wurde. Dieses Ministerium wurde ab 1. Juni 1937 nach deutschem Muster in »Ministero della Cultura popolare« umbenannt, besser unter der Abkürzung »Minculpop« bekannt.

11 Von einer Studienreise nach Deutschland zurückgekehrt, schrieb Freddi einen Bericht für den Minister Alfieri, der von Gian Piero Brunetta zitiert wird: (Anm. 5), S. 15. Der Kursivdruck im Text ist von uns. Die Unterschiede zwischen Freddi und Goebbels betreffen folglich weniger die Ziele als vielmehr die Strategien zur Erreichung des Konsenses.

12 Casadio (Anm. 6), S. 53.

13 Zitiert in: Mino Argentieri, *L'occhio del regime*, Firenze 1979, S. 19.

14 Vgl. Jean A. Gili, *Stato fascista e cinematografia*, Roma 1981, S. 89.

15 Zitiert ebda., S. 83–84.

16 Außer den bereits zitierten allgemeinen Werken von Redi, Brunetta und Gili, vgl. besonders zur Geschichte von LUCE, Wochenschauen und Dokumentarfilm zumindest: Argentieri (Anm. 13); Gianpaolo Bernagozzi, *Il mito dell'immagine*, Bologna 1983 und Massimo Cardillo, *Il duce in Moviola*, Bari 1983; nützlich auch das Kapitel »Luce: Pedagogy and Propaganda in Documentaries and Newsreels« von Elaine Mancini, *Struggles of the Italian Film Industry during Fascism*, 1930–1935, Ann Arbor/Mich. 1985, S. 121–160.

17 Brunetta (Anm. 5), S. 100. Dieses Material ist zu ca. 90 Prozent erhalten (vgl. ebda.).

133

18 In *Splendor* (*Splendor – Eine Liebeserklärung für den Film*, 1989) hat Ettore Scola eine dieser Vorführungen auf dem Lande zu neuem Leben erweckt.

19 Zitiert in: Gili (Anm. 14), S. 85.

20 Freddi (Anm. 4), Bd. 1, S. 388–389. Diese Stelle zeigt auch die Abneigung und Verachtung Freddis gegenüber LUCE, das seinem Einflußbereich entzogen war.

21 Bernagozzi (Anm. 16), S. 105–106. Kurz vorher war die erste hagiographische Publikation über Mussolini herausgekommen: Margherita Sarfatti, *Dux*, Milano 1926.

22 Zit. in: Cardillo (Anm. 16), S. 208.

23 Edward R. Tannenbaum, *The Fascist Experience: Italian Society and Culture 1922–1945*, New York 1974, zitiert in: Brunetta (Anm. 5), S. 114.

24 Erklärung gegenüber Massimo Cardillo (Anm. 16), S. 35. Der gleichen Ansicht ist unter anderen auch Gian Piero Brunetta.

25 Ernesto G. Laura, *Il linguaggio della propaganda in un decennio di cinegiornali Luce*, Vervielfältigung (Grado 1972), wiedergegeben in: Bernagozzi (Anm. 16), S. 108.

26 Vgl. Argentieri (Anm. 13), S. 115.

27 Massimo Cardillo (Anm. 16) bringt auf S. 44–49 seines Buches die Dokumentation dieser Diskussion.

28 Brunetta (Anm. 5), S. 120.

Ulrich Keller
Franklin D. Roosevelts Bildpropaganda im
historischen und systematischen Vergleich

Franklin D. Roosevelts Bildpropaganda bereitet aus europäi-
scher Sicht große Verständnisschwierigkeiten, insofern sie das
Produkt einer politischen Kultur und konstitutioneller Rah-
menbedingungen ist, die sich von allem diesseits des Atlantik
Gewohnten tiefgreifend unterscheiden. Man glaubt diese Besonderheiten des amerikanischen Systems gut zu kennen, wird
doch die Medienakrobatik der US-Präsidenten und -Präsident-
schaftskandidaten ständig in alle Welt übermittelt, tatsächlich
handelt es sich aber um sehr komplexe, diskussionsbedürftige
Zusammenhänge; daher einige einleitende Kommentare, die
das Phänomen »FDR« (Abb. 1) in eine nützliche historische
Perspektive stellen können.

Vorauszuschicken wären zunächst Anmerkungen zu dem,
was man die Schwäche des Staats und die Dominanz des
Wahlprinzips in den Vereinigten Staaten nennen könnte. Die
überaus hypertrophe und spektakuläre Ausbildung der amerikanischen Wahlrituale fällt schon im frühen 19. Jahrhundert ins
Auge. Wenn man seither in den Vereinigten Saaten im Zwei-
bis Vierjahresrhythmus in monatelanges Wahlfieber verfällt
und phänomenale Publizitäts-, Finanz- und Energiereserven
im Kampf um politische Ämter mobilisiert, dann hat das wesentlich mit der Unterentwicklung dessen zu tun, was in
Deutschland »der Staat« heißt. Die absolutistischen Staats-
systeme Europas hatten ihren bürgerlichen Nachfolgern starke
Verwaltungs-, Kontroll- und Repressionsapparate vererbt, zu
denen es in den USA lange nichts Vergleichbares gab – erst
durch Franklin D. Roosevelts Politik (und Medienpolitik) hat
sich dies geändert. Statt eines straff zentralisierten, auf Lebens-
zeit etablierten Berufsbeamtentums waren hier z. B. im
19. Jahrhundert (und sind teilweise noch heute) die öffentlichen Ämter, vom Präsidenten über den Richter bis zum Dog-

Abb. 1: Franklin D. Roosevelt im Wahlkampf von 1940.

Catcher, entweder wählbar oder nach Wahlen über politische Patronagekanäle neu zu besetzen – was ständigen Wechsel bedeutete und berufliche Kompetenz als Voraussetzung einer Kandidatur praktisch entbehrlich machte. In großen Städten wie New York äußerte sich das Primat des Wahlprinzips um 1900 u. a. in meterlangen Wahlzetteln mit Tausenden von Kandidaten für Hunderte von Ämtern.[1] Die föderative Verfassung Amerikas sorgte im übrigen für eine weitgehende Dezentralisierung der Verwaltungsstrukturen, so daß insbesondere die Bundesregierung und -verwaltung in Washington bis weit ins 20. Jahrhundert hinein eine höchst bescheidene Institution war, deren Kompetenz sich hauptsächlich auf die Außen- und Schutzzollpolitik beschränkte, und die sich nur auf eine kleine, ständig wechselnde Bürokratie stützen konnte.[2]

Man stößt auf einen zweiten wichtigen Punkt, wenn man sich erinnert, daß in Europa die langfristige Verfilzung ständischer Eliten mit den mächtigen obrigkeitlichen Verwaltungsapparaten den permanenten Ausschluß anderer sozialer Gruppen bedeutete, mithin die Organisation antistaatlicher, militanter, revolutionärer Bewegungen förderte. Dem stand in Amerika eine hohe Akzeptanz der gegebenen Staatsformen (und der Wirtschaftsformen) gegenüber. Hier konnte sich eine politische Kultur ausbilden, die alle Fragen öffentlich und allgemein verhandelte oder doch scheinverhandelte, um sie über das Wahlprinzip zur Entscheidung zu bringen. Der relativen Schwäche der Bundesregierung und -verwaltung entsprach dabei die relative Stärke der privatwirtschaftlichen Verbände, und dies hatte zur Folge, daß Regierung wie Verbände in ständigem Austausch und Wettbewerb einen Konfliktstil entwickelten, der wesentlich auf den Einsatz von Reklame und Public Relations abgestellt war und ist.[3] Wo in Europa der Staat dekretierte oder die Braunhemden marschierten, wurde in den USA mit größtmöglicher Breitenwirkung appelliert und geworben. Man kann hier von einer Dominanz des Werbeprinzips und von maximaler Presseakkommodation sprechen. Und natürlich überlagern und potenzieren sich Werbe- und Wahlprinzip im Zwei- bis Vierjahresrhythmus, mit spektakulären Resultaten.

Es versteht sich, daß sich unter diesen Voraussetzungen politische Propagandatechniken herausbilden konnten, die bis heute wegweisend für den Rest der Welt geblieben sind. Interessanterweise beginnen die Bildmedien aber erst relativ spät, gegen Ende des 19. Jahrhunderts, eine herausragende politische Rolle zu spielen. Bis dahin war die amerikanische Wahl- und Werbekultur vor allem oratorisch geprägt. In William Harrisons epochemachendem Wahlkampf von 1840 bestanden die publikumswirksamen Höhepunkte z. B. in Folgen von langatmigen, professionell vorgetragenen Rededarbietungen, an denen sich ganze Stadtbevölkerungen tagelang trinkend und schwitzend ergötzten.[4] Daß die oratorische zugleich eine programmatische Ausrichtung der Wahlkämpfe bedeutete, ist besonders deutlich an Lincolns Senatskampagne von 1858 in Illinois zu beobachten. Eine typische Veranstaltung bestand darin, daß Lincoln mit einer einstündigen Darlegung seiner politischen Prinzipien begann, eine eineinhalbstündige Antwort von seinem Opponenten Douglas erhielt und das Rededuell mit einem dreißigminütigen Schlußargument beendete. Das biblisch, teils auch juristisch geschulte Publikum war mit vier Stunden diffiziler, wenn nicht labyrinthischer staatsrechtlicher Syllogismen keineswegs überfordert – viele Zwischenrufe zeugen von bemerkenswert kompetenter Teilnahme an Ausführungen, denen man heute selbst in schriftlicher Form kaum zu folgen gewillt oder fähig wäre.[5]

Selbstverständlich spielen visuelle Propagandamittel bereits eine gewisse Rolle, aber Reichweite und Leistungsstärke der verfügbaren Bildmedien waren noch begrenzt und mit den Wortmedien kaum konkurrenzfähig. Ob z. B. 1844 John Neagles symbolisch komplex verschlüsseltes Portraitgemälde des Präsidentschaftskandidaten Henry Clay für die Philadelphia-Filiale des National Club besonders vielen Menschen zu Gesicht kam, scheint mehr als fraglich. Von wesentlich wirksamer auf lithographischem (später fotografischem) Wege verbreiteten Portraits abgesehen, verließ man sich übrigens hauptsächlich auf Attribute und Embleme, die nur indirekt auf die Person des Kandidaten verwiesen. Der begüterte Harrison z. B.

konnte 1840 glaubhaft als spartanischer Pionierfarmer präsentiert werden, indem seine Anhänger alle Parteibanner und Pamphlete mit den Pioniersymbolen von »log cabin and hard cider« (Blockhaus und Apfelwein) bepflasterten.[6]

Es ist hier nicht der Ort, die Entwicklung der visuellen Werbetechniken im einzelnen nachzuzeichnen, aber bis zum Ende des Jahrhunderts hatten sie so viel Boden gewonnen, daß für den 1896 gewählten McKinley eine konsequente und differenzierte Medienpolitik unabdingbar geworden war. Die treibende Kraft in diesem Prozeß war natürlich die Perfektionierung der fotografischen Verfahren. Zwar hatte es die Kamera seit 1839 gegeben, aber es dauerte ein halbes Jahrhundert, bis ein kommerziell, d. h. für große Produktionsvolumen geeignetes Reproduktionsverfahren – die Autotypie – genügend ausgereift war, um den Druck von Büchern, Plakaten, Zeitungen usw. zu revolutionieren.[7] Von Lincoln mögen einige tausend Originalfotografien im Carte-de-visite-Format in Umlauf gewesen sein; McKinleys Publicity-Strategen setzten dagegen einen ständigen fotografischen Bilderstrom in Bewegung. Es lassen sich Dutzende von Fotografen feststellen, denen er bereitwillig zu Hause, im Weißen Haus und anderweitig saß, und mehr als das, wo immer er ging und stand, hatte er eine Art Leibfotografen um sich: G. Bain machte täglich Präsidentenfotos, die mit Legenden versehen über seine Agentur an verschiedene amerikanische Zeitungen vertrieben wurden, so daß die Zirkulation dieser Bilder beträchtlich gewesen sein muß. Als McKinley Spanien den Krieg erklärte, war selbstverständlich ein Fotograf geladen, um das Diktat der historischen Telegramme visuell festzuhalten. Schon zu McKinleys Inauguration war eine riesige Holztribüne für die Bildpresse (von den Zeitgenossen »photographers' castle« getauft) errichtet worden, um den Reportern, die Millionen abwesende Amerikaner repräsentierten, optimale Perspektiven zu ermöglichen. Und noch früher, im Wahlkampf, war die Kamera ebenfalls schon gezielt eingesetzt worden – z. B. kamen statt der ehemals üblichen lithographischen Portrait-»Banner« nun per Autotypie millionenfach angefertigte McKinley-Plakate in Umlauf.[8]

Während die Plakate nur eine alte Portrait-Tradition fort-
setzten, bildeten sich aber auch ganz neue, szenische Bildgen-
res heraus – z. T. gespeist von Fotografen, die während des
ganzen Wahlkampfs den McKinley-Wohnsitz in Canton, Ohio,
umlagerten. Dazu ist allerdings eine kurze Erklärung notwendig. Aus einem in Amerika überraschenden antidemokrati-
schen Vorurteil heraus galt es 150 Jahre lang als unschicklich
für Präsidentschaftskandidaten, sich persönlich in den Wahlkampf einzuschalten – der direkte Kontakt mit den Massen,
dem Mob, blieb Parteigängern überlassen, während der Kandidat sich vornehm heraushielt und unter dem Vordach (engl.
front porch) seines Hauses allenfalls Grußadressen von Partei-
delegationen aus dem ganzen Land entgegennahm.[9] Hier liegt
auch der Grund, warum es vor etwa 1890 nur sehr wenige Bilder von Präsidentschaftskandidaten (wie auch anderen Politikern) in öffentlichen Redesituationen gibt. Und wo sie sich
finden, wie im Fall von Stephen Douglas, der sich wegen der
Spaltung der demokratischen Partei am Vorabend des Bürgerkriegs zu einer präzedenzlosen oratorischen Kampagne ent-
schloß, ist der Grundton in der Regel satirisch mit Hinweisen
auf kostenlosen Whiskyausschank, Persiflage des Redners
durch Komiker, usw.[10] Selbstverständlich hielt sich auch
McKinley zu einer herkömmlichen »Front-porch«-Kampagne
verpflichtet, aber es ist aufschlußreich zu verfolgen, wie unter
dem Druck von Presse und Kamera diese aristokratische Tradition nun ausgehöhlt wird. Etwa nach der Devise »Wenn der
Prophet nicht zum Berg kommt, muß der Berg zum Propheten
kommen« verwandelte das republikanische Wahlkampfkommittee die Stadt Canton monatelang in einen visuell spektakulären Politzirkus. Mit Musikbegleitung zogen täglich
ungezählte Delegationen durch die girlandengeschmückten
Straßen der Stadt zum McKinley-Haus, die Eisenbahnen
allein luden mehr als eine halbe Million Besucher in Canton
ab, und deren Grußworte gaben dem Kandidaten Gelegenheit
zu immer neu variierten, dezent auf politische Fragen anspie-
lenden Entgegnungen. Die Reporter schrieben eifrig mit, und
zum Abschluß stellte sich McKinley mit seinen Gästen zum

»Familienfoto«. Für tägliche Wort- und Bild-Neuigkeiten aus Canton war auf diese Weise gesorgt. Durch modernes Medien-Management begünstigt, brauchte McKinley um seine zweite Wahl nicht zu bangen.[11]

Es ist interessant, daß der zweimalige Verlierer der letzte große Exponent des oratorischen Stils war. 1896 wie 1900 trat William Jennings Bryan als »underdog« aus der tiefen Provinz mit einem verschrobenen Wirtschafts- und Währungsprogramm an. Wenn er den Hauch einer Chance gegen den vorzüglich finanzierten und organisierten McKinley haben wollte, durfte er nicht zu Hause in Lincoln, Nebraska, sitzen, sondern mußte sein größtes persönliches Talent, seine »silberne Zunge«, zum Einsatz bringen. Bryan war ein begnadeter Redner, verdankte den Sprung vom unbekannten Delegierten zum Präsidentschaftskandidaten einer oratorischen Glanzleistung während des demokratischen Parteikongresses, und lieferte anschließend einen furiosen Wahlkampf, in dem er von der Millionenstadt bis zum Holzfällercamp kein Publikum ausließ, das Stimmen versprach. Man schätzt, daß er 18000 Meilen durch 27 Staaten reiste, 600 Reden hielt und fünf Millionen Menschen unmittelbar ansprach. Aber was waren 600 Reden gegen die 100 Millionen Pamphlete, die McKinleys gut geölte Wahlmaschinerie unters Volk brachte? Bryan, der Redner, der auf elektrisierenden persönlichen Kontakt mit seiner Zuhörerschaft baute, war kein schwieriger Gegner für McKinleys Medienexperten, die die Pressen laufen ließen. Die erhaltenen Fotodokumente (darunter eine lange Serie von einer einzigen Veranstaltung in der Library of Congress) lassen allerdings keinen Zweifel, daß auch Bryan bereits »auf Schau« arbeitete, bzw. redete, Reporter z. T. auch Fotografen, gehörten zu seinem ständigen Gefolge. Wo die Redner früher gewettert, gefuchtelt und geschwitzt hatten, kultivierte er infolgedessen einen verbindlichen Stil mit einstudierter, salbungsvoller Gestik, der Würde eines Präsidentschaftskandidaten angemessen und über Medien einprägsam vermittelbar (Abb. 2). Auch Bryan wußte, daß die Stunde der Kameras geschlagen hatte und Pressefotos ihm zusätzliche, wenn auch vorläufig noch

Abb. 2: William Jennings Bryan im Wahlkampf von 1896.

eher sekundäre Resonanz sicherten. Sein oratorisches Auftreten steht bereits deutlich unter diesem kosmetischen Diktat.[12]

Es gibt im übrigen ein ebenso amüsantes wie informatives
Fotodokument von 1907, das die neue Errungenschaft, d. h.
das visuell aufgepeppte Reden an die Adresse der Kameras und
Zeitungen auf den Punkt bringt. Über dem Titel »When the
President Makes a Speech« sieht man hier Theodore Roosevelt

in verschiedenen expressiven, dekorativ sehr gekonnt über die Doppelseite verteilten Rednerposen (Abb. 3). *Was* der Präsident da bei verschiedenen Anlässen zu sagen hatte, wird nicht berichtet, nur *wie* er dabei aussah, seine kulinarisch zu genießende Erscheinung vor der Kamera, ist gefragt. Damit ist die präsidiale Bildlichkeit Selbstzweck geworden. Man könnte auch sagen: Die programmatischen Inhalte von ehedem verflüchtigen sich, die Kamera macht rapide Fortschritte auf dem Weg zur Ästhetisierung und Personalisierung der Politik.[13]

Nach McKinley/Bryan scheint die nächste wichtige Station in diesem Evolutionsprozeß der Wahlkampf Woodrow Wilsons von 1912 zu sein. Offenbar ist hier der Punkt erreicht, wo die Manipulation der (Bild-) Medien zu einem wichtigen Instrument populistischer Außenseiter-Kandidatur wird. Wilson trat gegen die demokratische Parteimaschinerie an und war daher (wie Douglas und Bryan aus anderen Gründen) gezwungen, von der »Front-porch«-Tradition abzuweichen. Statt sich über Kuhhändel Stimmenblocks von Großstadtbossen zu verschaffen, bereiste er schon 1911 die Weststaaten, und nutzte dann die neu eingeführten »Primaries«, um sich Delegierte durch direkte Volkswahl zu sichern.[14] Das bedeutete viel Lächeln, viel Händeschütteln, viele Presseinterviews, und im Kern: Betonung des *Privatmenschen* Wilson, der Golf spielte, im Straßenanzug auf den Stufen seines Hauses locker Zeitung las (Abb. 4) usw. Zu Personalisierungsdiensten dieser Art war die Kamera wie kein anderes Medium geeignet, und Wilsons Wahlkampfkommittee verschickte denn auch Fotos an jeden, der sie haben wollte. *Harper's Weekly* widmete ihm mehrere seitenlange Bildreportagen, die den Menschen und Staatsmann visuell, in Aussehen und Habitus, der Wählerschaft weit näher brachten, als es je vorher geschehen war.[15] Um diese Zeit vollzog sich der Umschwung vom Programmatischen zum Persönlichen, und bald stellten die Meinungsforscher fest, daß der Masse der Wähler die sogenannten Partei-Plattformen egal waren, solange sie des Kandidaten »radiating smile, or the way he sits on a horse, or pitches hay on a New England farm« geboten bekamen, und nur die Kamera war dazu in der Lage.[16]

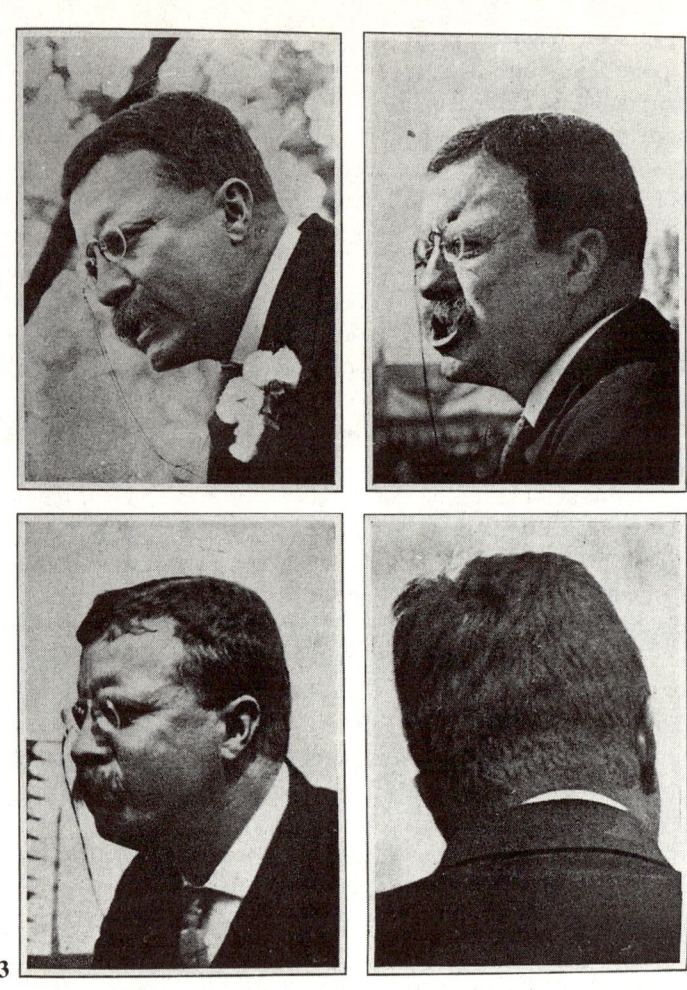

Abb. 3: Theodore Roosevelt in verschiedenen Rednerposen (aus Harper's Weekly, *Bd. 51, 26. Januar 1907).*

144

4

Abb. 4: Woodrow Wilson bei der Zeitungslektüre (Pressefoto, um 1916).

Es versteht sich, daß das Aufkommen luxuriöser Bildreportagen erheblich zur kosmetischen Ritualisierung gewisser bildwirksamer Motive wie Lächeln, Händeschütteln, prestigeträchtige Automobilauftritte beitrug. Wie weit von seiten der

Abb. 5: Adolf Hitler bei der Zeitungslektüre (aus Heinrich Hoffmann, Hitler, wie ihn keiner kennt, *1932).*

Wilson-Berater hier schon bewußt Regie geführt wurde, muß beim derzeitigen Forschungsstand leider offen bleiben. Die Vermutung liegt jedoch nahe, daß z. B. für Hitlers Medienexperten, insbesondere seinen »Leibfotografen« Heinrich Hoffmann, von Wilsons Wahlkämpfen mehr zu lernen war als von Franklin D. Roosevelts allenfalls zeitgleichen, wenn nicht späteren Publicity-Künsten. In Hoffmanns Bildbänden, vor allem *Hitler, wie ihn keiner kennt,* ist jedenfalls eine nah verwandte fotografische Personalisierungstendenz unübersehbar. Auch Hitler begegnet uns da lächelnd, händeschüttelnd, zeitungslesend, als vertrauenserweckender Normalmensch (Abb. 5), und das zu einem Zeitpunkt, wo andere Größen der deutschen Politik, wie etwa Hindenburg, sich bestenfalls steif und streng im Amtszimmer ablichten ließen.[17]

Wenn wir nach dieser etwas ausführlichen Einleitung zum eigentlichen Thema kommen, ist von vornherein die Einschränkung zu machen, daß der Fotografie in Franklin D. Roosevelts brillanter Medienmanipulation nur untergeordneter Stellenwert zukommt. Der »New Deal« wurde hauptsächlich über Radio, Wochenschauen und die zweimal wöchentlich stattfindenden, in erster Linie verbalen Pressekonferenzen vermarktet. Schon im Wahlkampf von 1932 war das nicht anders, FDR führte ihn in der Wilson-Tradition sehr aktiv, und vor der Parteinomination im Habitus des Außenseiters, der sich gegen das korrupte Partei-Establishment profilierte. Wie Betty Winfields detaillierte Untersuchung kürzlich gezeigt hat, wurde aber trotz der relativen Dominanz anderer Medien auch die fotografische Vermittlung von Roosevelts ja höchst fotogener Persönlichkeit ernstgenommen, wobei sich Formen des politischen Bild-Managements entwickelten, die allem Vorhergehenden weit überlegen waren.[18]

Es war Roosevelt klar, daß ein Hauptfaktor in der politischen Herausforderung der »Great Depression« psychologischer Natur war, daß es u. a. darum ging, nationale Zuversicht zurückzugewinnen. Infolgedessen läßt sich der zweite Roosevelt medientechnisch als Erfinder des politischen Optimismus und Initiator einer groß angelegten Offensive des Lächelns beschreiben. Gewiß, gelächelt war schon früher worden. Aber nun wurde das Lächeln universaliert und professionalisiert. So promptes, strahlendes, glatt von den Lippen gehendes und ausdauerndes Lächeln hatte es noch nie gegeben. Man könnte aus den Zeitungsarchiven der dreißiger Jahre endlose Prozessionen ansteckend frohsinniger, optimistische Prognosen ausstreuender Regierungsvertreter zusammenstellen. In der Tat, beginnend mit dem Wahlkampf wurde erbarmungslos gelächelt. Emblematisch dafür ist FDRs Entscheidung, zum ersten

Mal in der amerikanischen Geschichte persönlich auf dem Parteikongreß zu erscheinen, um unter dem rauschenden Applaus der Delegierten, vom Glück geradezu überwältigt, seine Nominierung zu akzeptieren – eine Geste des Optimismus, die den Grundton für die nächsten Jahre setzte und jahrzehntelange Nachahmung finden sollte (Abb. 6). Der Kontrast zur bisher üblichen Form der Nominierungsannahme, Wochen nach dem Kongreß, mit knapper, ernster Ansprache unter dem unvermeidlichen Vordach, war schlagend.[19] Was im Wahlkampf begonnen hatte, wurde konsequent auf jeder Ebene des Regierungsalltags fortgesetzt. Der strahlende Roosevelt war in der zeitgenössischen Presse allgegenwärtig, erscheint dort übrigens auch mit einer präzis kalkulierten Körpersprache. Zur Überspielung der Beinlähmung wird stets der Oberkörper betont, der sich locker zurücklehnt, den Arm lässig aufgelegt – ein Bild müheloser Beherrschung aller Krisen, die die »Great Depression« für den Präsidenten bereithalten mochte (Abb. 7). Aber natürlich war das Lächeln nur Symptom. Was uns darin faßbar wird, ist die fundamentale Einsicht FDRs, daß Public Relations nicht nur als punktuelles und temporäres Instrument zur Flankierung bestimmter politischer Projekte anzusehen waren, wie z. B. bestimmte Formen der Heimatpropaganda im Ersten Weltkrieg, sondern einen zentralen Inhalt von Politik bildeten.

Überzeugend läßt sich diese Neuorientierung aus den Statistiken belegen, die Regierungsgegner zusammenstellten, sobald sie mit erheblicher Verspätung die betäubenden Effekte von Roosevelts PR-Maschinerie abschüttelten und zur Gegenoffensive ansetzten. Nach einem bösen Aperçu eines südstaatlichen Senators gab es 1935 mehr Presseexperten in als außerhalb der Regierung. Tatsache ist, daß jedes Ministerium und jede größere Behörde sich im »New Deal« eine eigene Publicity-Abteilung zulegte oder die vorhandenen, rudimentären Strukturen stark erweiterte. Directors of Information, Publicity Directors, Chiefs of Public Relations, Press Officers, Secretaries for Press Relations, Editorial Assistants, usw. schossen in Washington allenthalben aus dem Boden. Entsprechend ergossen sich ganze Lawinen von hektografierten Handzetteln,

Abb. 6: Franklin D. Roosevelt akzeptiert die Nominierung auf dem demokratischen Parteikongreß in Chicago, Sommer 1932.

Abb. 7: Franklin D. Roosevelt bei seiner ersten Pressekonferenz im Weißen Haus, 8. März 1933.

sogenannten »Hand-outs«, über das Pressecorps, ganz davon abgesehen, daß die höhere Beamtenhierarchie bis zum Minister in eigener politischer Sache exzessive verbale Produktivität in Form von Büchern, Artikeln für populäre Journale und zahllosen Reden entfachte. Rekordhalter war Wallace, der Landwirtschaftsminister, der es 1934 schaffte, zur Durchsetzung seiner Reformprogramme 40000 Meilen zu reisen, 88 Reden zu halten und drei Bücher nebst 22 Artikeln in die Welt zu setzen. Vermutlich geschah dies nicht ohne Hilfestellung von seiten des Office of Information im Landwirtschaftsministerium, das besonders hypertroph ausgebildet war und in den ersten 12 Monaten seiner Existenz mit nahezu 5000 »News releases« aufwartete. Bei großen Behörden waren diese Publicity Departments nach Ressorts unter spezialisierten »Editors«, die für die Formulierung der ideologischen Richtlinien verantwortlich zeichneten, ganz wie die Redaktion einer großen Tageszeitung organisiert.[20] Daß Bildpublizität einen festen Platz in dieser Werbemaschinerie hatte, braucht nicht eigens betont zu werden. Besondere Berühmtheit hat das größte fotografische Publicity-Projekt aller Zeiten erlangt, das sicher nicht zufällig in der Wallace unterstellten Farm Security Administration entstand. Daß Roy Strykers schließlich eine viertel Million Aufnahmen umfassendes Archiv auch mit den weitherzigsten Definitionen von politischer Reklame nicht mehr adäquat beschreibbar ist und vor der Liquidierung durch aufgebrachte Südstaaten-Abgeordnete in die Library of Congress gerettet werden mußte, steht auf einem anderen Blatt.[21]

Im Weißen Haus selbst lagen die Dinge nicht anders. FDRs drei Sekretäre kamen sämtlich aus dem Pressemilieu, in dem der Präsident selbst ja berufliche Erfahrung gesammelt hatte. Louis Howe, vormals Korrespondent für den *New York Herald*, stand Roosevelt am nächsten und fungierte nicht nur als oberster politischer Berater, sondern auch als Chefstratege in PR-Dingen: Die Definition politischer Ziele und ihre mediale Verpackung und Vermittlung waren untrennbar geworden. Stephen Early, der als Associated-Press-Reporter angefangen hatte, war der Mann fürs Detail, der nach dem Frühstück mit

FDR täglich zu den Reportern sprach und sie unentwegt mit Hand-outs versorgte. Als ehemaliger Angestellter bei Paramount wußte Early auch eine ganze Menge von visueller Publizität und reglementierte das Fotografencorps des Weißen Hauses bis in kleinste Einzelheiten. Seine ausführlichen Anweisungen legten nicht nur fest, wann und wo (nämlich bei erstaunlich wenigen Gelegenheiten) die Kameras gezückt werden durften, sondern er strukturierte die Bildreportagen auch inhaltlich vor, indem er etwa auf der Farm Roosevelts Pferde herbeischaffen ließ, die der Präsident dann streichelte, danach Kinder, Mutter usw. Oder es hieß bemerkenswert präzis: »Still pictures may be made of the President with the Swedish Minister... in the Green Room immediately before they enter the East Room for the actual presentation.« Zuweilen durften die Kameramänner sogar nur einen einzigen Schnappschuß machen, und wer den vom Geheimdienst angekündigten Moment verpaßte, hatte keine zweite Chance. Bei alledem kämpfte Steve Early löwenhaft darum, das Weiße Haus unterschiedslos für *alle* Presseinstitutionen offen zu halten; Exklusiv- und Monopol-Arrangements mit ausgewählten Zeitungen oder Filmgesellschaften lehnte er strikt ab: Dies war ein freies Land mit einer freien Presse (davon abgesehen, daß Wettbewerb die sicherste Methode der Selbstzensur war, wie wir sehen werden).[22]

Roosevelts gesamter Umgang mit der Presse muß im übrigen im Kontext einer seinerzeit ständig thematisierten Systemkonkurrenz diskutiert werden. Denn der Präsident hatte keine Wahl, er mußte sich vom Publizitätsstil der totalitären Regime in Europa distanzieren – soviel diese auch dem amerikanischen Vorbild verdankt haben mögen. Semantisch fand dieser Zwang kuriosen Ausdruck in der Mitte der dreißiger Jahre aufkommenden Sprachregelung, die besagt, daß die Sowjets, Deutschen und Italiener Propaganda betrieben, während es sich bei der Medienmanipulation im amerikanischen Rahmen um »Mass communication« handelte, und unter diesem Decknamen sollte sich die Erforschung der wirtschaftlichen und politischen Propagandatechniken in den USA zu einer respektablen akademischen Disziplin entwickeln.[23] Es gab aber auch eine durchaus scharfsichtige analytische Durchleuchtung von FDRs Umgang mit den Medien, vor allem im Umfeld der American Academy of Political and Social Science, in deren Annalen man interessante Funde machte. U. a. wurde hier das Prinzip von Roosevelts »Channel publicity« benannt und angegriffen, das den Reportern nur designierte Presseagenten als Informationspartner zur Verfügung stellte, die die Regierungsarbeit ins beste Licht rückten, während der Zugang zu alternativen Informationsquellen innerhalb der Institutionen abgeschnitten und schon in die Nähe der Kriminalisierung gerückt wurde.[24] 1935 diagnostizierte Arthur Krock in diesen und verwandten Methoden der Pressereglementierung »the only kind of press censorship yet possible in this country – the undercover kind«. Gleichzeitig, aber etwas indirekter vorgehend, zitierte Elisha Hanson in einem exzellent recherchierten Aufsatz über »New Deal Propaganda« einen Presseexponenten, der beim Vergleich von Propaganda und Zensur unterstrich, »that propaganda is infinitely the worse, because where censorship represents an open effort to control the news, propaganda is directed to poisoning news at the source«. Maliziös ergänzte Hanson, der Pressemann hätte damit die Verhältnisse in Rußland, Italien und Deutschland charakterisieren wollen.[25]

Für FDR selbst war die Sache völlig klar; mit einer Unschuld, die von Zynismus schwer unterscheidbar ist, versicherte er: Stephen Earlys Aufgabe bestehe allein darin, »to give the information necessary to keep the correspondents from printing inaccurate stories.« Und 1939 bekräftigte er in einer Rede an die Nation: »You are, I believe, the most enlightened and the best informed people in all the world at this moment. You are subjects to no censorship of news.«[26] Es gibt nun einen aufschlußreichen Studienfall, der auf die Zensur-Frage eine klare Antwort gibt, nämlich die Poliolähmung des Präsidenten. Daß Roosevelt dieses Handicap hatte, wurde in schriftlichen Berichten öfters erwähnt, obwohl man es selbst im hyperrepublikanischen Lager von Henry Luce und *Time* für geraten hielt, darauf nicht zu sehr herumzureiten. Aber wie stand es mit den Fotografen, die mit einer Aufnahme potentiell mehr Schaden anrichten konnten als hundert Reportagen? Early fand die Lösung der »freiwilligen« Verpflichtung der Bildjournalisten, FDR niemals mit Krücken, beim mühseligen Aussteigen aus dem Auto oder ähnlichen Anlässen zu fotografieren, die Zweifel an seiner körperlichen Fitneß hätten aufkommen lassen können.[27]

In diesem Fall, wie auch den schon früher zitierten Beispielen von Earlys teilweise sehr weitgehender Regieführung, gab es keinen legalen Zwang, den Wünschen des Weißen Hauses zu entsprechen. Man konnte Bilder des Präsidenten im Stahlkorsett drucken, ohne ins Gefängnis zu kommen oder Strafe zu zahlen. Zuwiderhandelnde Fotografen und Presseorgane riskierten aber ihre Akkreditierung beim Weißen Haus, und das brachte den wahrscheinlich viel stringenteren kapitalistischen Konkurrenzfaktor ins Spiel: Wer von präsidialen »photo opportunies« ausgeschlossen war, verlor Boden gegenüber rivalisierenden Zeitungen, die sich wohlverhalten hatten. Natürlich kam es auch vor, daß eine Bildpublikation bewußt den möglichen und angebotenen Zugang zum Präsidenten verschmähte – vor allem *Life* gestattete sich diese Genugtuung zuweilen. Vom demokratischen Parteikongreß von 1940, der die Weichen zu FDRs zweiter, als unkonstitutionell verschrienen Wiederwahl stellte, wurde in *Life* z. B. berichtet, ohne daß der Präsident eines Bildes gewürdigt wurde. Mit bitterböser Ironie begann die Reportage statt dessen mit der Großaufnahme eines Claqueurs, der vorführte, wie er per Mikrophon aus dem Keller des Kongreßgebäudes die »spontanen« Rufe des Parteivolks nach Roosevelt intoniert hatte.[28] Allzuoft ließ sich der Präsident allerdings nicht ignorieren, es gab ja nur einen, und den wollten auch die *Life*-Abonnenten sehen. Mit seiner Spielart von »Channel control« und latenter Zensur auf dem Weg über die Konkurrenz der Zeitungen (die daher durch keine Monopolverträge unterminiert werden durfte) war Early insgesamt sehr erfolgreich. Goebbels hatte Produktion und Distribution der deutschen Presse gleichgeschaltet. In Amerika trat die Regierung nur als ein Publicity-Anbieter unter vielen auf, und da jeder offizielle Eingriff in die kommerzielle Distribution tabu war, stand es den verschiedenen Publikations-Unternehmen frei, was sie von dem angebotenen Material drucken wollten und in welcher Form. Aber über Zugangskontrolle zu und Vorstrukturierung von Fotogelegenheiten gelang es Early dennoch, ein hohes Maß von Regierungskonformität durchzusetzen. Wobei der Unterschied zwischen dem Verschweigen von Polio und von Genozid bestehen bleibt.

So nützlich der internationale Vergleich ist, FDRs Medienpolitik soll hier vor allem unter inneramerikanischen Perspektiven verständlich gemacht werden, und wenn wir zu diesem Blickpunkt zurückkehren, ist einiges zur Geschichte und Methode des Rooseveltschen PR-Systems nachzutragen. Wie eingangs angedeutet, besaß politische Werbung ja einen langen Stammbaum in den USA und hatte unter McKinley bereits organisatorisch wie fotografisch-ästhetisch bemerkenswerte Höhepunkte erreicht. Kein Wunder, daß sich Theodore Roosevelt damals beschwerte, McKinley werde wie ein Patent-Wunderheilmittel angepriesen.[29] Aber dieser Ausspruch verweist auf eine wichtige Differenz zu FDR: Wer für Hustensaft oder Zahnpasta Reklame macht, betreibt relativ simple Produktwerbung – und McKinley wie auch der erste Roosevelt und Wilson haben sich offensichtlich politischer Spielarten dieser Methode bedient. D. h., man war Anfang des Jahrhunderts in erster Linie bemüht, ein klar definiertes visuelles Produkt – das Gesicht und äußere Aussehen des Kandidaten – so allgegenwärtig wie möglich im Land zu verteilen.

Was man Public Relations nennt, war dem gegenüber eine raffiniertere, höher entwickelte Technik, die das weiterhin relevante Produkt in einen umfassenden ideologischen Kontext zu stellen und entsprechend zu modellieren versuchte. PR-Strategen zielten auf die manipulative Kreation großer politischer Sinnzusammenhänge, sorgfältig orchestrierter, über Monate oder Jahre aufgebauter »Szenarien«, basierend auf thematisch durchstrukturierten Wahlkampf-»Blueprints«.[30] In einem permanenten Austauschprozeß war es in diesem Fall nicht die Politik, sondern die Wirtschaft, die diese Methode

8

Abb. 8: McKinley-Wahlkampfhelfer vor einem Porträt des republikanischen Kandidaten, 1896.

entwickelte, nämlich als sich Anfang des 20. Jahrhunderts herausstellte, daß es für ein Großunternehmen nicht genug war, nur seine Ware anzupreisen. Um in einem günstigen, gegen Kritik und Reformen (wie sie sich um 1900 mehrten) abgeschirmten politischen Klima ungestört seine Ziele verfolgen zu können, mußte es auch seine soziale Wohltätigkeit (etwa die Beschäftigung vieler Angestellter und die Zahlung hoher Steuern), sowie ganz allgemein die Superiorität kapitalistischen Unternehmertums reklamieren. So spielte es sich ein, daß Eisenbahnen, Autos, Stahl und Öl der Öffentlichkeit ihre »Story« erzählten, denn die narrative Form war die eingängigste Variante der ideologischen Propaganda; u. a. förderte sie auch die Personalisierung komplexer Sachverhalte – etwa nach dem Prinzip, daß Unternehmenserfolg immer ein Sieg der wunderbaren familiären Zusammenarbeit zwischen Direktor John A. und Hilfsarbeiter

Dick B. war, die persönlich mit Frau und Kind abgebildet wurden.[31] Aus der Wirtschaft wanderte das Story-Prinzip in die Politik, und nach schüchternen Experimenten in den zwanziger Jahren schwang sich unter Roosevelt die manipulative Formulierung komplexer Szenarien und narrativer, personalisierter Sinnstrukturen zum führenden Typus der Politwerbung auf. Auf bildjournalistischer Ebene bedeutete dies, daß »Ein Tag im Leben des Präsidenten« und ähnliche narrative Genres Mode wurden.[32] Steven Early erwies sich als Meister der thematischen Vorstrukturierung solcher Bildgeschichten durch sein System mündlicher und schriftlicher Presseinstruktionen. Die Zusammenstellung und Analyse des reichhaltigen Bestands von Foto-Stories zu FDR ist noch nicht in Angriff genommen, und die Diskussion mir bekannten Materials würde weit über den vorliegenden Rahmen hinausgehen.

Es lohnt sich aber, den hier interessierenden Übergang von der Produkt- zur Systemwerbung an einem Bildbeispiel zu verdeutlichen: in McKinleys Fotoporträt im Kreis von schwarzen Wahlkampfhelfern in Chicago (Abb. 8). Unterschiedslos wurde aber dasselbe ernste, unbewegte Gesicht auch in tausend anderen sozialen und geographischen Kontexten von Maine bis Kalifornien, von Chefetage bis Dorftaverne eingesetzt: die Werbestrategie war, wie gesagt, darauf abgestellt, über quantitative Distribution optimale »Name« bzw. »Face recognition« zu garantieren. Dagegen ist Franklin D. Roosevelts triumphale Erscheinung auf dem Parteikongreß von 1932 (vgl. Abb. 6) genau kalkuliertes Element eines differenzierten Szenarios, das z. B. auch sein sensationelles Einfliegen nach Chicago einschließt (nebenbei: vor Beginn des kommerziellen Flugbetriebs – auch hier waren die Amerikaner möglicherweise schrittmachend für Europa, vgl. die Anfangssequenz von Riefenstahls *Triumph des Willens*). FDRs Publicity-Chef Howe zeigte sich hier von der genialsten Seite. Vor allem verstand Howe sehr wohl die Bedeutung, die der gloriose Einzug des Kandidaten im Kontext der emotionalen Großwetterlage Amerikas im Herbst 1932 annehmen mußte: Wirtschaftskrise, Elend, Demoralisierung – genau darauf war Roosevelts strah-

Abb. 9: Zeitungs-»Cartoon« aus dem Wahlkampf von 1932.

lender Optimismus thematisch bezogen, wie zeitgenössische Cartoon-Zeichner auch mühelos begriffen (Abb. 9). McKinleys ernste Miene war nicht dialogisch in diesem Sinne gemeint, sondern ganz allgemein auf die Würde des Präsidentenamtes gemünzt. Roosevelts Lächeln hingegen gehörte zu einer Story, einem Politmärchen, das Millionen Amerikaner mit ihren Stimmzetteln weiterzuschreiben halfen.

Ein anderer Aspekt der thematischen, szenario-orientierten Propagandamethoden unter Roosevelt, nämlich die enge Verwandtschaft zwischen privatwirtschaftlichen und öffentlich-politischen Public Relations, läßt sich an einem abschließenden Bildvergleich dingfest machen. Der Präsident lächelnd am Steuer seines Wagens (den er trotz physischen Handicaps tatsächlich am liebsten selber chauffierte), d. h. der ganz locker und souverän das inzwischen vierräderige Staatsschiff dirigierende Regierungschef (Abb. 10): Eine alte Metaphorik ist hier

Abb. 10: Franklin D. Roosevelt am Steuer seines Wagens (zeitgenössisches Pressefoto).

aufgerufen, die interessanterweise gleichzeitig auch in den spektakulären PR-Kampagnen der amerikanischen Großindustrie wieder auflebt (Abb. 11). In der Zeit der Massenarbeitslosigkeit und Großen Depression, um die doppeldeutige amerikanische Benennung aufzunehmen, griff die Verunsicherung der Bevölkerung tief; Kontrollverlust über die eigene Lebensgestaltung war eine verbreitete Erfahrung – und veranlaßte Regierung wie Wirtschaftsführung (die hier trotz oberflächlicher, lautstark ausgetragener Differenzen ihre grundlegende Verbundenheit eingestehen, denn erfahrungsgemäß ist in den USA das Reklamelevel immer das fundamentalste Level), zur Projektion tröstlicher Allmachtsillusionen zu einer gemeinsamen Symbolik zu greifen. Besonders beruhigend: Nach Maßgabe der Werbebilder waren es immer Männer, die das Steuer in der Hand hatten, und was gesteuert wurde, waren immer Autos. D. h., die Metaphorik war die eines patriarchalischen Automobil-Kapitalismus, der sich wohlgemerkt als freiheitlich-demokratischer verstand. Dank der Kauffreiheit und

Abb. 11: *Reklameplakat der American Manufacturing Association, 1935 (Library of Congress).*

Wahlfreiheit – denn man konnte entweder Ford oder Chevrolet kaufen und Roosevelt oder Hoover wählen – blieb grundsätzlich, so wurde bildlich suggeriert, immer der männliche Normalverbraucher und Normalwähler an der Macht. Letztlich, könnte man schließen, saßen alle Amis im gleichen Auto, und das wurde in Detroit gebaut. Es war sicher kein totalitäres System, aber doch ein bemerkenswert totales.

Es mag sein, daß sich Roosevelt gegenüber der Großindustrie in schwacher Position sah und ihr daher weitgehende Selbstregulierung zugestand. Trotzdem, so ist zum Schluß zu betonen, kam es unter seiner Regierung zu einer dramatischen Ausweitung der Staatsbürokratie und der staatlichen Kompetenzen im bisher weitgehend ausgesparten sozialen und wirtschaftlichen Bereich. Aber nicht nur wurde der moderne amerikanische Wohlfahrtsstaat durch den »New Deal« begründet, sondern die Kontrolle der neugeschaffenen Strukturen ging vom Kongreß auf den Präsidenten über; mit Roosevelt begann die »imperiale« Hegemonie des amerikanischen Regierungschefs, die Exekutive nahm das Heft in die Hand, das haben die demokratischen und die autoritären Regimes der dreißiger Jahre überhaupt gemeinsam; und in den USA geschah das, nebenbei, auch auf Kosten der Parteimaschinen, die durch Radio und Wochenschau zu sekundären Vermittlungsvehikeln degradiert wurden. Ein namhafter Historiker hielt diese Entwicklung für so einschneidend, daß er in der Periode von Roosevelt bis Kennedy die Installierung einer »Zweiten Republik« erkannte. Die Frage, wie sich die Balance zwischen Legislative und Exekutive ohne Verfassungsänderung derart grundlegend verschieben konnte, beantwortet Lowi u. a. mit dem Hinweis auf die Begünstigung von »plebiszitären« Persönlichkeitskulten durch die modernen Medien.[33]

Anmerkungen

1 Aus der immensen Literatur zu Geschichte und Methoden des amerikanischen Wahlbetriebs seien nur zitiert: Arthur M. Schlesinger, *History of American Presidental Election, 1789–1968*, 4 Bde, New York 1971; Robert J. Dinkin, *Campaigning in America. A History of Election Practices*, New York 1989; Kathleen H. Jamleson, *Packaging the Presidency. A History and Criticism of Presidential Advertising*, 2. Aufl., New York 1992; Marvin R. Weisbord, *Campaigning for President. A New Look at the Road to the White House*, Washington, D. C. 1964; Ralph G. Martin, *The Bosses*, New York 1964 (dort S. 16 der Hinweis auf meterlange Wahlzettel).

2 Zu den eng gesteckten Machtbefugnissen der amerikanischen Regierung bis auf F. D. Roosevelt vgl. Theodore J. Lowi, *The Personal President. Power Invested. Promise Unfulfilled*, Ithaca, New York 1985, S. 22 ff. Für die verfassungsrechtlichen Aspekte relevant: Edward S. Corwin, *The President; Office and Powers, 1787–1984, History and Analysis of Practice and Opinion*, 5. Aufl., New York 1984. Zur Entwicklung der Bürokratie: Stephen Skowronek, *Bulding a New American State: The Expansion of National Administrative Capacities 1877–1929*, New York 1982; Zum Kampf um Beamtenreform und Durchsetzung beruflicher Beamtenqualifikation vgl. u. a. Ari Hoogenboom, *Outlawing the Spoils: A History of the Civil Service Reform Movement, 1865–1883*, Urbana, Ill. 1961. In den 1920er Jahren zielten umgekehrte Reformbemühungen in Deutschland auf den Ersatz des

Berufs- durch ein demokratisches Wahlbeamtentum ab (Karl Dietrich Bracher, *Die Auflösung der Weimarer Republik. Eine Studie zum Problem des Machtverfalls in der Demokratie*, 5. Aufl., Villingen 1971, S. 164f.)

3 Für diese Entwicklung ist die unter Anm. 1 genannte Literatur relevant. Für das Aufkommen von Public Relations im engeren Sinn Anfang des 20. Jahrhunderts vgl. für den wirtschaftlichen Bereich: Marvin N. Olasky, *Corporate Public Relations: A New Historical Perspective*, Hillsdale, N.J. 1987; Scott M. Cutlip, *The Unseen Power: Public Relations, a History*, Hillsdale, N.J. 1994; für den politischen Bereich: Melvin Bloom, *Public Relations and Presidential Campaigns. A Crisis in Democracy*, New York 1973.

4 Vgl. die unterhaltsame Darstellung von Robert G. Gunderson, *The Log-Cabin Campaign*, Lexington, Ky. 1957, S. 108 ff.

5 Im Wortlaut sind die Debatten samt Zwischenrufen wiedergegeben in: *An Analysis of Lincoln and Douglas as Public Speakers and Debaters*, hrsg. von Lionel Crocker, Springfield, Ill. 1968, S. 185 ff. Ebda. S. 532 ff. ein Schema des verästelten, komplexen Argumentationsgangs der Alton-Debatte. Vgl. auch Kathleen H. Jamieson/David S. Birdsell, *Presidential Debates. The Challenge of Creating an Informed Electorate*, New York 1988, S. 52 ff.

6 Vgl. Gunderson (Anm. 4), *passim*; Stefan Lorant, *The Glorious Burden. The American Presidency*, New York 1968, S. 160 f.; und Keith Melder, *Hail to the Candidate. Presidential Campaigns from Banners to Broadcasts*, Washington, D.C. 1992, S. 75 ff., jeweils mit Illustrationen. Zu Neagles Clay-Portrait vgl. Robert W. Torchia, *John Neagle: Philadelphia Portrait Painter*, Ausstellungskatalog, Philadelphia (The Historical Society of Pennsylvania) 1989, S. 93 ff. Allgemein ergiebig zur visuellen Seite amerikanischer Wahlkämpfe sind zusätzlich zu Lorant und Meller: Noble E. Cunningham, *Popular Images of the Presidency from Washington to Lincoln*, Columbia, Mo. 1991; Roger A. Fischer, *Tippecanoe and Trinkets Too. The Material Culture of American Presidential Campaigns 1828–1984*, Urbana, Ill. 1988.

7 Vgl. hierzu Helmut und Alison Gernsheim, *The History of Photography from the Camera Obscura to the Beginning of the Modern Era*, New York 1969, S. 539 ff.; sowie: Ulrich Keller, Photojournalism around 1900. The Institutionalization of a Mass Medium, in: Kathleen Collins (Hrsg.), *Shadows and Substance. Essays in Honor of Heinz K. Henisch*, Bloomfield Hills, Mich. 1990, S. 283 ff. (mit Diskussion des sog. »halftone effect«).

8 Sammlungen von McKinley-Wahlkampfmaterialien teilweise fotografischer Prägung und ältere lithografische Beispiele finden sich in der Library of Congress und der Chicago Historical Society. Eine Autotypie, die McKinley 1898 im »War Room« beim Telegramm-Diktat zeigt, ist abgebildet in: Alexander K. McClure/Charles Morris, *The Authentic Life of William McKinley. Our Third Martyred President*, ohne Ort und Verlag, 1901, S. 225. Interessante Angaben zu McKinleys progressiver Pressepolitik allgemein (z. B. Ernennung des ersten Pressesekretärs, der tägliche Pressekonferenzen avant-la-lettre gibt) bei: John Tebbel/Sarah Miles Watts, *The Press and the Presidency. From George Washington to Ronald Reagan*, New York 1985, S. 300 f.

9 Zu der erst seit etwa 1900 in Frage gestellten Unziemlichkeit des Wahl-kampfeinsatzes von Präsidentschaftskandidaten gibt es eine faszinierende Studie: Jeffrey Tulis, *The Rhetorical Presidency*, Princeton, N.J. 1987; auch der größte Teil von Weisbords populärer, stark simplifizierter, doch lesenswerter Darstellung (Anm. 1) kreist um dieses Thema.

10 Zu Douglas' Wahlkampfkampagne von 1860 vgl. Robert W. Johann-sen, *Stephen A. Douglas*, New York 1973, S. 699ff., 775ff., sowie: Rita M. McKenna, *The First campaigner: Stephen A. Douglas*, New York 1964.

11 Abbildungen von Canton im Wahltaumel: Stanley L. Jones, *The Presiden-tial Election of 1896*, Madison, Wis. 1964, Abb. 3, 4; Margaret Leech, *In the Days of McKinley*, New York 1959, unpaginierte Bildsektion. Eine gute Beschreibung des von M. A. Hanna organisierten Wahlkampfs von 1896 in: Herbert Croly, *Marcus Alonzo Hanna. His Life and Work*, Hamden, Conn. 1965 (Erstdruck 1912), S. 164ff., insbesondere S. 209ff. Die Son-derzüge, die 507000 Menschen nach Canton brachten, erwähnt in: Keith Melder, Bryan the Campaigner, in: *United States National Museum Bulle-tin 241: Contributions from the Museum of History and Technology*, Wa-shington, D. C. 1965, S. 75.

12 Zu Bryans Wahlkampfstil vgl. George F. Whicher (Hrsg.), *William Jen-nings Bryan and the Campaign of 1896*, Boston 1953; Paolo E. Coletta, *Wil-liam Jennings Bryan*, Bd. 1, *Political Evangelist*, Lincoln, Nebr. 1964, S. 194ff.; und Melder (Anm. 11), S. 47ff. Ebda. S. 73 die Zahlen zu Bryans Reisen und Reden im Wahlkampf von 1896.

13 Theodore Roosevelt trug erheblich dazu bei, die Präsidentschaft vom unge-schriebenen Verbot politischer Rede zu befreien. Seine häufigen und elo-quenten öffentlichen Auftritte sind reich dokumentiert in der Bildbiogra-phie: Stefan Lorant, *The Life and Times of Theodore Roosevelt*, Garden City, New York 1959, u. a. S. 376ff., 423ff.

14 Vgl. den ersten Band der monumentalen Biographie: Arthur S. Link, *Wil-son: The Road to the White House*, Princeton, N.J. 1947, S. 312ff.; sowie Frank Parker Stockbridge, How Woodrow Wilson Won his Nomination, in: *Current History*, Bd. 20, Juli 1924, S. 561ff. (Stockbridge hatte die An-fangsphase von Wilsons Kampagne organisiert.)

15 Foto-Publicity: Stockbridge (Anm. 14), S. 568; *Harper's Weekly*, Bd. 56, 28. Sept. 1912, S. 10; 26. Okt. 1912, S. 7f.; 9. Nov. 1912, S. 2, 7f.; Bd. 57, März 1913, S. 9–13; 15. März 1913, S. 8f. Der lange Bericht vom 8. 3. zeigt Wilson beim Golfsspiel, auf einer Karibik-Kreuzfahrt, »admiring a baby«, etc.; auch Frau, Töchter und Villa in Princeton sind einbeschlossen.

16 Ralph D. Casey, Party Campaign Propaganda, in: *Annals of the American Academy of Political and Social Science*, Bd. 179, Mai 1935, S. 103.

17 *Hitler wie ihn keiner kennt. 100 Bilddokumente aus dem Leben des Führers*, Berlin (Zeitgeschichte-Verlag) 1932. Vgl. auch die späteren Bände *Jugend um Hitler* (1934), *Hitler in seinen Bergen* (1935), *Hitler abseits vom Alltag* (1937), usw. Rudolf Herz hat die Privatisierungstendenz in seinem Ausstel-lungskatalog *Hoffmann und Hitler. Fotografie als Medium des Führermy-thos*, München (Stadtmuseum) 1994, S. 242ff. thematisiert.

18 Zu FDRs Wahlkampfstil und Medienarbeit, vgl. Harold F. Gosnell, *Cham-

pion Campaigner. Franklin D. Roosevelt, New York 1952; Graham J. White, *FDR and the Press*, Chicago 1979; vor allem aber Betty H. Houchins vorzüglich recherchierte Studie *FDR and the News Media*, Urbana, Ill. 1990.

19 Vgl. die zwei Bildbeispiele von 1904 und 1916 bei Lorant (Anm. 6), S. 483, 539. Diese viel fotografierten »notification ceremonies« waren ihrerseits bereits eine Konzession an den Bildjournalismus. Im 19. Jahrhundert wurden Kandidaten z. B. zunächst in ihren Wohnzimmern, später im Freien vor dem Haus notifiziert, und ihre kurzen Antworten wurden reportiert, aber nicht abgebildet; doch die offizielle Annahme der Kandidatur erfolgte Tage später, in Form einer programmatischen *schriftlichen* Erklärung an die Öffentlichkeit. Vorgang und Gründe finden sich gut beschrieben in: H. J. Ramsdell, *Life and Public Services of Hon. James G. Blaine*, Cleveland 1884, S. 367 ff., 377 ff.

20 Casey (Anm. 16), S. 100 f.; Elisha Hanson, Official Propaganda and the New Deal, ebda., S. 176 ff.; Winfield (Anm. 18), S. 79 ff. FDRs geschickter Umgang mit der Presse erwarb ihm die Eloge »the greatest managing editor of all time«, vgl. Tebbel/Watts (Anm. 8), S. 438.

21 Zu Strykers FSA-Fotoprojekt vgl. u. a. Roy Stryker/Nancy Wood, *In This Proud Land. America 1935–1943 As Seen in the FSA Photographs*, Greenwich, Conn. 1973; Jack Hurley, *Portrait of a Decade; Roy Stryker and the Development of Documentary Photography in the Thirties*, Baton Rouge, La. 1972.

22 Winfield (Anm. 18), S. 111 ff.

23 Malcolm M. Willey, Communication Agencies and the Volume of Propaganda, in *Annals* (Anm. 16), S. 194. Harold D. Lasswells Schriften, die damals zu erscheinen begannen, lassen sich als eine Art Autobiographie dieser Disziplin lesen.

24 Arthur Krock, The Press and Government, in: *Annals* (Anm. 16), Juli 1935, S. 164 f.

25 Elisha Hanson (Anm. 20), S. 184. Ein 1942 erhobener Vorwurf von »dictatorship« im Medienbereich zitiert bei Winfield (Anm. 18), S. 93. Ähnliche Kritik zitiert bei: George Wolfskill/John A. Hudson, *All But the People. Franklin D. Roosevelt And His Critica 1933–39*, London 1969, S. 176 f.

26 Winfield (Anm. 18), S. 83, 118.

27 Ebda., S. 114 ff.

28 *Life*, Bd. 9, 29. Juli 1940, S. 15 ff. (Vgl. dagegen die viel positivere Reportage vom republikanischen Nominierungskongreß ebda., 8. Juli 1940, S. 61 ff.) Zum Problem der »unkonstitutionellen« Wiederwahl vgl. auch den Beitrag von Culbert im vorliegenden Band.

29 Martin (Anm. 1), S. 76.

30 Vgl. Stanley Kelley, *Professional Public Relations and Political Power*, Baltimore 1956, S. 14 ff., insbesondere S. 29.

31 Ein Public-Relations-Handbuch der 50er Jahre definierte klipp und klar: »Publicity is the technique of ›telling the story‹ of any organization, person, or cause.« (H. M. Baus, *Publicity in Action*, New York 1954, S. 2.) Eine Diskussion zum »Story«-Konzept in der Public-Relations-Fotografie der

30er und 40er Jahre und ihre Inspiration durch die ideologische Werbung der Industrie bei: Ulrich Keller, *Highway as Habitat. A Roy Stryker Documentation 1943–1955*, Ausstellungskat., Santa Barbara, Cal. 1986, S. 31 ff. und 46 ff.

32 Ein interessantes frühes Beispiel, mit Hoover als Star, erschien in *Vanity Fair*, Bd. 37, Oktober 1931, S. 44 f. (»A Day in the Life of ›Our Dear President‹«.) Das Roosevelt-Material bleibt, wie gesagt, noch zu sichten.

33 Vgl. Arthur M. Schlesinger, *The Imperial Presidency*, Boston 1973; Barry D. Karl, *Executive Reorganization and Reform in the New Deal: The Genesis of Administrative Management 1900–1939*, Cambridge, Mass. 1987; Paul Keith Conkin, *FDR And the Origins of the Welfare State*, New York 1967; Lowi (Anm. 2), S. 1 ff., 44 ff., 67 ff.

David Culbert
Franklin D. Roosevelt
Das Image des »demokratischen« Führers in Wochenschau und Radio

Franklin D. Roosevelt ist der einzige amerikanische Präsident, der für *vier* Amtsperioden gewählt wurde. Er regierte von 1933 bis 1945. Er hatte die beste Stimme von allen Politikern, die in den dreißiger Jahren in Amerika Reden gehalten haben; als einziger Präsident war er körperlich behindert und seine ganze Amtszeit an den Rollstuhl gefesselt.

Wie konnte ein Mann aus reichem Hause wie er politisch erfolgreich sein zu einer Zeit, als Millionen ohne Arbeit waren und nicht mehr daran glaubten, daß das Zwei-Parteien-System mit der Wirtschaftskrise fertigwerden könnte?

Das Image von »FDR« ist vielen Amerikanern sehr vertraut: Eine ganze Generation erinnert sich ganz genau an den 12. April 1945, als Roosevelt starb. Diese Generation hat ihn noch deutlich vor Augen: mit mächtigen Backenknochen, den altmodischen Kneifer auf der Nase, die Zigarettenspitze selbstbewußt nach oben gerichtet und das berühmte Lächeln auf den Lippen. Diese Generation hat auch Roosevelts aristokratische Stimme noch deutlich im Ohr.

Roosevelt hatte das Image des Privilegierten: Er maskierte damit eine Behinderung, für die es keine Hoffnung auf Heilung mehr gab. Und er hatte das Image der Zugänglichkeit: Für die Medien gab er bis 1939 zweimal pro Woche eine Pressekonferenz, und in sogenannten »fireside chats«, seinen »Kaminplaudereien«, wandte sich der Präsident direkt an alle Amerikaner – mit bemerkenswertem Erfolg. Roosevelt benutzte dieses psychologische Instrument zum ersten Mal im März 1933, um die Schließung der Banken zu rechtfertigen.

Für die Kameramänner der Wochenschauen und für die Pressefotografen war Roosevelt die personifizierte Medienfreundlichkeit – jedoch mit einer elementaren Auflage: Die Lähmung des Präsidenten durfte in den Filmen und auf den

Abb. 1: Hollywood Bowl, Los Angeles, Präsidentschaftswahlkampf 1932: Ein Begleiter Roosevelts hat dessen Knie mit Metallringen fixiert und schickt sich an, Roosevelt über das Trittbrett zu heben. Ohne fremde Hilfe konnte Roosevelt aus keinem Auto steigen. Die durch seine Polio verursachte Beeinträchtigung wurde selten fotografiert.

Fotos nicht sichtbar sein. Erlaubt waren nur Aufnahmen von den Hüften aufwärts. Im Interesse des »fair play« hielten sich die Bildjournalisten an diese Regel.

Rückblickend rechtfertigt dieses »fair play« die Einschränkung der Meinungsfreiheit.[1] Die sogenannte freie Presse gelobte, niemals die Wahrheit über Roosevelts Kinderlähmung zu enthüllen: daß er überhaupt nur stehen konnte, wenn seine Knie mit Metallringen fixiert waren; daß er nur ein paar Schritte gehen konnte, wenn er sich schwer auf einen seiner Söhne stützte; daß er überallhin getragen werden mußte – von der Haustür zum Auto, zum Zug, zum Schiff, immer mußte er getragen werden, immer war er im Rollstuhl (Abb. 1–2). Zumindest was sein visuelles Image und dessen Schutz angeht, erscheint Roosevelt nicht unbedingt als ein besonders demo-

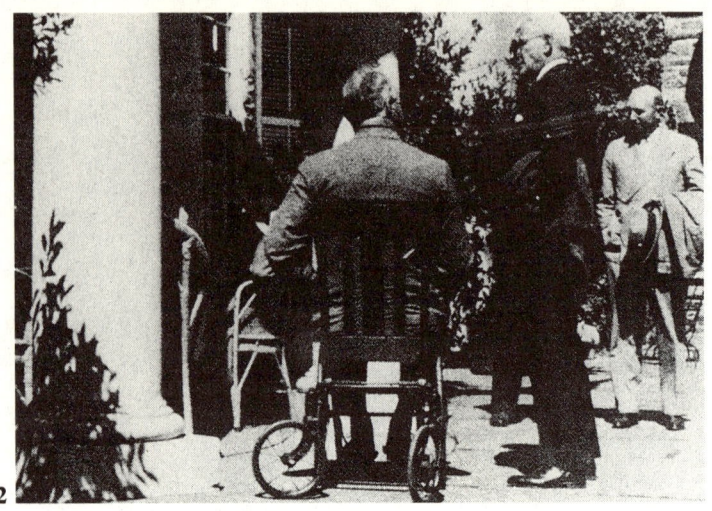

2

Abb. 2: Privater Schnappschuß vor Roosevelts Haus, Hyde Park, New York, dreißiger Jahre. Die offiziell tabuisierte und niemals fotografierte Wirklichkeit – Roosevelt war an den Rollstuhl gefesselt. Er hatte dafür eine Konstruktion mit einem abgesägten Küchenstuhl ersonnen.

kratischer Führer. Zudem ging es nicht nur darum, bestimmte Aufnahmen zu verhindern. Roosevelts Amtszeit war ebenso vom Umgang mit den Medien geprägt, wie das heute der Fall ist: Pausenlos wurde am Image des Präsidenten gearbeitet – und die Medien leisteten dazu bereitwillig ihren Beitrag. Viele Journalisten sprachen mit voller Überzeugung von einer funktionierenden freien Presse, und viele schienen zu glauben, daß ihnen Roosevelt auf seinen Pressekonferenzen (Abb. 3) tatsächlich offenbarte, wie er die politische Führung des Landes betrieb. Das Ergebnis liegt auf der Hand: Die Presse wähnte sich frei, war aber in Wirklichkeit eine vom Weißen Haus kontrollierte Presse. Aus heutiger Sicht ist es fast bewundernswert, wie geschickt der Öffentlichkeit damals eine demokratische Führung durch den Präsidenten mit voller Meinungsfreiheit und Pressefreiheit vorgegaukelt wurde, während man gleich-

Abb. 3: Als Gouverneur des Staates New York (1928–1932) übte sich Roosevelt im Umgang mit den Medien. Hier posiert er für zwei Wochenschaukameras – schon 1932 vor einem komfortablen Kamin.

zeitig informelle Strukturen einführte, um die durch die Bill of Rights garantierte Meinungs- und Pressefreiheit zu beschränken.

Franklin D. Roosevelt wurde 1882 geboren, in Hyde Park, einem Villen-Vorort von New York. Er war das einzige Kind der zweiten Frau seines wohlhabenden Vaters. Die Mutter hat ihn verhätschelt, um dann den größten Teil ihres Lebens im Glorienschein ihres tüchtigen Sohns zu verbringen. Franklin war von großer und athletischer Statur; im Internat für die Söhne aus reichen Familien war er ein unauffälliger Schüler; in Harvard waren seine Leistungen bestenfalls Durchschnitt; seine große Leidenschaft war *Harvard Crimson*, die College-Zeitung, die er selbst herausgegeben hat. Für den Rest seines Lebens hat sich Roosevelt deshalb selbst für einen professionellen Journalisten gehalten. An Minderwertigkeitskomplexen hat er damals jedenfalls nicht gelitten.

169

Abb. 4: Titel der Universal-*Wochenschau zu Roosevelts Amtseinführung, März 1933.*

In der Sommerfrische der Familie, an der Küste von Neufundland in Kanada, infizierte sich Roosevelt 1921 beim Schwimmen mit Polio. Die nächsten Jahre versuchte er vergeblich, die Funktionen seiner Beine wiederzugewinnen. 1928 wurde er zum Gouverneur des Staats New York gewählt.[2] 1932 wurde er zum Präsidenten gewählt – in einer Wahl, bei der jeder Kandidat der Demokraten sichere Chancen hatte, denn Präsident Herbert Hoover von den Republikanern wurde für die schlimmste Wirtschaftskrise in der Geschichte der Vereinigten Staaten verantwortlich gemacht.

Ein entscheidendes Medien-Ereignis für das Profil von Roosevelts Präsidenten-Image ist die Ansprache zu seiner Amtseinführung am 4. März 1933. Das Medien-Image von Roosevelt ist bereits in den ersten hundert Tagen seiner Amtszeit fixiert worden, und zwar so wirkungsvoll, daß es nicht mehr geändert wurde – nicht einmal später im Krieg: Noch im Jahr 1944 ge-

5

Abb. 5: Washington, 4. März 1933: Übergabe eines Filmbehälters mit den Aufnahmen von Roosevelts Antrittsrede an den Piloten des »schnellsten Flugzeugs der Welt« als Luftexpreß für die Universal-Filmlabors in New York City.

nügte Roosevelt die Erinnerung daran, daß er immer noch genauso gut war wie im März 1933. Sein damals kreiertes Medien-Image war von einer erstaunlichen Langlebigkeit.

1933 waren Tonwochenschauen bereits sechs Jahre lang fester Bestandteil der amerikanischen Kinoprogramme. Von den fünf großen Wochenschauen arbeitete Universal mit dem geringsten Budget. *The-Five-Cent-Weekly* hieß die Universal-Wochenschau deshalb in Branchenkreisen. Von der Universal-Ausgabe zu Roosevelts Antrittsrede können wir viel erfahren über sein Medien-Image, seinen Sprech-Stil und auch über die »zauberhafte« Welt damaliger Nachrichtentechnologie.[3] Diese Wochenschau führt außerdem einen glühenden Nationalismus vor, der extremer ist als alles, was man von einer deutschen Wochenschau aus dem Jahr 1933 erwarten würde. Im Ver-

171

Abb. 6: Capitol, Washington, 4. März 1933: Roosevelt schwört den Amtseid, den der Oberste Richter Charles Evans Hughes abnimmt.

gleich zu den Zensurmaßnahmen der Nationalsozialisten, die auf einschneidenden Verboten beruhten, erwies sich die *Co-optation* der Presse, das heißt die Einladung zur freiwilligen Mitarbeit, als enorm effektiv.[4]

Aber zurück zur Amtseinführung des Präsidenten, wie sie in der Universal-Ausgabe gezeigt wird (Abb. 4–7): Roosevelt fährt in einer offenen Limousine zum Kapitol; neben ihm sitzt der scheidende Präsident Hoover. Vor dem Kapitol nimmt der Oberste Richter, Charles Evans Hughes, den Amtseid ab, den Roosevelt auf seine Familienbibel schwört. Es folgen einige Ausschnitte aus der Antrittsrede – der Standort der Wochenschaukameras ist dabei so weit entfernt, daß Roosevelt nur in der Totalen aufgenommen wird. Er sagt:

This is a day of national consecration, and I am certain that my fellow Americans expect that on my induction into the

7

Abb. 7: »More Power To You, President Roosevelt«: Schlußeinstellung der Universal-*Wochenschau zu Roosevelts Amtseinführung.*

Presidency I will address them with a candor and a decision which the present situation of our people impels. ... I am prepared under my constitutional duty to recommend the measures that a stricken Nation in the midst of a stricken world may require. These measures, or such other measures as the Congress may build out of its experience and wisdom, I shall seek, within my constitutional authority, to bring to speedy adoption.

But in the event that the Congress shall fail to take one of these two courses, and in the event that the national emergency is still critical, I shall not evade the clear course of duty that will then confront me. I shall ask the Congress for the one remaining instrument to meet the crisis – broad Executive power to wage a war against the emergency, as great as the power that would be given to me if we were in fact invaded by a foreign foe. ... This Nation asks for action, and

173

action now. … In this dedication of a Nation we humbly ask the blessing of God. May He protect each and every one of us. May He guide me in the days to come.

Diese Ausschnitte aus Roosevelts Antrittsrede in der Universal-Wochenschau lassen ausgerechnet jenen Satz aus, den Roosevelt zu Beginn sagt und der die Rede berühmt gemacht hat:

So first of all, let me assert my firm belief, that the only thing we have to fear is fear itself.[5]

Dieser Satz hat nicht sogleich die Aufmerksamkeit der Public-Relation-Experten erregt. Weder die Zeitungsreporter noch die Kameramänner der Wochenschauen haben an diesem Tag begriffen, daß dieser Satz die Quintessenz der ganzen Rede war. Tonfilmaufnahmen vom Anfang der Rede sucht man deshalb vergebens. Erst einige Wochen später wird diesem Satz in der Öffentlichkeit Bedeutung beigemessen.[6] Seinem langjährigen Redenschreiber Samuel I. Rosenman zufolge hat Roosevelt die Antrittsrede selbst verfaßt und den berühmten Anfangssatz noch eingefügt, als er bereits auf dem Weg nach Washington war. Möglicherweise wurde Roosevelt dazu von einem ähnlich lautenden Satz in einem Buch mit Essays des Schriftstellers und Bürgerrechtsaktivisten Henry David Thoreau angeregt, das er kurz vor seiner Amtseinführung erhielt.[7]

Roosevelt denkt in seiner Antrittsrede laut über diktatorische Machtbefugnisse nach, indem er sagt, daß er im Falle des Scheiterns die Erweiterung seiner Vollmachten – »broad Executive Power« – beanspruchen wird. Allerdings sagt er auch, daß er die Zustimmung des Kongresses einer Machtergreifung vorzieht: Hier fällt auf, daß sich die politischen Mechanismen im Umgang mit der Wirtschaftskrise doch sehr deutlich von den deutschen Verhältnissen unterscheiden.

Nach den Redeausschnitten zeigt die Universal das bei der Amtseinführung eines amerikanischen Präsidenten übliche Ritual: Matrosen mit ihren weißen Mützen marschieren die Pennsylvania Avenue hinunter. Wir sehen eine Militärkapelle und

von Pferden gezogene Kanonen – wir sind immer noch im Zeit-
alter der Kavallerie. Auf Wolldecken sitzen Zuschauer auf der
Straße und beobachten die unvermeidliche High-School-Ka-
pelle, die ein charakteristisches Element des amerikanischen
Rituals ist: Mit ihren Karnevals-Uniformen und den Schwierigkeiten beim Zusammenspiel der Instrumente gibt sie den
höchsten Feierlichkeiten einen amateurhaften Touch.

Der Schluß der Wochenschau ist geradezu verwirrend über-
deutlich: Auf das lächelnde Gesicht von Roosevelt – in extremer Nahaufnahme – sagt der Sprecher:

More power to you President Roosevelt. The entire country's behind you, filled with hope and patriotism.

Hätte ein Goebbels mehr verlangen können? Kann es sein, daß
dieser vorauseilende Gehorsam sogar aufrichtig gemeint war?
Und gesetzt den Fall, er war es: Was hätte Roosevelt hinsicht-
lich einer Kontrolle der unabhängigen Massenmedien noch
mehr erwarten können?

Das Radio war *das* Massenmedium in Amerika, schon in den
frühen dreißiger Jahren – anders als in Deutschland, wo es als
Medium der NS-Propaganda erst *nach* 1933 Bedeutung erlangte. Private Rundfunk-Ketten hatten, den »goldenen Regeln« des Marketing folgend, über der gesamten amerikanischen Nation ihre Kommunikationsnetze ausgelegt. Präsident
Roosevelt konnte über fast unbegrenzte Sendezeit verfügen,
und seine herrliche Stimme brachte die politischen Gegner
schier zum Verzweifeln. Roosevelt verfolgte die Idee einer informellen, mehr volkstümlichen Form der Rundfunk-Anspra-
che. Sie ist als »fire side chat«, als Kaminplauderei, in die Geschichte eingegangen.[8]

In seiner ersten Sendung am 12. März 1933 kündigte Roosevelt drastische Maßnahmen an, für die er ein Marketing nach
Art der in Amerika beliebten Werbesprüche betrieb. Roosevelt verfügte Bank-Ferien, ein »bank holiday«, und weckte damit Assoziationen, die erfreulich klingen. Der bitteren Wirk-

lichkeit der damaligen Finanzkrise wurde das Wort »holiday« aber wohl kaum gerecht: Tatsächlich schloß Roosevelt diktatorisch sämtliche Banken in den Vereinigten Staaten. So wurden die panischen Rückforderungen von Spareinlagen unterbunden, und es konnten auch keine Kredite mehr aufgenommen werden, egal zu welchem Zweck.

Nehmen wir als Beispiel aus dem ersten »fire side chat« einen kurzen Wochenschau-Ausschnitt, der typische Hollywood-Konventionen für die Anfangs-Einstellungen benutzt: Eine Hand dreht am Knopf für die Senderwahl, eine »typische« Familie gespannter Zuhörer, im Alter zwischen sechs und sechzig, und dann einige Sätze von Roosevelt, die aus der Radio-Ansprache ausgewählt wurden. Er hat sie für die Wochenschau-Aufnahmen noch einmal separat gesprochen:

I want to tell you what has been done in the last few days, why it was done, and what the next steps are going to be. ... This bank holiday, while resulting in many cases in great inconvenience, is affording us the opportunity to supply the currency necessary to meet the situation. ... Let me make it clear that the banks will take care of all needs – and it is my belief that hoarding during the past week has become an exceedingly unfashionable pastime. It needs no prophet to tell you that when the people find that they can get their money – that they can get it when they want it for all legitimate purposes – the phantom of fear will soon be laid. ... I can assure you that it is safer to keep your money in a reopened bank than under the mattress.[9]

Für heutige Hörgewohnheiten klingt die Tonlage von Roosevelts Ansprache sehr förmlich, ja sogar gestelzt. Es fällt schwer, Ausschnitte aus der Ansprache anzuschauen und an ein gemütliches Kaminfeuer zu denken, während wir den Präsidenten hören, wie er im korrekten Anzug vor uns sitzt und Redewendungen aus der Amts-Sprache gebraucht. Doch gibt es auch ein bißchen Humor: Die Matratze als Geld-Safe des ländlichen Amerika spielt auf volkstümliche Mythologien an, um alle

Amerikaner dafür zu gewinnen, eine bittere Finanz-Pille zu schlucken.

Betty Houchin Winfield hat kürzlich eine sorgfältige Analyse der »fire side chats« veröffentlicht, die uns verstehen hilft, warum Roosevelt ein derart effektvoller Radio-Kommunikator gewesen ist. Ein »fire side chat« dauerte weniger als 30 Minuten, kam zu 75 Prozent mit dem Wortschatz der 1000 gebräuchlichsten englischen Basiswörter aus und wurde vor Sendung mehrere Male sorgfältig geprobt. Die Sendezeit wurde üblicherweise auf Sonntag 10 Uhr abends gelegt, was Spitzenwerte für die Einschaltquoten an der Ostküste verhieß. Roosevelt sprach langsam, etwa 100 Worte in der Minute. »Fire side chats« begannen mit der vertraulichen Anrede »My Friends« und endeten mit dem Abspielen der Nationalhymne. Winfield liefert uns zusätzliche Details:

Auf dem endgültigen Redemanuskript markierte Roosevelt Abschnitte von etwa fünf Minuten Länge. So konnte er sein Sprechtempo ohne Schwierigkeiten etwaigen Änderungen anpassen, die durch Beifall oder seine eigenen spontanen Eingebungen notwendig wurden. Der Abwechslung zuliebe unterteilte er ganze Sätze oft in kurze Wendungen von fünf oder sechs Wörtern, um dann zwischendurch einen langen Teilsatz einzuschieben oder mehrere ganze Sätze, die er ohne Pause sprach. Er stellte sicher, daß er auf wichtige Passagen eine gleichermaßen starke Betonung legte und dabei Kunstpausen zwischen den Wörtern und Sätzen machte. ... Beim Sprechen achtete er besonders auf den Winkel zum Mikrophon und auf die Lautstärke. Nur wenigen Zuhörern war bekannt, daß sich der Präsident vor Radioansprachen einen künstlichen Zahn einsetzte. Wegen einer Lücke zwischen seinen unteren Schneidezähnen hätte er sonst bei gewissen Wörtern gelispelt, was im Radio ein klar erkennbares Nebengeräusch ergeben hätte.[10]

Samuel Rosenman behauptet, daß die »fire side chats« das enge Verhältnis zwischen dem Volk und dem Präsidenten etabliert und zementiert hätten. Das ist schwer zu beweisen. Wir wissen, daß diese Ansprachen eine enorme Reichweite gehabt haben, nämlich immerhin 60 bis 70 Millionen – bei einer Gesamtbevölkerung von gut 130 Millionen. Und das Versprechen einer informellen, fast freundschaftlichen Kommunikation vom Präsidenten zum Bürger war essentiell, um die Amerikaner davon zu überzeugen, daß sich ihr Präsident um sie kümmerte und ihnen die Wahrheit sagte.

Rückblickend ist jedoch äußerste Skepsis angebracht, was die Realität hinter dieser Medien-Fassade betrifft: Mit den »fire side chats« schuf sich Roosevelt das Medien-Image direkter persönlicher Kommunikation – weit davon entfernt, dieses Versprechen wirklich zu erfüllen. Er war sehr darauf bedacht, diese Kommunikationsform nicht abzunutzen: Die Gesamtzahl der »fire side chats« in 14 Regierungsjahren beträgt gerade 31 (die Zahlenangaben schwanken etwas), davon wurden nur vier im ersten entscheidenden Jahr seiner Amtszeit gesendet. Der Ausdruck »fire side chat« war übrigens nicht Roosevelts Idee, sondern stammt von einem CBS-Redakteur, der den Ausdruck für die zweite Sendung im Mai 1933 benutzte.

Zum ungewöhnlichen Charakter von Roosevelts Präsidenten-Image gehört auch der gelegentliche Einsatz von Humor, Ironie und Sarkasmus – rhetorische Mittel, die nur wenige politische Führer einsetzen, wenn sie sich an die Nation wenden – aus Angst, es könnte sich jemand beleidigt fühlen, oder weil die Führer keinen Sinn für Humor haben, oder weil sie es für unangebracht halten, bei einem Appell an die Nation einen Ton anzuschlagen, der eher für ironische Wortspiele unter Gleichgesinnten geeignet scheint.

1940 brach Roosevelt mit einer Tradition, die auf die Gründung der Republik zurückging, nämlich der Entscheidung von George Washington, sich für eine dritte Amtsperiode nicht zur Verfügung zu stellen. Dieses ungeschriebene Gesetz galt als unantastbar, und kein anderer amerikanischer Präsident war mehr als zwei Perioden im Amt. Aber 1940 machte Roosevelt den Versuch und wurde von der Demokratischen Partei für eine dritte Amtszeit nominiert – obwohl der designierte Vizepräsident von seiner Nominierung zurücktrat mit der Begründung, daß sich Roosevelt zum Diktator aufschwingen wolle. Roosevelt rechtfertigte seine Entscheidung mit dem Krieg in Europa, und ein paar Wochen vor der Wahl verschärfte er den Wahlkampf gegen seinen republikanischen Herausforderer Wendell Wilkie.

Am 23. Oktober fuhr Roosevelt mit dem Zug nach Philadelphia, um im Stadion der Stadt vor einem Riesenpublikum von Anhängern eine Wahlrede zu halten. Die Rede wurde von den Radio-Ketten im gesamten Land übertragen. Zum größten Teil war es eine politische Standard-Rede, aber zwischendurch benutzte Roosevelt Ironie, Sarkasmus und Humor, um seine Zuhörer zu unterhalten. Roosevelt behauptete, daß er kein Geheim-Abkommen mit Winston Churchill habe (womit er die aktuellen Implikationen des Air-Base-Abkommens vom 3. September bewußt überging), und er versprach, daß er im Fall seiner Wahl nicht in einen ausländischen Krieg eintreten würde, »außer im Fall eines Angriffs«.

Dann kam der Teil seiner Rede, den wir hier wiedergeben:

The American people have not forgotten the condition of the United States in 1932. We all remember the failures of the banks, the bread lines of starving men and women, the youth of the country riding around in freight cars, the farm foreclosures, the home foreclosures, the bankruptcy and the panic. At the very hour of complete collapse, the American people called for new leadership. That leadership, this Administration and a Democratic Congress supplied. Government, no longer callous to suffering, moved swiftly to end distress, to halt depression, to secure more social and economic justice for all. The very same men who must bear that responsibility for the inaction of those days are the ones who now dare falsely to state that we are all still in the depth of the depression into which they plunged us; that we have prevented the country from recovering, and that it is headed for the chaos of bankruptcy. They have even gone to the extent of stating that this Administration has not made one man a job.

I say that those statements are false. I say that the figures of employment, of production, of earnings, of general business activity – all prove that they are false. The tears, the crocodile tears, for the laboring man und laboring woman now being shed in this campaign come from those same Republican leaders who had their chance to prove their love for labor in 1932 – and missed it. Back in 1932, those leaders were willing to let the workers starve if they could not get a job. Back in 1932, they were not willing to guarantee collective bargaining. Back in 1932, they met the demands of unemployed veterans with troops and tanks. Back in 1932, they raised their hands in horror at the thought of fixing a minimum wage or maximum hours for labor; they never gave one thought to such things as pensions for old age or insurance for the unemployed. In 1940, eight years later, what a different tune is played by them? It is a tune played against a sounding board of election day. It is a tune with overtones which whisper: »Votes, votes, votes.«

Roosevelt tat sein Bestes, um eine Karikatur der Republikaner zu zeichnen, eine Strohpuppe, die er anschließend nach allen Regeln der Kunst auseinandernahm – zum Vergnügen eines ganzen Fußballstadions, das mit seinen Anhängern gefüllt war.

Im Rückblick fällt bei dieser politischen Standardrede etwas auf, was einer näheren Betrachtung wert ist – nämlich der ideologische Konflikt zwischen denen, die den »New Deal« unterstützten, und denen, die dieses Programm der sozialen Veränderung nicht unterstützten. 1940 waren Altersversicherung, Arbeitslosenversicherung und das Streikrecht der Gewerkschaften so populär, daß sich auch Republikaner diese Errungenschaften zueigen machten, die sie ein paar Jahre vorher als Propaganda der Demokraten geschmäht hatten. Soviel zur Erklärung, warum Roosevelt darauf aus war, seine Zuhörer an die »good old days« zu erinnern, die Zeit unter Präsident Hoover, um zu suggerieren, daß ein Sieg der Republikaner nichts anderes als die große Wirtschaftskrise zurückbringen würde.

Roosevelts Rede erinnert daran, daß im Sommer 1932 eine Armee von arbeitslosen Weltkriegsveteranen nach Washington zog, um vom Kongreß vorgezogene Rentenzahlungen zu verlangen. Hoover ließ die Protestmarschierer aus der Hauptstadt vertreiben. General MacArthur führte den Auftrag aus – mit Militär und Panzern. Nichts hätte die Amerikaner besser davon überzeugen können, daß Hoover unfähig zur Beendigung der Wirtschaftskrise war und daß ihm jegliches Gefühl für die Arbeitslosen fehlte. Roosevelt sprach von republikanischen Krokodilstränen und davon, daß die Republikaner die Wähler für dumm verkaufen wollten. Das Publikum goutierte Roosevelts Ironie mit lautem Gelächter.

Zum Schluß noch ein kurzer Ausschnitt aus einer Wahlkampfrede von 1944 – deshalb, weil hier auf außergewöhnliche Weise Gebrauch von Humor und Sarkasmus gemacht wird: Eines der Propagandaelemente von Roosevelts Image war sein Scotch-Terrier Fala. Zum Beispiel nahm er ihn am 6. Juni 1944 mit zu der Pressekonferenz, auf der er die erfolgreiche Landung in der Normandie verkündete.[11] Wenn Fala auch nicht in jeder politischen Rede vorkam, so war er den Amerikanern doch wohlbekannt, zumal denen, die Roosevelt in ihr Herz geschlossen hatten. Es ist zu vermuten, daß Fala auch dafür herhalten mußte, um der Öffentlichkeit ein glückliches Familienleben im Weißen Haus vorzugaukeln.

1944 wurde die Wahrheit über Roosevelts Gesundheitszustand vor dem amerikanischen Volk geheimgehalten. Er hatte keine Chance, vier weitere Jahre als Präsident lebend zu überstehen. Es war bereits schwierig, ihn im Rollstuhl zu der Wahlrede zu bringen, die er am 23. September vor der Gewerkschaft der Teamsters hielt, nur wenige Häuserblocks vom Weißen Haus entfernt. Zu Beginn der Rede hat man den Eindruck, als hätte Roosevelt nicht mehr die Energie, sie auch zu Ende zu führen. Aber Fala ergriff die Herzen der Zuhörer, Fala brachte ein lebendiges Moment in die Rede – mit seinem echt schottischen Zorn über die republikanischen Anschuldigungen, Roosevelt habe Steuergelder verschleudert:

These Republican leaders have not been content with attacks on me, or my wife, or on my sons. No, not content with that, they now include my little dog, Fala. Well, of course, I don't resent attacks, and my family doesn't resent attacks, but Fala *does* resent them. You know, Fala is Scotch, and being a Scottie, as soon as he learned that the Republican fiction writers in Congress and out had concocted a story that I had left him behind on the Aleutian Islands and had sent a destroyer back to find him – at a cost to the taxpayers of two or three, or eight or twenty million dollars – his Scotch soul was furious. He has not been the same dog since. I am accustomed to hearing malicious falsehoods about myself – such as that old, worm-eaten chestnut that I have represented myself as indispensable. But I think I have a right to resent, to object to these libelous statements about my dog.

Es ist schlicht undenkbar, daß Hitler die Gefühle seiner Schäferhunde zum besten gibt, um Unterstützung vom deutschen Volk zu erlangen. Es wäre wohl auch heute noch schlecht möglich, daß ein deutscher Politiker seinen Hund dafür einsetzt, die Gunst der Wähler zu gewinnen. Manchmal wünscht man sich, das würde ein bißchen auch für Amerika zutreffen, wo viele Wähler einem Politiker alles vergeben, wenn er nur Hunde liebt. Unter den politischen Führern der dreißiger Jahre jedenfalls ist Roosevelt wohl der einzige, der über Humor und Sarkasmus verfügt.

Wie bereits erwähnt, war Roosevelts Image schon nach den ersten hundert Tagen seiner Amtszeit ein für allemal festgelegt. Dazu hat auch der Hollywood-Spielfilm sein Teil beigetragen. Einer der bemerkenswertesten Filme ist *Gabriel Over The White House*, produziert von Pressezar William Randolph Hearst (der Orson Welles zur Figur des *Citizen Kane* inspirieren sollte) in der Absicht, eine Diktatur in Amerika zu rechtfertigen und Roosevelt zu belehren, daß die Lösung der innenpolitischen Probleme in der Abschaffung der demokratischen Institutionen bestehe. Hearst nahm einen gerade erschienenen englischen Roman zur Vorlage, der nach einer Präsidialdiktatur rief. Filmstar Walter Huston spielte die Rolle des Jud Hammond, eines Nichtsnutzes von Präsidenten, der als leidenschaftlicher Autoraser Amerikas Straßen unsicher macht. Nach dem unvermeidlichen Unfall liegt Hammond im Koma: Seines Bewußtseins bemächtigt sich der Erzengel Gabriel, dessen Präsenz visuell durch einen wehenden Vorhang und musikalisch durch das sehnsuchtsvolle Hornsolo aus der Ersten Symphonie von Brahms angezeigt wird. Der von Gabriel wiederbelebte Präsident macht der Wirtschaftskrise und den Gangstern ein Ende und bringt der schmachtenden Welt endlich Frieden – indem er den Kongreß auflöst und anstelle von Gerichtsverfahren das Gangsterunwesen gleich mit der Kugel erledigen läßt. Nach getanem Werk verläßt ihn der Geist des Engels, und er stirbt. Drei Wochen vor dem Ermächtigungsgesetz wird *Gabriel Over The White House* in der deutschen Filmpresse für seine politische Botschaft und den künstlerischen Erfolg in den höchsten Tönen gelobt: »Und das Publikum des Filmtheaters scheint ganz auf seiten von Hearst zu sein. ... Der Film ist fraglos eine der besten Leistungen von Hollywood in diesem Jahre.«[12]

Was überhaupt Spielfilme betrifft, so gab es eine Order, daß Roosevelts Gesichtszüge in Hollywood-Filmen nur mit Zustimmung des Weißen Hauses vorkommen durften. Eine solche Zustimmung wurde nie gegeben, weil man glaubte, daß ein ähnlich wie Roosevelt aussehender Schauspieler dem Image des Präsidenten schaden würde. Die Verwendung der Stimme aber wurde erlaubt – und so kam es, daß ein gewisser Captain Young sein Geld damit verdiente, für Hollywood die Stimme Roosevelts zu imitieren.

Ein gutes Beispiel ist der berüchtigte Propagandafilm *Mission to Moscow* (1943) nach dem gleichnamigen Buch des amerikanischen Botschafters in Moskau, Joseph Davies. Roosevelt wird als weitsichtiger Staatsmann geschildert: Er sieht Hitlers Plan zur Eroberung Europas vorher, und er ist der einzige, der aufrichtig die Idee der kollektiven Sicherheit von Präsident Wilson weiterverfolgt.

Kein Spielfilm der Ufa hat Hitler oder eine ihm vergleichbare Figur so gottähnlich dargestellt, wie es *Mission to Moscow* mit Roosevelts politischer Weisheit macht. Der Film hat zwar das Kinopublikum nicht überzeugt, aber er stellt die angebliche Unabhängigkeit der Hollywood-Studios in einer demokratischen Gesellschaft in Frage. Bei dem Versuch, einen unfehlbaren, gottähnlichen Roosevelt darzustellen, erweist sich Hollywood nämlich apologetischer als Deutschland, wo – möchte man meinen – die Verbreitung des Führer-Mythos eine tagtägliche Aufgabe der Medien gewesen ist. Goebbels war sehr an *Mission to Moscow* interessiert: Seinem Tagebuch zufolge glaubte er, daß Roosevelt persönlich diesen Film angeordnet habe, wofür es jedoch keinerlei Beweise gibt. Und selbstverständlich mußte auch der eingebildete Hauptfeind von Deutschlands Weltmachtstreben mit von der Partie sein: »Der Film ist ein Judenmachwerk und stellt die Sowjetfreundschaft so penetrant unter Beweis, daß selbst die amerikanische Öffentlichkeit dagegen Protest erhebt.«[13]

Statt einer Zusammenfassung sei hier abschließend Henry Steele Commager zitiert, der 1960 eine Schallplattensammlung mit Ausschnitten aus Roosevelt-Reden herausgegeben hat. Commager schreibt in seiner Einleitung zu dieser Schallplatten-Edition:

Welches Geheimnis steckt hinter dem Einfluß, den Franklin D. Roosevelt auf das Fühlen, das Denken und die Phantasie des amerikanischen Volkes genommen hat? ... Roosevelt hatte eine glückliche Veranlagung, und besonders glücklich war seine Stimme geraten. ... Da war, ohne jeden falschen Ton, die aufrichtige und intime Anrede »My Friends«, da war das widerhallende Vertrauen, die einfache Klarheit seiner sonoren Stimme. Roosevelt machte keinerlei Konzessionen, um populär zu erscheinen; er hatte es nicht nötig. Sein Stil war der Stil schlichter Größe. Hier ist der Mann, der zu seinen Lebzeiten geliebt wurde wie kein anderer amerikanischer Präsident; hier ist die Gestalt mit dem weitesten Herzen, das unsere Generation jemals gekannt hat.[14]

Lassen wir einmal die Vermutung beiseite, daß Souvenir-Schallplatten aus trivialen kommerziellen Gründen in solch eine überschäumende Lobpreisung verpackt werden: Hören wir hier nicht auch den Enthusiasmus eines überzeugten *New Dealer* heraus, der von Roosevelts Image aufrichtig eingenommen war?

Aus heutiger Sicht müssen wir dieses Image de-konstruieren, um es zu verstehen. Denn: Roosevelts Lächeln; sein Optimismus, den er in der Öffentlichkeit ausstrahlte; seine sonore Stimme; seine einnehmenden Redewendungen – all das war in Wirklichkeit nur ein *Image* von Offenheit, das nicht in Einklang zu bringen ist mit dem Verbot, Fotos vom Präsidenten zu machen, auf denen seine gelähmten Beine zu sehen sind.

Der technologische Fortschritt bei der Bildübertragung zog strenge Auflagen für die Fotografen mit sich. Ende 1934 wurde der Associated Press Wirephoto Service eingeführt: Die an AP angeschlossenen Zeitungen konnten nun Fotos aus dem ganzen Land empfangen und sofort veröffentlichen. Unverzüglich verschärfte Steve Early, der Presseverantwortliche im Weißen Haus, seine Kontrolle über den Zugang von Fotografen zum Präsidenten: Um zu gewährleisten, daß Fotos nichts anderes illustrieren konnten als die von ihm gewünschte Story, waren die Auslöser der Kameras jetzt ausschließlich in dem Augenblick zu betätigen, in dem er das Kommando dazu gab. Die Leibwächter des Armed Secret Service bekamen jetzt eine zusätzliche Aufgabe: Abgesehen vom Schutz des Präsidenten hatten sie den Zugang der Fotografen zu kontrollieren. Betty Winfield beschreibt einen kennzeichnenden Vorfall:

Als Roosevelt 1936 auf dem Nationalkonvent der Demokraten in Philadelphia auf den Stufen zum Podium der Länge nach hinfiel, wurde davon kein einziges Bild – weder Foto noch Karikatur – veröffentlicht. Es gab überhaupt keine öffentliche Erwähnung des Unfalls, obwohl eine Menge Leute davon wußte und der Präsident von vielen Fotografen umringt war.[15]

Was ist das für eine Demokratie, die ihren Wählern verschweigt, daß der zur Wiederwahl stehende Präsident nicht mehr hoffen kann, das Ende der Amtszeit zu erleben? Was ist das für eine Demokratie, die verbietet, daß das Gesicht des Präsidenten in einem Hollywood-Film vorkommt?

Roosevelt hatte das Image, zugänglich und zuverlässig zu sein. Dieses Image verdeckte eine düstere anti-demokratische Wirklichkeit: nämlich eine sanfte und eine weniger sanfte Kontrolle des Zugangs der Medien zum Präsidenten. Öffentlich wurden Redefreiheit und schrankenlose Pressekonferenzen reklamiert, aber in Wirklichkeit wurde Nachrichten-Management betrieben. Und in den Pressekonferenzen tischte Roosevelt belanglose Geschichten auf, um Journalisten und Bürger von den tatsächlichen politischen Vorgängen abzulenken.

James MacGregor Burns hat die wohl beste Biographie über Franklin D. Roosevelt geschrieben. Er sagt uns, was wir nicht aus den Augen verlieren dürfen, wenn wir die vielleicht für immer ungewisse Wirklichkeit hinter Roosevelts öffentlichem Erscheinungsbild ergründen wollen:

Und Roosevelt selbst? Er konnte mutig und vorsichtig sein, informell und würdevoll, grausam und freundlich, weltmännisch und provinziell, vorwärtsdrängend und zögerlich, er konnte ein Machiavelli sein und ein Moralist. Viele Politiker verkörpern gegensätzliche Züge – die verblüffende Frage bei Roosevelt ist, welcher innere Maßstab – sofern er überhaupt einen hatte – eigentlich darüber entschieden hat, welche seiner Eigenschaften in welcher Situation gerade zum Zuge kam.[16]

Das ist eine düstere Würdigung, vielleicht ist sie zu düster, aber die Konstruktion von Roosevelts Präsidenten-Image mit den modernen Medien Film, Radio und Fotografie verlangt eine nüchterne Beurteilung. Nur so haben wir die Chance, zu begreifen, wie dieses Image geschaffen und erhalten wurde; und wie es dazu diente, die institutionellen Zwänge des modernen Präsidentenamts zu verdecken, die wahrhaftiger Offenheit entgegenstehen, und wie es auch dazu diente, den persönlichen Charakter eines Präsidenten zu verschleiern, von dem nicht einmal die ihm am nächsten Stehenden wußten, was er wirklich dachte.

Aus dem Englischen übersetzt von Martin Loiperdinger.

Anmerkungen

Diesen Beitrag habe ich als Visiting Fellow am Rutgers Center for Historical Analysis, New Brunswick NJ geschrieben; Dank schulde ich besonders John Chambers, dem Projektleiter.

1 Vgl. Richard W. Steele, *Propaganda in an Open Society: The Roosevelt Administration and the Media, 1933–1941*, Westport, Conn. 1985; Betty Houchin Winfield, *FDR and the News Media*, Urbana, Ill. 1990.

2 Vgl. zur Biographie Roosevelts das zweibändige Werk von James MacGregor Burns, *Roosevelt: The Lion and the Fox*, New York 1956, und *Roosevelt: The Soldier of Freedom*, New York 1970; vgl. auch Otis L. Graham jr., Meghan Robinson Wander (Hrsg.), *Roosevelt, His Life and Times: An Encyclopaedic View*, Boston 1985. Zwei Videocassetten geben vorzügliche Filmaufnahmen von Roosevelt wieder: *The Speeches Collection: Franklin D. Roosevelt* (45 Min.), Bestell-Nr. 21009, und *The Story of Franklin D. Roosevelt* (100 Min.), Bestell-Nr. 21076, jeweils VHS (NTSC-Standard), erhältlich bei Time Warner Viewer's Edge, PO Box 3925, Milford, CT 06460.

3 Dank an William Murphy, Library of Congress, Nontextual Archives Division, Washington, der eine 35mm-Kopie und ein Video der Universal-Ausgabe mit Roosevelts Antrittsrede zur Verfügung stellte.

4 Vgl. Raymond Fielding, *The American Newsreel, 1911–1967*, Norman, Okla. 1972, S. 196.

5 Mit einigen wenigen Abweichungen von der gesprochenen Version ist die Antrittsrede abgedruckt in: Franklin D. Roosevelt, *The Public Papers and Adresses of Franklin D. Roosevelt, II: The Year of Crisis 1933*, New York 1938, S. 11–16.

6 Eleanor Roosevelt in einem Brief an Lorena Hickok: vgl. Doris Faber, *The Life of Lorena Hickok: ER's Friend*, New York 1980, S. 117.

7 Samuel I. Rosenman, *Working with Roosevelt*, New York 1972 (zuerst 1952).

8 Vgl. zur Rolle des Radios in den dreißiger Jahren David Holbrook Culbert, *News for Everyman: Radio and Foreign Affairs in Thirties America*, Westport, Conn. 1976.

9 Auszüge aus dem »fireside chat« vom 12. März 1933 sind auf beiden o. a. Videocassetten zu finden (vgl. Anm. 2).

10 Winfield (Anm. 1), S. 107.

11 Vgl. *Roosevelt, Complete Presidential Press Conferences*, Bd. 12, S. 218–219.

12 *Film-Kurier*, 25. 4. 1933.

13 Zitiert nach: Elke Fröhlich (Hrsg.), *Die Tagebücher von Joseph Goebbels: Sämtliche Fragmente*, Bd. 8, München 1993, S. 324 (Eintrag vom 19. 5. 1943); vgl. auch David Culbert, *Mission to Moscow*, Madison, Wis. 1981, S. 65–69.

14 Henry Steele Commager, Einleitung zur Begleitbroschüre *F. D. R. Speaks*.

15 Winfield (Anm. 1), S. 114–115.

16 Burns, *Soldier of Freedom* (Anm. 2), S. 9.

Rosalinde Sartorti
»Großer Führer, Lehrer, Freund und Vater«
Stalin in der Fotografie

Stalin in der Fotografie ist nicht nur ein Beispiel unter anderen für die fotografische Darstellung eines politischen Führers in der ersten Hälfte des 20. Jahrhunderts. Seine Darstellung mit eben diesem Medium ist zugleich exemplarisch für die in der Sowjetunion geführte Debatte um die Rolle der Fotografie in einer sozialistischen Gesellschaft.

»Gegen das synthetische Porträt und für die Momentaufnahme«[1] – mit dieser Formel sagte der Fotograf Alexander Rodtschenko 1928 einer Malerei den Kampf an, die sich realistisch nannte, in seinen Augen jedoch die Wirklichkeit nur verdeckte und zukleisterte. Als Vertreter der avantgardistischen »Linken Front der Künste« (LEF) wandte er sich damit zugleich gegen die sogenannten Kunstfotografen. Für ihn sollte an die Stelle der Malerei nicht etwa das fotografische Studioporträt treten, sondern eine Vielfalt verschiedener Schnappschüsse, aufgenommen in den unterschiedlichsten Situationen. Allenfalls die Gesamtheit all dieser Aufnahmen würde es dann ermöglichen, den »wirklichen« Menschen sichtbar zu machen und nicht eine stilisierte Person, eine, wie das lateinische Wort »persona« wörtlich übersetzt heißt, Maske.

Mit diesen Thesen griff Rodtschenko auch in die Debatte um die Darstellung Wladimir Iljitsch Lenins ein, des ersten großen »Führers« der Bolschewiki. Es gab unzählige Gemälde von Lenin. Es gab aber auch, wie Rodtschenko sagte, »diese Mappe« mit Fotos von Lenin, eine Sammlung dokumentarischer Aufnahmen – das sei der »wirkliche Lenin«, so Rodtschenko 1928. Wie aber verhält es sich mit Stalin? Welcher ist der »wirkliche« Stalin?

Josef Wissarionowitsch Stalin – Funkelndster Diamant der Partei, Held und Beschützer, Weiser Riese!

Stalin – unser zuverlässiger treuer Steuermann, Leuchtturm und Großer Maschinist der Lokomotive Geschichte!
Stalin – menschlichster aller Menschen, Sonne der Menschheit!
Stalin – Großer Lehrer, Freund und Vater!
Stalin – das Licht!
Der Ruhm Stalins währet ewiglich!

So besingt und rühmt den großen, genialen Führer Josef Wissarionowitsch spätestens ab Mitte der dreißiger Jahre das ganze Land in Liedern, Gedichten, Hymnen. In dieser Gestalt durchschreitet er die Literatur und die Welt des sowjetischen Theaters und Films. So rühmt ihn die Presse. Eingeübt wurden diese Huldigungsformeln ab 1930 vom Kindergarten an über die Schule bis zum Arbeitsplatz und der Universität. Keine Unterrichtsstunde, kein Buch, keine Rede, kein Artikel, der nicht mit standardisierten Lobpreisungen und Danksagungen an den großen und genialen Herrn und Meister begann. Es fragt sich natürlich, wie eine derart aufgeladene Bildhaftigkeit der Sprache überhaupt mit fotografischen Mitteln eingeholt werden kann. Wie ließen sich all diese hohen Attribute fotografisch darstellen?

Doch es gab noch ein anderes Problem bei der Darstellung Stalins, das fotografisch gelöst sein wollte, denn die beherrschende Figur der Oktoberrevolution hieß nicht Stalin, sondern Lenin, und ihm war der Titel »großer genialer Führer« zuerkannt. Stalin war zwar noch zu Lebzeiten Lenins, nämlich 1922, zum Generalsekretär der Partei ernannt worden, doch er galt zuallererst als »Lenins bester Schüler und treuester Kampfgenosse«, wie die bolschewistische Presse ihn in den zwanziger Jahren noch relativ bescheiden genannt hatte. Im Volk war er als revolutionärer Führer kaum gegenwärtig gewesen. Weitaus größerer Bekanntheit und Beliebtheit hatten sich damals noch andere erfreut, wie z. B. Frunse oder Trotzki. Wladimir Iljitsch Lenin aber war es, an den sich alle Hoffnung auf die Verwirklichung des Glücks der Menschheit durch den Aufbau des Kommunismus geknüpft hatte. Um seine Person entstanden nach dem frühen Tod im Jahr 1924 im Volk ein großer Kult und zahlreiche Legenden, die in vieler Hinsicht der bäuerlichen Verehrung des »guten Zaren« ähnelten.

Gegen diese »Unsterblichkeit« seines Vorgängers mußte Stalin sich behaupten, sofern er sich derselben Verehrung seiner Gefolgsleute und des sowjetischen Volkes versichern wollte. Das heißt, die vorhandenen emotionalen Energien mußten auf die nächste Generation übertragen werden – gegen Lenin und mit Lenin. Gegen Lenin, weil Lenin nicht der einzige anerkannte Führer bleiben durfte. Mit Lenin, weil nur derjenige die Führerrolle ausfüllen konnte, der sich als würdiger Nachfolger darzustellen wußte; und zugleich mit Lenin gegen die anderen Mitglieder des Politbüros.

Hier beginnt der Kampf um die Nachfolge der emblematischen Reihe Marx, Engels, Lenin, und hier beginnt die Umschreibung der sowjetischen Geschichte und zugleich die Geschichte der Stalinfotografie als nicht endender Prozeß der Fälschung von Fotodokumenten durch Schnitt, Retusche und Montage. Die inszenierte Wirklichkeit, die für die sowjetische Fotografie offiziell erst ab 1934 mit der Verkündung der Prinzipien des sozialistischen Realismus auf dem ersten Schriftstellerkongreß allgemein verbindlich wurde, galt für die Stalinfotografie schon in den zwanziger Jahren und wurde zum Teil sogar rückwirkend auf die wenigen aus der Zeit vor seiner Amtsübernahme stammenden Fotos angewandt. Diese Geschichte hat Alain Jaubert in seinem Buch *Fotos, die lügen* sehr eindringlich dargestellt.[2]

Es soll hier nicht darum gehen, aufzudecken, welche Stalinfotos gefälscht und welche echt waren, sondern darum, welches Bild von Stalin der sowjetischen Öffentlichkeit in der Fotografie vermittelt wurde.

Die »Mappe« mit der Sammlung einer Vielzahl unterschiedlichster Momentaufnahmen, für die Rodtschenko plädiert hatte, läßt sich für Stalin nicht zusammenstellen. Offenbar mochte Stalin Fotos durchaus, auch von sich selbst. So hingen zum Beispiel an der Wand seines Arbeitszimmers auf dem Landsitz in Kunkovo zahlreiche Erinnerungsschnappschüsse von Picknickfahrten, die auch in jedem Familienalbum ihren Platz gefunden hätten, die aber öffentlich nicht verbreitet wurden.[3] Stalin war, so heißt es, äußerst fotoscheu (und hatte, im Gegensatz zu Hitler, auch keinen »Hof- und Leibfotografen«). Dazu mochte sein pockennarbiges Gesicht ebenso beigetragen haben wie seine angeblich verkrüppelte rechte Hand und seine kleine, gedrungene Statur, die ihm vermutlich schwungvolle und mißreißende Bewegungen nicht erlaubte. Jedenfalls trat er in den vielen Filmen über sich (mit Ausnahme einiger Wochenschauen) nie selbst auf, sondern ließ sich von Schauspielern spielen.[4]

Dem Ministerium für Agitation und Propaganda unterstand die Kontrolle aller Medien und Presseorgane, es legte Zahl und Themen der Fotos fest und erteilte oft genaueste Anweisungen über Inhalt und Aufbau der Bilder, nicht nur der fotografischen, bis hin zum Alter und Charakter auch der kleinsten Statisten.[5] Bei Stalin waren Anzahl und Sujets der Fotos sehr begrenzt. Es ging nicht um die Vielfalt von Ausdruck und Gebärde in verschiedensten Situationen, sondern um die Festigung seiner Macht, für die man meistens nachträglich montierte Figurengruppen verwandte, innerhalb deren Stalin die Zentralposition zukam.

Betrachten wir zunächst einen Bildtypus, der die Herrschaft Stalins kontinuierlich und unverändert begleitet hat, das öffentliche Einzelporträt.

Das am weitesten verbreitete, das erst nach und nach das Leninporträt verdrängte oder ihm zur Seite gestellt wurde, das in allen Amtsstuben, Schulen und öffentlichen Gebäuden an der Wand hing, zeigt ihn *en face*, mit leicht gewelltem, scheitellos zurückgekämmtem Haar, kräftigem dichtem Schnurrbart, mit ernstem, aber zugleich entspanntem Gesichtsausdruck. Die Pockennarben sind nicht sichtbar, die Haut wirkt makellos. Sein Blick führt fast unmerklich am Betrachter vorbei. Die Kamera gibt den Blick auf die Schultern frei, so daß man die einfache Joppe im Militärschnitt, sozusagen die Uniform rein als solche, nicht übersehen kann.

Dieses Porträt unterscheidet sich kaum vom möglichen Porträt jedes anderen Sowjetbürgers. Auch auf allen anderen wiederholt verwendeten Kopf-, Brust-, Halb- oder Ganzfigurporträts zeigt sich Stalin ganz als einfacher Mann des Volkes. In der von allen sowjetischen Berufsrevolutionären, aber auch von der Mehrheit der männlichen Bevölkerung getragenen Militärjacke mit den zwei großen, auf der Brust aufgesetzten Taschen, dem Militärmantel und einer Uniformmütze reiht er sich ein in die Millionen zählende Armee sowjetischer Uniformträger. Jedoch war Stalins Uniform ein eigens für ihn geschneidertes Unikat ohne irgendein Abzeichen für Ränge oder bestimmte Waffengattungen. Dadurch verkörperte er die Armee im allgemeinen und war allen Angehörigen der Armee und des Volkes insgesamt gleich nah. Die einfache soldatische Kleidung signalisiert zugleich die Bereitschaft zum ständigen Einsatz. Der große Führer Stalin kennt kein Privatleben, er steht immer im Dienst, getreu der Losung »Unser ganzes Leben ist ein Kampf«. Wie Lenin verzichtete Stalin auf individuelle Zeichen. Als Lenin 1917 nach Rußland heimgekehrt war, hatte er seine geliebte Melone abgelegt und sich durch die Schiebermütze dem russischen Proletariat angeglichen. Stalin machte sich den Sowjetbürgern gleich durch die militärische Uniform, in die er alle gesteckt hatte.

Das Porträt von Stalin war in allen Amtsstuben präsent, zierte die erste Seite aller zu seinen Lebzeiten herausgegebenen Bücher und hatte, mehr noch, wie die Ikone russischer Heiliger seinen Platz an der Wand privater Wohnstuben.

Hier zeigt sich die zweite Linie, gegen die und mit der Stalin sich behaupten mußte: die Tradition russischer Heiligenbilder. Man darf sagen, daß Stalin diese Konkurrenz in äußerst ökonomischer Weise zumindest viele Jahre mit Bravour gemeistert hat. In ihr konnte er sich gegen Lenin einer Autorität verleihenden Form der Präsentation bedienen, die frei war von jedem konkreten Situationsbezug und deshalb der dafür notwendigen Talente nicht bedurfte. Außerdem ermöglichte ihm diese Form natürlich, an die Seh- und Verehrungsgewohnheiten vor allem der bäuerlichen Bevölkerung anzuknüpfen und die darin investierten Gefühle ohne verwirrende Brüche auf sich zu lenken. Das Ornat der Heiligen und der Goldgrund der Ikone scheinen in den Alltag hinein und verleihen ihm die Hoffnung und Würde der Anteilhabe am Ewigen. Ebenso ist Stalin den Bürgern präsent und zugleich näher, weil nicht durch Kleidung, Rang und Haltung von ihnen getrennt. Mit den Heiligen aber wahrt Stalin Distanz zum Alltäglichen, und dies durch das geniale Mittel der Aussparung. Nur die gänzlich bestimmungslose Uniform ist die Armee und der Kämpfer im allgemeinen und rein, und nur der archetypische Kämpfer kann allen individuellen Kämpfern gleich nahe sein, als Ermunterung und als Kontrolle. Zugleich ist Stalin bescheiden. Es ist die Sache, der er sich unterordnet; er ist nicht der absolutistische Staatsherr, der willkürlich die Sache festlegt.

Eines der beliebtesten der zum Verkauf angebotenen Porträts war – neben dem nach Ende des Zweiten Weltkriegs verbreiteten Porträt Stalins als Generalissimus – die nicht gestellt, eher privat anmutende Aufnahme, auf der sich Stalin seine geliebte Pfeife anzündet und die ihm das Aussehen eines gütigen Vaters verleiht (Abb. 1). Noch in der Mitte der siebziger Jahre konnte man dieses Porträt in der Hauptstadt Georgiens, unweit seines Heimatdorfes, zum Beispiel hinter der Windschutzscheibe von Autos sehen.

1943 wird Stalin zum Marschall, 1945, kurz vor Kriegsende, zum Generalissimus ernannt. In dieser Zeit taucht auch ein neues Einzelporträt von ihm auf, auf dem er zwar trotz seines fortgeschrittenen Alters unverändert jugendlich erscheint, das ihn jedoch in der Uniform des ranghöchsten Militärs mit allen ihm während des Großen Vaterländischen Krieges verliehenen Orden und Medaillen auf der Brust zeigt. Wer die privaten Erinnerungsfotos sowjetischer, an der Front des Zweiten Weltkriegs ausgezeichneter Soldaten kennt, wird auch hier eine Angleichung zwischen dem Porträt des »gewöhnlichen« Soldaten und dem des großen Feldherrn, des Generalissimus Stalin feststellen können.

Größe und Genialität eines Führers jedoch sind aus diesen Einzelporträts kaum ablesbar, es sei denn, daß man eine für

1

Abb. 1: Stalinporträt 1932 (Pressefoto).

Stalin typische Haltung, bei der er seine rechte Hand in der Knopfleiste oder Jacke ruhen läßt, als napoleonische Geste interpretiert; oder aber seinen zum Gruß der Menge ausgestreckten Arm mit der Pose eines Propheten, eines Heilsbringers oder auch mit der imperialen Geste eines römischen Feldherrn in Verbindung bringt.

Stalin war vermutlich, zumindest unter der Landbevölkerung, nie so beliebt wie Lenin, dessen vom Fotografen Ozup aufgenommenes Porträt noch 1929 in einer Auflage von 10 Millionen verkauft wurde. Trotzdem dürfte er wie kein anderer Politiker nach ihm optisch gegenwärtig gewesen sein. Die verschiedenen Einzelporträts von Stalin konnten in Groß- und Kleinformat überall in Buchläden und am Zeitungskiosk erworben werden. Daß das Porträt des Generalsekretärs bei Jahresfeiern der Oktoberrevolution und am 1. Mai, ähnlich wie die Ikonen bei kirchlichen Prozessionen, mitgetragen wurde, haben seine Nachfolger, Chruschtschow und Breschnew, beibehalten.

Ein Vergleich der Stalinfotografie der zwanziger mit der der dreißiger Jahre läßt das erste Jahrzehnt seiner Herrschaft als äußerst vorsichtigen und langsamen Prozeß des Heranwachsens zu voller Größe, des Heraustretens aus der Menge wie auch des Sich-Lösens aus dem Schatten seines Herrn und Meisters, des anerkannt großen Führers Lenin erscheinen.

Die augenscheinliche Zurückhaltung eines um Sympathie werbenden, noch jugendlichen Stalin, der auf Gruppenaufnahmen im Gespräch mit anderen Regierungsmitgliedern oder bei Parteitagsversammlungen und dem Empfang von Delegationen als Gleicher unter Gleichen erscheint, freundlich lächelt oder gar lacht, oder der bei Staatsbegräbnissen für revolutionäre Führer, wie etwa 1926 beim Tod des Leiters der Tscheka (der russischen Geheimpolizei), Dsershinskij, als Träger des Sarges eine Pose der Demut annimmt. Hier sind es die scheinbar zufälligen Schnappschüsse, die das Bild von Stalin prägen. Bemerkenswert jedoch ist, daß er in vielen dieser Aufnahmen durch einzelne Merkmale aus der Gruppe heraussticht, sei es durch seine Pfeife, sei es durch seine andersfarbige Kleidung: Stalin hell, im weißen Hemd, alle übrigen hingegen dunkel; oder auch, allerdings seltener, umgekehrt: Stalin dunkel, die anderen hell.

War diese Art der Differenzierung nur zufällig, oder war sie Programm? War es die Vorstufe zur Kennzeichnung des Auserwählten, der sich bald aus der Gruppe herauslösen würde, um in voller Größe zu erscheinen?

In dieser »Vorbereitungsphase« der zwanziger Jahre kam dem Doppelporträt von Lenin und Stalin eine besonders wichtige Rolle zu. Lenin erscheint neben ihm, ist ihm an die Seite gestellt auf den sogenannten historischen Aufnahmen, den nachträglich montierten Fotodokumenten, die die These vom »besten Schüler« und »treuesten Mitstreiter Lenins« untermauern. Im Layout der Zeitung wird Ende der zwanziger Jahre neben das Stalinporträt fast immer ein Leninporträt gleicher Größe gesetzt: Lenin und Stalin ebenbürtig. Aber auch als Redner auf Parteitagen tritt Stalin nicht allein ins Bild: Lenin hängt als Porträt hinter ihm oder steht als Büste neben ihm. In

Stalin lebt Lenin fort, und in Lenin wird Stalins Position gegenüber denen der anderen Politbüromitglieder legitimiert. Erst zehn Jahre nach Lenins Tod, 1934, scheint Stalin seine Schülerrolle langsam abzulegen. Die Leninporträts werden weniger, und Stalin löst sich von ihnen ab. Er ist in den Bildern sein eigener Herr geworden.

Lenin war »Führer«, er war auch »Lehrer«, und – als »menschlichster aller Menschen« – sicherlich auch Freund. Doch Stalin überhöhte und umgriff all diese anfangs Lenin vorbehaltenen Funktionen und Eigenschaften noch mit einer anderen, umfassenderen Rolle, der Rolle des Vaters. Der Vater ist anderes und mehr als der politische Führer. Ihm kann man vorbehaltloses Vertrauen entgegenbringen, ihn kann man lieben. Die Jahre Lenins, die der Revolution, des Kriegskommunismus und der politischen Etablierung der Bolschewiki gegen starke gesellschaftliche Kräfte, ließen wenig Raum für solche eher familiären Gefühle, die sich voll nur in einer gewissen Beschaulichkeit und in relativ stabilen Verhältnissen entfalten können. Auch hätte Lenin von Temperament und Überzeugung her darin sicherlich eine ideologische Verwechslung des Politischen mit dem Privaten gesehen. Wiederum aber konnte – und mußte – Stalin an andere Traditionen anknüpfen.

Im vorrevolutionären Rußland bezog sich das Volk auf seinen Zaren mit der Anrede »Väterchen« (*batjuschka*). »Väterchen Zar« war ein barmherziger, ein guter und gerechter Zar, der einfach und bescheiden lebte wie das Volk selbst. Alle Unterdrückung und alles Elend, das die bäuerliche Bevölkerung durch die Politik des Zaren erfuhr, wurde nicht ihm, sondern allein den Beamten und den Grundbesitzern angelastet. Die Bauern des großen russischen Reiches hatten den Zaren nie gesehen. Doch sie wußten von seiner Existenz, er lebte in ihrer Vorstellung, und sie wandten sich an ihn in Bittbriefen um Hilfe. Dieses Element nahm Stalin auf und straffte es zugleich vom »Väterchen« zum »Vater« (*otjez*).

Das Wort »Vater« wurde für die Sowjetbürger in den dreißiger Jahren zum Synonym für Stalin. Wie Katerina Clark in ihrer Analyse des sowjetischen Romans dargelegt hat [6], sind die

2

Abb. 2: Stalin trifft die 13jährige Mamlakat Nachangova aus Tadschiki-stan, die beim Baumwollpflücken einen neuen Rekord aufgestellt hat, Dezember 1935 im Kreml. Hier zusammen mit ihrer Mutter (Presse-foto).

Beziehungen der Sowjetbürger zu den über ihnen stehenden Autoritäten von Partei und Staat nach dem Muster der Großen Familie modelliert, als Verhältnis von Söhnen und Töchtern zu ihren Vätern, insbesondere zu ihrem obersten Vater Stalin. In Presse und Literatur – so Hans Günther – rücken zu den Eigen-schaften der Genialität, der Weisheit des Führers und Lehrers Attribute, »die Nähe und Wärme ausdrücken wie ›geliebt‹ oder das schwer übersetzbare ›rodnoj‹ (= blutsverwandt, nahe, hei-misch, lieb, teuer). In Bezeichnungen wie ›Vater‹ oder ›Vater und Freund‹ fließen Autorität und familiäre Nähe zu einer Ein-heit zusammen, eine Verbindung, die auch in allen Darstellun-gen des obligatorischen überlegen-ruhigen Lächeln Stalins zum Ausdruck kommt.«[7]

Zu den beliebtesten Fotos der dreißiger Jahre, die zum Teil auch in Postkartenserien verbreitet wurden – »Stalin, wir danken Dir für unsere glückliche Kindheit!« –, gehören Aufnahmen von Stalin mit Kindern und Jugendlichen. Voller Herzlichkeit und mit großer Zuneigung, eben väterlicher Wärme, empfängt Stalin im Kreml die jugendlichen Bestarbeiter. Nicht nur Händedruck und Lächeln, auch innige Umarmungen kann man da sehen (Abb. 2). Trotzdem sind diese Aufnahmen sehr selten. Stalin empfing nicht viele im Kreml, und auch dies nur im Jahr 1935. Schon nach wenigen dieser Empfänge entschied er, daß es einem Herrscher besser zu Gesicht stehe, sich seltener der Öffentlichkeit zu zeigen. Bei den Aufnahmen mit Kindern muß man wissen, daß Stalin niemals mit seiner Frau oder seinen eigenen Kindern dargestellt wurde. Das berühmte Foto, auf dem er seine Tochter Swetlana in den Armen trägt, war die einzige private Aufnahme in einer Festschrift zu seinem 60. Geburtstag, die nur in einer für die Sowjetunion sehr kleinen Auflage veröffentlicht wurde.[8]

Im Gegensatz zu Hitler und Mussolini hat Stalin nie das »Bad in der Menge« gesucht. Fotos von ihm, wie er sich aus dem Auto den begeisterten Frauen mit ihren ausgestreckten Armen und strahlenden Augen zuwendet, konnte es nicht geben, denn er hat den Kreml außer für Fahrten zu einem seiner Landsitze fast nie verlassen. Angeblich hat er sich nur einmal persönlich zu einem der großen Industrieprojekte begeben, um dort mit Arbeitern zusammenzutreffen. Fotos von diesem außergewöhnlichen Ereignis sind allerdings nicht zu finden.

Zu den wohl bekanntesten, weil alljährlich zu den großen Feiertagen erneut aufgenommenen Gruppenporträts zählen die Aufnahmen von Stalin auf der Tribüne des Leninmausoleums, die ihn inmitten der übrigen dort aufgereihten Regierungsmitglieder bei der Abnahme der Parade zeigen. Auch hier zeigt sich Stalin der Menge bis Mitte der dreißiger Jahre mit einem Lächeln und ist zugleich durch die hohe Tribüne von den unten vorbeimarschierenden Sowjetbürgern getrennt.

Mit gütigem und väterlichem Lächeln blickt Stalin auch auf seine wohlerzogenen, pflichtbewußten und arbeitsamen Kolchosbauern aus der großen sowjetischen Familie, oder erscheint zufrieden lächelnd und pfeiferauchend vor dem Hintergrund der mechanisierten Landwirtschaft. Daß zu diesem Zeitpunkt durch die Zwangskollektivierung und die sogenannte Entkulakisierung des Dorfes bereits Millionen von Bauern in Arbeitslager verschleppt waren, gibt solchen Fotos einen zynischen Beigeschmack. Bei diesen Bildern aber handelt es sich nicht einfach mehr um Fotos, sondern um Fotomontagen. Wiederum ein Beispiel ökonomisch-minimalistischer Verfahren: Stalin konnte allgegenwärtig da sein, ohne je physisch dabeigewesen zu sein.

Zu »wahrer« Größe verhalfen ihm Fotomontage und die Technik der überdimensionalen Vergrößerung. Es sind immer wieder dieselben, bereits bekannten und vertrauten Einzelporträts, die für diese Arbeiten verwendet werden. Dieselben Stalinporträts, die in den zwanziger Jahren in der Presse relativ selten und relativ kleinformatig erschienen waren, werden ab 1930, dem Höhepunkt der forcierten Industrialisierung, in immer neuen Kombinationen mit Aufnahmen aus Industrie und Landwirtschaft, mit einzelnen Bevölkerungsgruppen oder Vertretern einzelner Berufsgruppen und mit entsprechenden Losungen und Zitaten versehen zu überdimensionalen Fotoensembles und zu Plakaten montiert, die dann auf der Titelseite aller überregionalen Zeitungen veröffentlicht werden.

Beeindrucken sollte dabei nicht allein das Ergebnis. Ebenso wichtig war der Herstellungsprozeß selbst, der gewaltige Aufwand, der Einsatz von Menschen und Material, der für das *blow-up* des großen Führers erforderlich war. Diese kollektive Arbeit nahm viele Wochen in Anspruch, beteiligt waren die bekanntesten Fotografen, Künstler und Techniker, und sie verwendeten ungeheure Mengen an Papier und Chemikalien. Die verschiedenen Arbeitsschritte zu diesen Bildern wurden in allen Details in der Presse beschrieben, zur Ehre Stalins und als Beleg für die in Industrie und Landwirtschaft und eben auch auf dem Gebiet der Fotografie geltende Devise, den Westen, d. h. den Kapitalismus »einzuholen« und »zu überholen«.

Das gelang in spektakulärer Weise mit der Errichtung des Dnjepr-Staudamms 1932, einem der »Giganten« des 1. Fünf-

3

Abb. 3: Agit-Konstruktion mit Fotomontage-Wänden auf dem Sverd-lov-Platz in Moskau zum 1. Mai 1932. Im Hintergrund ein Modell des Dnjepr-Staudamms (Pressefoto).

jahresplans, und dem entsprechenden Fotomontage-Ensemble zu seiner Einweihung (Abb. 3). Auf dem Swerdlow-Platz in Moskau wurde zum 1. Mai 1932 ein etwa 12 Meter hohes Modell des Staudamms errichtet, das auf beiden Seiten von noch höheren Fotos von Lenin und Stalin eingefaßt wurde. Diese Inszenierung konnte mit gutem Recht als »weltweite Errungenschaft« bezeichnet werden[9], da nie zuvor, in keinem Land der Welt, so riesige Vergrößerungen von Negativen hergestellt worden waren.

Die beiden Fotoporträts von Lenin und Stalin maßen jeweils 25 Meter in der Höhe und 9 Meter in der Breite und übertrafen damit in der Tat alles bisher Dagewesene. Im Vergleich mit den Umzügen, bei denen der unten vorbeimarschierende Bürger Stalin und die anderen Politiker eher als kleine Punkte auf der Mauer des Lenin-Mausoleums sah, sind Lenin und Stalin hier von der Mauer heruntergetreten und zeigen sich als die Riesen,

201

die sie sind. Die Goliaths des Aufbaus haben alles unter Kontrolle. Lenin betrachtet, mit den Händen in der Tasche, zufrieden das Ergebnis, Stalin hingegen schreitet entschlossen aus, in wehendem Mantel, bereit zu neuen Taten, eine der wenigen Abbildungen, auf denen er nicht statisch in sich ruht oder sogar ein wenig in sich zusammengesunken wirkt.

Diese Vergrößerungen waren so arbeitsaufwendig und kostspielig, daß alle Elemente ohne aktuellen Tagesbezug sorgfältig demontiert, aufbewahrt und mehrere Jahre hintereinander wiederverwendet wurden. Das geschah ebenso mit dem anläßlich von Feiertagen die ganze Front eines Kremlgebäudes bedeckenden Kopfporträt von Stalin und mit der nach einem Plakat von Klucis erstellten Fotomontage-Wand »Die Partei an der Spitze der Masse«, die zum ersten Mal 1934 an der Hauswand des Moskauer Stadtsowjets installiert wurde.

Auf solche gigantischen Fotoensembles konzentrierte sich die Darstellung Stalins in den dreißiger Jahren. Dabei war es nicht nur den Bewohnern Moskaus vorbehalten, diese riesengroßen Montagen auf den Plätzen ihrer Stadt zu sehen. Denn selbstverständlich wurden Fotos dieser Ensembles in den Zeitungen gedruckt, und sie wurden auch als Plakate verteilt.

Ein weiteres Beispiel für die große Erfindungsgabe der sowjetischen Fotografen und Montagekünstler stellt die Ausgestaltung des Smolensker Platzes in Moskau anläßlich der Feierlichkeiten zum Jahrestag der Oktoverrevolution 1934 dar. Stalins Porträt ist hier in das Zahnrad eines Getriebes hineinmontiert, das sich im Zentrum der auf Fahnen plazierten Porträts der übrigen Mitglieder des Politbüros befindet. Die Fahnen scheinen aus den Flügeln eines Flugzeugs herauszuwachsen, so daß Stalin hier zum Motor des Getriebes wird, der den politischen Führern der Sowjetunion und damit dem gesamten Land die Kraft zum Fliegen verleiht.

Ende der zwanziger und Anfang der dreißiger Jahre beschränkten sich die Aufnahmen von Stalin wie auch die anderer politischer Führungspersonen fast ausschließlich auf die Illustration nationaler Feier- und Gedenktage oder der Parteitage. Die täglichen Presseberichte aus Industrie und Landwirtschaft

4

Abb. 4: Plakat, 1932 – »Der Sieg des Sozialismus in unserem Lande ist garantiert, die Basis der sozialistischen Wirtschaft ist geschaffen«.

wurden in diesen Jahren im wesentlichen mit den Fotos der am Industrialisierungs- und Kollektivierungsprozeß beteiligten Arbeiter und Bauern illustriert oder aber mit Aufnahmen der Produkte und anderer Resultate der Aufbauleistung.[10] Doch ab 1933, mit Ende des 1. Fünfjahresplans, wird Stalin unmittelbar zum Subjekt des industriellen und technischen Fortschritts. Im Layout der Zeitung werden alle Erfolgsmeldungen über die Erfüllung oder Übererfüllung des Plans mit einem Stalinporträt kombiniert. Dem zugehörigen Text entnimmt man, daß diese Leistungen nicht nur für den Aufbau des Kommunismus, für das sowjetische Volk und dessen Wohlergehen erbracht wurden, sondern in erster Linie für den großen, genialen Führer, für »Vater Stalin«. Stalins Porträt überragt allein durch seine Größe all die Traktoren, Flugzeuge, Hochöfen, Stauzdämme und erst recht die auf Stecknadelkopfgröße geschrumpften Individuen der Massen des sowjetischen Volkes (Abb. 4) oder gar der Kinder des gesamten Weltproletariats, die kranzartig um sein Porträt gelegt werden.

Die Bescheidenheit und Einfachheit von Stalins Kleidung steht in einem gewissen Kontrast zu seiner Größe und absoluten Vorrangstellung in allen Fotomontagen. Wenn er herabsteigt aus seiner privilegierten Position und sich den Bürgern gleichmacht, zum Beispiel in der Marschkolonne der zur Arbeit im Bergwerk strömenden Kumpel (Abb. 5), marschiert er in der Reihe an der rechten Flanke, so daß auch hier Schritt und Richtung für alle von ihm bestimmt werden.

Die Unvergleichlichkeit Stalins wird 1933 in der sowjetischen

5

Abb. 5: Plakat, 1931 – »Die Realität unseres Programms sind die lebenden Menschen, das sind Du und ich«. STALIN

Presse noch durch ein weiteres Verfahren zum Ausdruck gebracht. Bei der Fotodokumentation von Tagesereignissen erhält, sofern Stalin zugegen war, ein Künstler den Auftrag, noch am selben Tag das vorliegende Reportagefoto mit Pinsel und Farbe in ein Gemälde zu verwandeln, von dem dann am nächsten Tag in der Presse ein Foto erscheint. Die Information, deren, wie es Walter Benjamin formulierte, »Lohn dahin ist mit dem Tag, an dem sie erscheint« und die »schon morgen durch die nächste Information ersetzt wird«[11], wird bebildert nicht durch das allen zugängliche, für die massenhafte Reproduktion bestimmte »demokratische« und mechanische Medium der Fotografie, sondern durch das Foto eines nur in einem Exemplar existierenden Gemäldes, das sich ablöst von seiner Wiedergabe in der Zeitung und seinen Platz im Museum findet, an dem es sich den künftigen Generationen in Ewigkeit aufprägen kann.

Dies ist nur ein weiterer Baustein im Gesamtkunstwerk Stalin, in dem nicht nur die Wirklichkeit so inszeniert oder montiert wird, daß sie den ideologisch festgeschriebenen Normen entspricht, sondern wo sich Fotografie und Malerei so sehr angleichen, daß alle einmal geführten Überlegungen über eine mögliche Objektivität des Objektivs ad absurdum geführt werden.

Ein neues Kapitel der Stalindarstellung beginnt mit Ausbruch des Krieges, 1941. Stalin verliert seine vielgepriesene Leutseligkeit und wird zum strengen Vater. Sicher ist es der Ernst der Lage, der das Lächeln in seinen Augenwinkeln verschwinden läßt. Bei den Aufnahmen Stalins und der anderen Regierungsmitglieder auf der Balustrade des Lenin-Mausoleums geht die Kamera auf Distanz. Der heiter lächelnde, klatschende Vorkriegs-Stalin inmitten der Mitglieder des Politbüros ist der Phalanx ernster, wie in Stein gehauener politischer Führer gewichen, mit Stalin im Zentrum. Der Führer ist unnahbar geworden. Erst als sich der Krieg dem Ende nähert, setzt Stalin erneut sein altbekanntes Lächeln auf, allerdings jetzt als Sieger.

Sein 70. Geburtstag im Dezember 1949 markiert – zumindest technisch gesehen – den Höhepunkt seiner medialen Lauf-

Abb. 6: Titelseite der Zeitschrift Ogonjok *(Die Flamme) Nr. 52, Dezember 1949 (Sondernummer zu Stalins 70. Geburtstag).*

bahn. An diesem Tag erhebt er sich auf dem Roten Platz in himmlische Höhen (Abb. 6). Sein von zahlreichen Scheinwerfern angestrahltes Porträt – so wenigstens will es das Titelfoto der Illustrierten *Ogonjok* (Die Flamme) – schwebt hoch über den Köpfen der auf dem Platz versammelten Menschenmenge. Stalin schaut vom Himmel noch nicht einmal auf sein Volk hinunter, sondern in eine nur ihm zugängliche Ferne, ein Gottvater im sozialistisch-realistischen Gewand.

Widerschein solcher Höhe hienieden auf Erden sind dann Stalinbilder auf Vasen. In der Vase mit ihren goldenen Lorbeerkränzen begibt sich Stalin zurück in die Darstellungstradition feudalistischer Machthaber.

Für die Frage, wie denn die Allmacht einer einzigen Person mit der offiziell deklarierten »Diktatur des Proletariats«, also der Massen, zu vereinbaren war, hatten die marxistischen Theoretiker schon für die Führerrolle Lenins eine Antwort parat, die dann gleichermaßen für seinen Nachfolger galt. Für sie war »in der Epoche der bewußten Schöpferkraft der Menschenmasse ... nur derjenige ein Führer ..., der in sich den klaren Willen und den hellen Verstand dieser Massen konzentriert, der diesen Verstand, diesen Willen von allen am besten formulieren und zum Ausdruck bringen kann«.[12] Dies war demnach der »wirkliche« Stalin. Dieser Vorstellung entsprechend wurde die fotografische Realität konstruiert (Abb. 7).

Stalin in der Fotografie ist ein geradezu mustergültiges Beispiel für die Anwendung der Prinzipien des sozialistischen Realismus auf die Darstellung der sowjetischen gesellschaftlichen Wirklichkeit allgemein. Nicht die »nackten« Tatsachen, das Faktische, das, was mit dem mechanischen Auge der Kamera scheinbar »objektiv« festgehalten und reproduziert werden konnte, gaben die sowjetische Wirklichkeit adäquat wieder. Dieser Zugang zur Wirklichkeit, den die sowjetischen Avantgarde-Fotografen der zwanziger Jahre als die dem Industriezeitalter einzig angemessene Form des Sehens verteidigt hatten, wurde mit Verkündung der Prinzipien des sozialistischen Realismus als ein nur »mechanisches Gleiten über die Ober-

Abb. 7: Titelseite der Zeitschrift »Die Arbeiterin« Nr. 29–30, Oktober 1935: 18. Jahrestag der Oktoberrevolution

208

fläche« gebrandmarkt. Das Objektiv der Kamera sei nicht in der Lage, den Erscheinungen der sowjetischen Wirklichkeit in all ihrer Tiefe künstlerischen Ausdruck zu verleihen, weshalb die »Inszenierung« von Fotoaufnahmen als unerläßlich betrachtet wurde. So wurde es von der einzigen und maßgebenden sowjetischen Fotozeitschrift, *Proletarskoje foto*, in den Jahren 1931 und 1932 wiederholt verkündet. Allein das Mittel der »künstlerischen Komposition« konnte es demnach ermöglichen, im Foto »das Wesen der Erscheinung« zum Ausdruck zu bringen.

Dargestellt wurde fortan nur noch, was sein sollte, was zwangsläufig dazu führte, daß die Fotografie entgegen den Möglichkeiten ihres technischen Entwicklungsstandes in die ästhetischen Normen der Malerei zurückgebogen wurde, gegen die sie ursprünglich entwickelt worden war.

Die vielen gesellschaftlichen Teilprozesse werden nicht mehr gezeigt und analysiert, sondern verschwinden hinter dem, was ihnen angeblich wesentlich ist, hinter dem Führer Stalin.

Anmerkungen

1 In der Zeitschrift *Nowy Lef*, Nr. 4, 1928; dt. Übers. in: Evelyn Weiss (Hrsg.), *Alexander Rodtschenko. Fotografien 1920–1938*, Köln 1978.
2 Alain Jaubert, *Fotos, die lügen. Politik mit gefälschten Bildern*, Frankfurt a. M. 1989.
3 Larisa Vasil'eva, *Kremlevskie ženy*, Moskau 1993, S. 421.
4 Vgl. hierzu den Beitrag von Oksana Bulgakowa in diesem Band.
5 Olga Postnikowa, ›Unsere Herzen gehören der Partei‹. Künstler unter der Doktrin des Sozialistischen Realismus, in: *Kunst und Diktatur. Architektur, Bildhauerei und Malerei in Österreich, Deutschland, Italien und der Sowjetunion 1922–1956*, hrsg. von Jan Tabor, Baden 1994, Bd. 2, S. 780.
6 Katerina Clark, *The Soviet Novel. History as Ritual*, Chicago/London 1981.
7 *Der sozialistische Übermensch*, Stuttgart/Weimar 1993, S. 159.
8 *Stalin. K 60-desjatiletnemu dnju roždenija*, Moskau 1940.
9 *Proletarskoe foto*, Heft 6 (1932), S. 14.
10 Vgl. Rosalinde Sartorti, *Pressefotografie und Industrialisierung in der Sowjetunion. Die Pravda 1925–1933*, Berlin 1981.
11 »Der Erzähler«, in: Walter Benjamin, *Gesammelte Schriften*, Bd. II/2, Frankfurt a. M. 1974, S. 445.
12 So 1920 A. Sol'c in seinem Aufsatz »Geroi i voshdi« (Helden und Führer), abgedruckt in dem Sammelband *50 Jahre Lenin in Reden, Aufsätzen und Ansprachen*, Moskau 1990, S. 54–55.

Oksana Bulgakowa

Der Mann mit der Pfeife oder Das Leben ist ein Traum.

Studien zum Stalinbild im Film

Die Medien kündigten den Einbruch der Moderne in Rußland an, doch ihre Assimilation verlief sehr ambivalent. Einerseits wurde nach der Aufhebung der Leibeigenschaft 1861 das Tempo der Modernisierung sehr forciert – mit unglaublichen, fast märchenhaften Industrialisierungsplänen; andererseits war sie in patriarchalische Formen gezwungen.

An der Darstellung der Figur Stalins in den Medien wird diese »Patriarchalisierung« der Moderne besonders deutlich. Stalin wird als eine Figur aufgebaut, die in den technischen visuellen Medien gar nicht zu fassen ist und eigentlich nur durch ihre Abwesenheit vermittelt werden kann.

Ähnlich wurde bereits in der Darstellung Lenins verfahren. Grammophonaufzeichnungen seiner Stimme und Filmaufnahmen von ihm gab es nur äußerst wenige (Rohfilm war knapp), und diesen Zeugnissen wurde zusätzlich eine Aura von Einmaligkeit verliehen, während die traditionellen Künste – Malerei, Graphik, Skulptur bis hin zur Kleinplastik – mit seinen Abbildungen überstrapaziert wurden.

Stalin hat auf den Rundfunk als Mittel zur Inszenierung seines »Images« verzichtet (vielleicht war sein starker georgischer Akzent ein Grund dafür). Zur Fotografie hatte er ein reserviertes Verhältnis. Zwar ist Stalin wohl der einzige Politiker der dreißiger Jahre, der noch in seiner Regierungszeit mehrfach im Spielfilm dargestellt wurde, doch die Art seiner Darstellung war strengen Regeln unterworfen, ja ritualisiert.

Stalin betrachtete die sowjetische Kinematographie, die er allmählich seiner persönlichen Kontrolle unterstellte, als eine kollektive Schöpfung von Filmemachern und ihm. »Der Führer unserer Partei und unseres Landes, der Führer der Weltrevolu-

Abb. 1–2: Stalin in 17. Parteitag – Parteitag der Sieger *(1934).*
Abb. 3–4: Michail Gelowani in Der Schwur *von Michail Tschiaureli (1946).*

tion, Gen. Stalin, widmet sehr viel von seiner Zeit dem Film. Er findet die Zeit, um Filme zu sehen und ihre Fehler zu korrigieren, er findet die Zeit, um sich mit den Filmschaffenden zu treffen und ihnen Entwicklungswege vorzuschlagen« – diese Worte des damaligen Filmministers[1] waren kein Tribut an die obligatorische Rhetorik jener Zeit, sie beschrieben den realen Zustand.[2]

Als Herr der Bilder hat er natürlich auch sein eigenes Bild inszeniert: Stalin wählte höchstpersönlich seine Darsteller aus, erfand eindrucksvolle mise-en-scènes, er war Kostümbildner und Zeremonienmeister zugleich, der die alten und heterogenen Symbole zu kombinieren und umzucodieren verstand.

Dokumentarisch ließ er sich nur bei offiziellen Anlässen fil-

211

men – auf dem Mausoleum (an Feiertagen oder bei Staatsbegräbnissen); immer aus einiger Entfernung und nur von einer
bestimmten Gruppe ausgesuchter Kameraleute. (Zu ihnen gehörte beispielsweise auch der von Dsiga Wertow ausgebildete
Kinok Iwan Beljakow.) Eine Einstellung vom 17. Parteitag im
Jahr 1934 (Abb. 1–2) bleibt als ungewollte Metapher in Erinnerung: Stalin bekommt ein Gewehr aus Tula als Geschenk
überreicht, er lächelt und zielt in die Kamera, die ihn aufnimmt.
Fast die buchstäbliche Wiederholung jener berühmten schok-
kierenden Nahaufnahme aus *The great train robbery*, dem ersten
Western, 1904 von Edwin S. Porter gedreht, in der ein Bandit
frontal mit seinem Revolver ins Publikum schießt. Stalins spaß-
hafte Geste wurde tödliche Wirklichkeit: von den etwa 300 Delegierten des Kongresses, die gegen Stalin gestimmt hatten,
überlebte gerade ein Zehntel die nächsten Jahre.

In den dreißiger Jahren stand Stalin vergleichsweise oft vor
der Kamera – bei einer Dampferfahrt, ausgelassen in der
Menge oder mit Genossen; später wurden seine Auftritte immer seltener. Er bestimmt, was mit ihm aufgenommen wird
und wie. Und von nun an erscheint er nur noch allein im Bild,
deutlich von anderen abgesetzt. Doch wenn Dokumentaraf-
nahmen, die er für relevant hielt, nicht zustande kamen, etwa
von der Rede anläßlich der Parade am 7. November 1941, zu
der das Kamerateam zu spät kam, war er bereit, sie noch einmal zu spielen – in einer improvisierten Dekoration, die im
Kreml gebaut wurde, nicht auf dem echten Mausoleum. Geschulte Augen sehen, daß die Rede nicht unter realen Bedingungen gedreht wurde. Hier gibt es keinen frostigen Atem,
auch nicht das Gefühl, daß ihm eine riesige Menschenmasse
zuhören würde, man spürt eher eine Art Studioatmosphäre.

»Er reagierte auf die Kamera überhaupt nicht«, erzählt sein
Leibkameramann Abram Chawtschin. »Er war ein hervorra-
gender Redner. Er schrie nicht, klopfte nicht wie Chruschtschow aufs Rednerpult, tobte nicht wie Hitler; er sprach
ruhig, leise, jedoch unwahrscheinlich sicher. Er las nie ab, nie,
auch wenn er lange Rechenschaftsberichte zu halten hatte. Er
hatte zwar immer ein Manuskript dabei, warf es jedoch aufs

6

7

Abb. 5: Michail Gelowani in Der Fall von Berlin *von Michail Tschiaureli (1946).*

Abb. 6: Stalin in Die Zerschlagung der deutschen Truppen vor Moskau *von Leonid Warlamow (1941/42).*

Abb. 7: Alexej Diki in Die Stalingrader Schlacht *von Wladimir Petrow (1946).*

Pult; manchmal blätterte er darin, aber abgelesen hat er nie. Er sprach in einem schulmeisterlichen Ton, wie ein Lehrer vor seiner Klasse.«[3]

Die Dokumentaraufnahmen mit Stalin sind an Zahl gering, denn seine *Rolle* hatte er seit Ende der dreißiger Jahre den Berufsschauspielern übertragen. Sein leibhaftiges Erscheinen wurde durch inszenierte Auftritte ersetzt, was seiner Gestalt eine doppelbödige, geheimnisvolle Aura verlieh – eine eigenartige Entsprechung der islamischen Kulturtradition, in der der Prophet nicht gezeigt werden darf, also unsichtbar bleibt, doch überall anwesend ist und über eine Reihe von Substituten angedeutet ist. Stalin spielte bewußt mit dieser Figur der Anwesenheit – Abwesenheit. Und die Neugier der Menschen – nach seinem Tod den Körper Stalins zu sehen – wurde durch dieses mysteriöse Spiel und durch Gerüchte um angebliche Doppelgänger, die ihn auf dem Mausoleum vertreten hätten, genährt.

In den Filmen war er durch professionelle Doppelgänger überall präsent und doch nicht zu sehen. Zunächst war es der Jude Semjon Goldschtab in Michail Romms Filmen, dann der Georgier Michail Gelowani (Abb. 3–5) bei Michail Tschiaureli, und schließlich war es der Russe Alexej Diki (Abb. 7), der Stalin spielen durfte bzw. mußte.

Die Entscheidung für den russischen Darsteller hatte Stalin getroffen, als 1946 ein Film über die Stalingrader Schlacht gedreht werden sollte. Alexej Diki – ein großer, stattlicher Mann, korpulent und majestätisch – sprach nach Moskauer Mundart gedehnte Vokale und aristokratische Nasallaute. Er sollte von nun an den Führer der Sowjetvölker darstellen, dem er überhaupt nicht ähnelte, doch Stalin gefiel der Großrusse Diki mehr als der attraktive Landsmann Gelowani: Er wollte so aussehen wie er, so – akzentfrei – russisch sprechen wie er und hat die Probeaufnahmen persönlich abgesegnet.

Aber nicht nur die Schauspieler der Stalin-Rollen wurden von Stalin bestimmt. Er selbst entwarf auch die Ikonografie, wie er zu zeigen sei, denn in den Darstellungen seiner Person sollte der Gegensatz des Führerbilds zwischen tapferem Krieger und weisem Denker aufgehoben werden: Stalin trägt eine stilisierte, von ihm persönlich entworfene Soldatenuniform, die an die Heldentaten der Kriegszeit erinnert – gezeigt jedoch wird er meist am Schreibtisch, als Denker in der abgeschiedenen Stille seines Arbeitszimmers.

Der französische Kritiker André Bazin, Autor des ersten Essays über den »Stalin-Mythos im sowjetischen Film«, witzelte über dieses Bild eines Eremiten: Stalin denkt in Einsamkeit nach und entscheidet dann das Schicksal einer Militäroperation an der Karte. Der Marschall Wassilewski sitzt daneben, aber seine Anwesenheit sei nur erforderlich, um Stalin vor der Lächerlichkeit von Selbstgesprächen zu bewahren.[4]

Christliche und heidnische Elemente sind in dieser Ikonografie vermischt. Schon im Leninkult wurden Grundlinien der Darstellung Stalins gelegt, denn der Stalinkult im Film wird über Lenin-Filme installiert. 1930, als das Holzmausoleum auf dem Roten Platz durch unvergänglichen Granit ersetzt wurde, schrieben die russischen Konstruktivisten einen Brief an Stalin. Sie schlugen vor, anstelle des Grabmonuments eine riesige Leinwand zu errichten, weil der Film für die Gegenwart die wichtigste aller Künste sei. Doch welche Filme hätten auf dieser Leinwand wohl gezeigt werden können?

In *Drei Lieder über Lenin* sammelte Dsiga Wertow 1934 die neue Folklore des sowjetischen Südens. In dieser orientalischen Metaphorik wird Lenin zum Heiligen stilisiert, und zwar verschlüsselt über die Bilder des Wassers, das die Wüste bewässert, des Lichts, das aus der Wasserkraft des Dnepr gewonnen wird. Diese Verwandlung – das Trockene wird feucht, das Unfruchtbare fruchtbar – bebildert die wichtigste Transformation des Lenin-Mythos: Der tote Lenin, dessen Begräbnis Wertow 1924 dokumentarisch aufgenommen hatte, wird zum Lebendigsten aller Menschen erklärt, auf dessen Gesundheit (!) Stalin 1936 anstoßen läßt.

Wertows viertes Lied war Stalin gewidmet: Der Film trägt den Titel *Wiegenlied*. Er entsteht gleich nach dem Verbot der Abtreibung 1936 und besingt die Mutterschaft. Frauen – Mütter aller sowjetischen Nationalitäten – strömen aus dem Norden, dem Süden, dem Fernen Osten nach Moskau, in den Kreml, zu Stalin. Er erscheint im Film als der Mann schlechthin, was für unfreiwillige Komik sorgt – als sollte er all diesen Frauen wie eine heidnische Gottheit den Segen der Fruchtbarkeit erteilen. Stalin war zu diesem Zeitpunkt bereits zweifacher Witwer. Allmählich treibt er auch seine männliche Umgebung in die Einsamkeit: die Frauen von Molotow, Poskrjobyschew, Kalinin sitzen im Lager. Stalin geht es nicht um Frauen, auch wenn er sich Mitte der dreißiger Jahre oft mit ihnen filmen läßt. Die einzige weibliche Kraft, die ihn verführt, ist die Macht; die einzige Frau, die er erobert, ist Mutter Rußland.

Zwar bekam Wertow nach der Fertigstellung des Films eine neue separate Wohnung mit Bad (ein seltener Luxus im Moskau der dreißiger Jahre), doch Stalin war von *Wiegenlied* nicht begeistert. Erst Michail Romms Filme über Lenin, *Lenin im Oktober* und *Lenin im Jahr 1918* (1937/39) festigen den Stalinkult auf der Leinwand und schaffen zu ihrem 20. Jahrestag ein neues Bild der Revolution: Lenin, die eigentliche Erlösergestalt, ist passiv und im Film nur anwesend, um Stalin handeln zu lassen. Stalin hütet – als Chefredakteur der *Prawda* – die Leninschen Worte, bis aufs Komma. Er rettet Lenin im Versteck am Finnischen Meerbusen vor Kamenew und Sinowjew (letzterer hatte ihn dorthin begleitet), während die Verräter ihn ausliefern wollen. Stalin leitet den Aufstand im Smolny, während Lenin sich in einer konspirativen Wohnung versteckt. Er (und nicht Trotzki) gewinnt auch den Bürgerkrieg, während Lenin nach dem Attentat darniederliegt. Er bringt von der Wolga Brot nach Rußland und rettet damit das Volk vor dem Verhungern. Stalin – der einzige aktive Erbauer der neuen Welt. Er erscheint stets hinter Lenins Rücken, wie sein Schutzengel. So vollendet er die filmische Bildkomposition und rundet die Szene mit einer Pointe ab. Denn Stalin hat immer das letzte Wort und kann sich als einziger sogar Ironie leisten.

In Michail Romms spätem Kompilationsfilm *Wladimir Iljitsch Lenin* (1948) wird der Stalin-Kult wieder geschickt über den Leninkult etabliert: Stalin – eingeführt durch atemberaubende Schwenks über gigantische Baustellen: Wasserkraftwerke, Kanäle, Wolkenkratzer – als der wahre Demiurg einer im Entstehen begriffenen neuen Welt, die von der Kamera dynamisiert wird. Lenin wird im Film wie ein toter Heiliger durch statische Nahaufnahmen der hinterlassenen persönlichen Gegenstände präsentiert, die wenig Wirkung haben: Teekessel oder Weste können kaum die Funktion von Reliquien übernehmen, dazu muß eine zusätzliche Symbolisierungsarbeit geleistet werden. Deshalb wird die Geschichte der Revolution im sowjetischen Film immer wieder neu geschrieben und als symbolisches Ritual installiert, und nur einem ist es beschieden, die

Symbole zu schaffen und einzuführen: Stalin ist ihr Schöpfer, buchstäblich ihr Autor.

In dem 1952 gedrehten Film von Wischnewski/Tschiaureli *Das unvergeßliche Jahr 1919* fährt Stalin den Panzerzug von Trotzki und unterdrückt den Kronstädter Aufstand, der nach seiner Version von der Entente angestiftet wurde und sich nicht 1921, sondern 1919 ereignete. Stalin schreibt die ganze Geschichte des Sowjetstaats um, nicht nur die des Krieges und des Sieges bei Stalingrad. Sie fängt oft bei Null an. In den dreißiger Jahren entsteht eine Reihe von Filmen, die über die Errichtung von Städten in völlig unbewohnten Gegenden erzählen. Das bebildert nicht nur die Tatsache der Entstehung von mehr als 300 neuen Städten während der Industrialisierung, sondern schafft eine eigentümliche Mythologie: An einem leeren Platz, mit dem sich keine Erinnerung, kein historisches Gedächtnis verbindet, entsteht neue Geschichte. Sie ist allein mit Stalin verbunden, der zum Architekten des gesamten Landes wird. *Komsomolsk* (1938) und *Aerograd* (1935), eine Stadt aus der Luft errichtet, sind zwei solche Filmstädte. Oder auch Stalingrad.

Es ist kein Zufall, daß Stalin während des Krieges, als der Ausgang der Stalingrader Schlacht noch nicht entschieden war, zwei Filme über seine Siege bei Zarizyn während des Bürgerkriegs in Auftrag gibt. So drehen die Regisseure des berühmten Bürgerkriegsfilms *Tschapajew*, die Brüder Wassiljew, *Oborona Zarizyna/Die Verteidigung Zarizyns* (1942), und der Ukrainer Leonid Lukow stellt *Alexander Parchomenko* (1942) fertig. Die Stalingrad-Mythologie wird mit dem wichtigsten Kultfilm *Der Schwur* geschaffen, der 1946, gleich nach dem Krieg, entsteht: Stalin muß nicht nur den neuen Raum symbolisch füllen, jetzt erobert er auch den Schauplatz der alten russischen Geschichte – die Wolga. Er preßt hier alles in ein eigenartiges Konglomerat zusammen – Stepan Rasin (um 1630–1671) und Pugatschow (um 1742–1775), die zwei größten Bauernkrieger Rußlands, und Iwan der Schreckliche (bis hierher erstreckten sich seine ersten kolonialen Eroberungen); in Nishni Nowgorod wuchs Maxim Gorki auf, in Simbirsk

Lenin; hier hat Stalin sich ein Denkmal errichtet – in der Stadt seines Sieges im Bürgerkrieg, wo er das größte Traktorenwerk des Landes bauen läßt.

Michail Tschiaureli, der Regisseur, verstand seine Aufgabe, die Bruchstücke alter Legenden zusammenzuschmelzen, ausgezeichnet: Er beschreibt den Weg einer Familie von der Wolga, die durch alle für die Geschichte des sowjetischen Staates wichtigen Etappen geht und von Stalin persönlich gesegnet wird, und damit erteilte umgekehrt der Filmregisseur dem Diktator den Segen – im Namen des Volkes, im Namen Rußlands.

Der Vater der Familie, von Kulaken ermordet, wollte einen Brief an Lenin übergeben. Diese Aufgabe übernimmt nun seine Frau, die sich im Winter 1924 auf den Weg nach Moskau macht und dort nur den toten Lenin antrifft. Die Wahl Stalins als Lenins Nachfolger ist in einer merkwürdigen Szene gezeigt. Während Bucharin und Sinowjew sich beeilen, die Macht zu teilen, stapft Stalin einsam durch den Schnee; eine kleine Pilgerfahrt führt ihn zum Ort der letzten Begegnung mit Lenin, dort gibt er sich der Meditation hin. André Bazin beschrieb die Szene weiter so:

An der Bank soll eigentlich in seinem Inneren die Stimme Lenins erklingen. Doch diese Metapher der mystischen Krönung wäre unzureichend. Stalin hebt die Augen zum Himmel. Durch Tannenäste dringt ein Sonnenstrahl hindurch und erleuchtet die Stirn des neuen Moses. Alles ist da, sogar die Feuerhörner... Er kehrt zurück. Doch ab jetzt trägt er das Mal des Gottes der Geschichte.[5]

Die darauf folgende Einstellung ist genau nach dem Kanon der christlichen Ikonografie komponiert: In die obere linke Ecke werden in die ovale Mandorla anstelle der Heiligen-Vision Dokumentaraufnahmen von Lenin einkopiert.

Wie eine Hellseherin erkennt Mütterchen Rußland in Stalin die Verkörperung Lenins und übergibt ihm den Brief. Das geschieht während der Massenszene des Schwurs. Dieses monarchistische Ritual der Machtübertragung vom verstorbenen Vorgänger war Stalins persönliche Kreation. Tschiaureli hat dafür das eindrucksvolle Arrangement erfunden – am offenen Sarg Lenins, der nur nicht mehr, wie in der Realität, im Säulensaal des Kreml, sondern auf dem Roten Platz aufgebahrt ist. Diese Einstellung wird von nun an als Kanon empfunden und auch so in zahllosen Historiengemälden reproduziert.

Nun beschließt Stalin in Zarizyn, wo er die Weißen schlug und wo früher Rasin und Pugatschow gekämpft hatten (Zusammenschluß von Gegenwart und Geschichte), eine Stadt zu errichten, die seinen Namen tragen wird: hier soll ein gewaltiges Traktorenwerk gebaut werden (Zusammenschluß von Industrialisierung und Kollektivierung). Die Übertragung des Geistes Lenins in der mystischen Krönungsszene wird nun – wie im Märchen – durch eine praktische Prüfung bestätigt. Auf den leeren Roten Platz fährt ein Traktor – und bleibt stehen. Passanten (im Film sind es immer wieder dieselben, die ein multinationales sowjetisches Volk darstellen – als Zeugen der Geschichte) geben dem Fahrer Ratschläge. Bucharin merkt an, daß es besser wäre, die Traktoren in Amerika zu kaufen, und erntet die Empörung des Volkszorns. Da erscheint Stalin und stellt, ohne die Kühlerhaube zu öffnen, auf Anhieb die richtige Diagnose: es sind die Kerzen (egal, ob ein Traktor welche hat oder nicht). Er setzt sich ans Steuer und dreht eine Runde auf dem Roten Platz. Überblendung seiner Nahaufnahme: Tausende Traktoren tauchen auf, Vorboten der Zukunft.

Aber diese Maschinen fordern menschliche Opfer: Beim Bau des Werkes tränkt wie in alten Mythen das Blut der Tochter das Fundament, nur wird sie hier nicht geopfert, sondern von Volksfeinden getötet. Während des Krieges muß die Mutter ihren Sohn der Geschichte opfern. Nach dem Krieg erhält sie dafür den Dank Stalins, der sich vor ihr – und damit vor Rußland – verbeugt. Sie hat alle Kinder verloren, doch sie kann dafür in seiner Schöpfung – Stalingrad, Sowjetstaat – neue Kraft gewinnen.

Diese Kultfilme wurden gebraucht, um das gewünschte Geschichtsbild zu installieren (denn Geschichte kennt man nur aus dem Film, wie Eisenstein meinte). Die Staatsideologie, die an der Schaffung einer Gemeinschaft um die Figur des Gründers arbeitete, bedurfte dieser Filme. Stalin – ein bewußter historischer Schauspieler – akzeptierte ein solches Bild als höhere Notwendigkeit.

Es gab aber auch Versuche, Stalin in Alltagsfilmen zu zeigen, die nur selten bei der Analyse seiner filmischen Darstellung berücksichtigt werden. Sie sind zudem weniger bekannt, denn die meisten Versuche seiner Darstellung im Gegenwartsfilm lehnte der Sowjetführer ab, was die Verbannung des jeweiligen Films aus dem Verleih nach sich zog. Die Regisseure spürten die Diskrepanz zwischen der metaphorischen Dimension der Figur »Stalin« und dem »profanen« fotografischen Bild. Oft wird er deshalb als geistiger Vater eingeführt, der dem Helden den Sinn des Lebens offenbart und ihn zur Heldentat inspiriert, wie in Kalatosows *Waleri Tschkalow* (1942). Stalins Film-»Söhne« sind oft Flieger. Pudowkins *Sieg* (1938) etwa erzählt die Geschichten dieser verlorenen »Kinder«, die irgendwo im Fernen Osten abstürzen, auf Rettung warten und Stalins Lieblingslied »Suliko« singen. Der unsichtbare Stalin leitet per Telefon die Rettungsaktion und kündigt der Mutter an, daß man ihren Sohn finden wird.

Mehr als übers Bild wird die Figur »Stalin« – auch in den Filmen – durch orale Übermittlung geschaffen, über Apokryphen, Gerüchte, Legenden, Witze, Poeme, die sich auf metaphorische Umschreibung stützen. Das ist die Stalin-Figur der Imagination. Die Ikone wäre vielleicht der mögliche Porträtprototyp. Nicht zufällig bildet oft der Himmel den Projektionshintergrund für Stalins Bild. Wenn die Flugzeuge die Buchstabenfolge »Stalin« bilden oder ein Riesenporträt auf einem Ballon in den Himmel steigt oder über den knienden Soldaten im Schlußbild von *Partisanen in den Steppen der Ukraine* (1944) ein Stalinbild über dem Horizont aufleuchtet, dann wird annähernd eine visuelle Entsprechung für den angestrebten Effekt erreicht. Oft jedoch bot das Kino eine traditionelle Variante an: den Traum. Stalin erscheint den Helden als Figur ihrer Phantasie. Diese buchstäbliche Übersetzung birgt natürlich Gefahren, denn die Vision kann zu individuell ausfallen und ins Lächerliche abrutschen.

In dem Film *Die Bauern* (1934) bot Friedrich Ermler die allererste Darstellung Stalins im Spielfilm an: Stalin war in dem erotischen Traum einer Frau als gemalte Trickfigur zu sehen – mit dem Sohn der Frau an der Hand. In diesem prophetischen Traum erkennt die Heldin, daß sie schwanger ist. Stalin tritt eigentlich als Wunschvater auf, denn der reale Mann, der gleich nach diesem Traum den Platz in ihrem Bett einnimmt und dem sie gesteht, schwanger zu sein, tötet sie daraufhin. Er ist der »falsche« Mann, der falsche Vater, der verdeckte Feind – ein Kulak.

In *Alexander Matrosow* (1948) erschien Stalin einem jungen verwaisten Soldaten als sorgender, allwissender Vater, der ihm praktische Ratschläge gibt, wie er sich bei der Attacke zu verhalten hat. Einem anderen, älteren Soldaten erschien er ebenfalls im Traum und rät ihm, wie man das Dach auf dem Haus am besten reparieren sollte.

Das waren kurze Episoden, 30 Sekunden in dem einem Fall, 90 Sekunden im anderen, und sie wurden sofort entfernt. Es gibt einen einzigen Film, der sich mit der Traumfigur »Stalin« im Alltagsverständnis ausführlich auseinandersetzt: *Die Sibirier* (1940) von Lew Kuleschow (Abb. 8–11).

Die Sibirier

Die Fabel des Films ist einfach: Zwei Jungen und ein Mädchen aus einem sibirischen Dorf, in dessen Nähe Stalin einst in der Verbannung lebte, träumen von Moskau, vom Kreml, von Stalin, doch können nur die Besten zu ihm gelangen. Sie müssen ihre Prüfungen mit »Auszeichnung« ablegen und obendrein etwas Besonderes vollbringen. Am Weihnachtsabend (!) erfahren die Jungen von einem alten Jäger, daß Stalin bei der Flucht seinem Helfer, auch einem Jäger, seine Tabakspfeife geschenkt hat. Diese Pfeife wollen sie nun wiederfinden. Ihre Freundin Walja darf von dem Geheimnis nichts

Abb. 8–11: Die Sibirier *von Lew Kuleschow (1940), mit Semjon Goldschtab als Stalin.*

erfahren, doch der Besitzer dieser Pfeife ist ausgerechnet Waljas Onkel, der Freund ihrer Lehrerin, der in der Taiga lebt. Sie machen sich auf den Weg zu seiner Hütte, doch wird einer der Jungen bei diesem Ausflug verletzt. Nun muß er mit gebrochenem Bein lange Zeit das Bett hüten. Als Beste der Schule werden er und sein Freund schließlich nach Moskau geschickt, der junge Jäger gibt ihnen die Pfeife mit, damit sie diese dem Führer überreichen können. Walja bleibt zu Hause und träumt von der möglichen Begegnung.

Die Art, wie diese Geschichte filmisch erzählt wird, macht *Die Sibirier* zu einem Schlüsselfilm. Denn dieser Kinderfilm bietet gleichsam ein Modell zum Verständnis der Kunst dieser Zeit, indem er einige Grundtopoi transparent macht.

Erstens spielt Kuleschow stets mit dem Übergang aus der

Realebene in die Traumebene. Dabei führt die Leichtigkeit dieser Operation zu einer Verwischung der Grenzen, zu einer beabsichtigten Verunsicherung (was ist wahr, was geträumt?), die virtuos nicht nur durch die Fabel, sondern durch die Szenografie des Films gelöst ist.

Zweitens stellt der Film nicht nur Träume vom Übervater dar, sondern deckt – dank der Fabelentwicklung und durch sie – ihren infantilen Charakter auf. Da sind zwei pubertäre Jungen, die die Liebe und Aufmerksamkeit des Vaters auf sich lenken wollen. Sie werden mit einem Fetisch konfrontiert, gehen durch den Initiationsritus und werden »kastriert«. Diese Projektion vermittelt den gleichsam psychoanalytischen Ansatz der Filmemacher.

Drittens ist das Traumbild infantilisiert. Stalin erscheint hier als »Mann mit der Pfeife«, als eine fertige Bilderbogen- oder Comicfigur (wie Lenin – der Mann mit der Mütze). Dieses Klischee wird durch die kindlich überhitzte Phantasie motiviert, subjektiviert und – letztendlich persifliert. Das zog nicht nur die Vorwürfe nach sich, der Film sei formalistisch, sondern jeglicher Versuch, die Traumvision zu individualisieren, wurde abgelehnt. Eigentlich sollen auch die Träume jedes einzelnen beherrscht sein und in gemeinsamen Tagträumen aufgehen.

1. Das Leben – ein Traum

Die Grenzen zwischen Traum und Realität, Legende und Leben werden im Film allmählich aufgelöst und sind nicht mehr fest zu ziehen. Der Film führt zu dieser Verschmelzung durch Überblendungen, die die Übergänge des Realen ins Irreale mildern. Das Dorf und die Taiga erscheinen im Film mal als gemalter Hintergrundprospekt, mal als künstlicher Wald im Atelier, mal als dokumentarisch aufgenommene sibirische Taiga mit echten Häusern.

Die Übergänge aus der künstlichen in die gebaute und gemalte Welt sind fließend und an den Übergang aus der realen in die Traum- (Märchen-) Ebene gebunden. Das Prinzip wird wie ein visueller Code des Films in den ersten sechs Einstellungen eingeführt. Die reale Natur – die verschneite Landschaft in der

Totalen – wird verkleinert bis zum Detail in der Nahaufnahme eines vereisten Astes. Der Ast geht durch eine Überblendung in das Eismuster auf einer Fensterscheibe über. Unmerklich wird die Perspektive – von außen nach innen – umgekehrt. Auf einem märchenhaft vereisten Weihnachtsbaum, der jetzt von innen zu sehen ist, leuchten plötzlich elektrische Lampions auf und eine Aufschrift: »Glückliches neues Jahr!« Doch in der nächsten Einstellung, die wieder durch die Überblendung geschnitten ist, steht der Baum nicht mehr draußen, sondern drinnen. Der Baum wird zum Träger des Textes, die Natur wird als Maluntergrund benutzt, außen und innen werden durch doppelte Belichtung vereinigt, wie das Reale und das Märchenhafte.

Diese räumlichen Übergänge, die für Täuschungen sorgen (was ist innen, was außen), werden auf die Figuren übertragen: Väterchen Frost, der Weihnachtsmann, erscheint auf der Bühne bei einem Schulfest in Begleitung zweier realer Gestalten – des Kolchosvorsitzenden (er steht als Repräsentant des Staates) und des Arztes (er verkörpert in dem Film die Vereinigung von Wissenschaft und Kunst, er heilt und singt zugleich Opernarien). Das »Märchenhafte« wird »verstaatlicht«, denn es ist nicht der Weihnachtsmann, sondern der Kolchosvorsitzende, der Geschenke an die Kinder verteilt. Das Phantastische und das Offizielle wachsen also auch zusammen.

Die Verwandlung des Weihnachtsmanns ist hier das wichtigste Ereignis. Die Märchenfigur ist ein realer Mensch, sie wird von einer Frau gespielt: das Alter verkehrt sich in Jugend, das Männliche ins Weibliche. Die Frau ist die Lehrerin der Kinder. Sie führt als Figur das Motiv der wichtigsten Transformation ein – die des Märchens ins Leben und umgekehrt. Unter einem Wandbild (es stellt drei Szenen dar, die an verschiedenen Stellen des Films aktualisiert werden) betrachten die Jungen ihre Geschenke. Das Wandbild ist ein Trompe d'oeil, es stellt die Taiga dar – täuschend echt. Ihre Künstlichkeit wird nur durch zwei Büsten angedeutet: Lenin und Stalin.

Hier erzählt ein alter Jäger den Jungen die neue »Weihnachtsgeschichte« von der Flucht Stalins aus der Verbannung.

In der Überlieferung des Jägers erscheint Stalin im Dorf wie ein Weihnachtsmann – völlig vereist, sein Haar und sein Bart bestehen aus lauter Eiszapfen, denn auf der Flucht hat er den Fluß überqueren müssen. So wird der Übervater aller Kinder des Landes mit der Märchenfigur (und der Lehrerin dieser konkreten Jungen) vereinigt; er ist eine reale Märchenfigur, ein realer Mann, real motiviert vereist, doch diese Figur schafft Voraussetzung für eine phantastische Abschweifung. In der Jägererzählung vollbringt der reale Mann Stalin wahrhaft märchenhafte Taten: Er kann aus der Taiga fliehen, was noch niemand geschafft hat, er entkommt lebendig einem vereisten Fluß usw. Auch in der Gegenwartsebene ist Stalin eigentlich der »richtige« Weihnachtsmann, da er die Geschenke an die Kinder geschickt hat. Die anderen sind nur seine Stellvertreter: der Vorsitzende verteilt sie, die Lehrerin stellt ihn dar.

Gegen Ende des Films, als Leben und Traum nicht mehr voneinander zu unterscheiden sind, erreicht diese Vermischung ihre Apotheose: Die Jungen fahren nach Moskau, doch da sind nicht sie es, die Stalin sehen, sondern es ist ein Mädchen, das sich mit Stalin auf der Leinwand trifft – im Traum. So wird die symbolische Welt abgerundet. Die Uhr am Spasski-Turm schlägt Mitternacht, der Himmel wird von Märchenstrahlen (Scheinwerfern?) erleuchtet. Die Jungen, von denen das Mädchen träumt, gehen zum Mausoleum – zu einem sakralen Grab. Der Kreml ist im Atelier gebaut, der Platz als Hintergrundprospekt gemalt – mit dem alten Parlament und dem neuen Hotel »Moskau« (von wo der Brief der Jungen abgeschickt wird, jener Auslöser des Traums).

Die Jungen treten durch das Modelltor ein, der Wächter kennt ihren Namen. Stalin erscheint zunächst als Stimme, was noch mehr die Traumlogik betont (und der Zuschauer befürchtet schon, man wird ihn nicht zu Gesicht bekommen). Wenn er dann doch im Bild erscheint, strahlt seine Figur schillerndes Licht aus, wie ein Weihnachtsmann, ein phantastisches Wesen. Natürlich kennt Stalin alle kleinen Geheimnisse der Jungen und des Mädchens, das plötzlich auch in den Raum ihres Traums gerufen wird.

Walja betritt Stalins Büro und dann den Roten Platz – direkt aus ihrem Zimmer. Die Begegnung im Traum ist wunderbar. Der Brief dagegen, der die reale Begegnung schildert, ist zu sachlich und kann mit dem Traum nicht konkurrieren. Er nimmt ihm die poetische Dimension. Diese Enttäuschung wird aber zurückgenommen – durch die Transformation des Gewünschten in das Reale: Stalin, der von Waljas Existenz erfährt, lädt sie zu sich ein. Der Traum wird wahr.

Die zurückgekehrten Jungen lesen ihren Brief Walja noch einmal vor – vor der gemalten Wand. Stalin streckt ihr die Hände entgegen – er ist der vierte in ihrem Kreis. Der letzte Zusammenschluß des Realen und des Geträumten, des Gemalten und des Echten ist erreicht. Die Bewegung des Films hat sich erschöpft.

2. Fetisch und Kastration

In der Erzählung des Jägers erscheint Stalin als eine apokryphe Figur, der Held einer mündlich überlieferten Legende, ein märchenhafter Riese, und seine Gegner sind nicht als politische Unterdrückungsmacht (Gendarmen) bezeichnet, sondern als Märchenfeinde beschrieben – die »Bösewichte«.

Stalin schenkt einem Jäger im Dorf seine Pfeife, und auf diese gehen die magischen Kräfte des Riesen, des Zauberers, des Weihnachtsmanns über: mit der Pfeife werden auch Heldentaten vollbracht. Mit ihrer Hilfe z. B. wird ein Panzerzug der japanischen Invasoren in die Luft gejagt: Die Streichhölzer sind naß geworden, deshalb wird mit der Pfeife die Zündschnur angezündet. Der erste Besitzer der Pfeife stirbt einen heroischen Tod, und sie geht an einen anderen über, doch sie ist gezeichnet: Durchschossen von einer japanischen Kugel, trägt sie die Stigmen des Märtyrertums. Also ist die Pfeife multifunktional: Substitut Stalins, Zaubergegenstand (für Wundertaten), Märtyrersymbol.

Diese apokryphische Erzählung wird durch die Diktion der »Jägererzählung« verstärkt (und zugleich motiviert), eines Genres der anekdotischen Übertreibung an der Grenze des Gewesenen und Nicht-Gewesenen. Sie steht am Anfang der

Fabel. Der Jäger, der diese Legende an die Kinder weitergibt, reproduziert das folkloristische Bewußtsein, er ist Träger der mündlichen Tradition, die das neue Märchen über Stalin kreiert und dabei aus einem profanen Gegenstand, der Pfeife, einen heiligen macht.

Die Jungen schwören, das Geheimnis der Pfeife zu bewahren, das Objekt wird zum Fetisch, da es nicht nur pars pro toto ist, nicht nur magische Kräfte besitzt, sondern von einem Geheimnis umgeben ist, und das Mädchen wird von diesem geheimen Wissen ausgeschlossen, was den sakralen Charakter des Gegenstandes nur betont.

Die Jungen beschließen, die Pfeife zu finden und Stalin zurückzugeben. Sie prüfen die Pfeifen aller Jäger in der Taiga, werden zu unrecht des Rauchens verdächtigt und gerügt. Dann gehen sie in die Taiga, wo ein junger Jäger, der jetzige Besitzer der Pfeife, lebt. Die Reise fängt mit der Nahaufnahme der Beine an, eine symbolische Vorahnung. Hier wird ein Junge bestraft. Die Fabel lenkt plötzlich in die psychoanalytische Matrize ein. Aus der Exposition erfährt der Zuschauer, daß die junge Lehrerin, die den Weichnachtsmann spielte (Stellvertreterin Stalins und Mutter der Kinder), eine Romanze mit dem Jäger hat. Die Jungen wollen dem Jäger die Pfeife abnehmen, jenen Gegenstand mit magischen Kräften. Ein kleiner Aufstand der kleinen Ödipusse, wofür sie bestraft werden: Ein Junge kommt unter das Rad eines Pferdewagens und bricht sich das Bein – eine symbolische Kastration im Initiationsritual.

Nach dieser Kastration tritt das Mädchen in die Handlung ein. Sie löst die Probleme der Jungen mit Alltagsverstand. Sie erfährt das Geheimnis der Pfeife und entsakralisiert den Akt des Erlangens des Fetischs: Sie erklärt das alles dem Jäger, der daraufhin den Jungen die Pfeife überläßt. Doch Waljas wichtigste Tat bleibt ihr Geheimnis. Alle drei sind gut in der Schule – nach Moskau fahren können jedoch nur zwei. Um die Wahl zu erleichtern, täuscht das Mädchen ihr Unvermögen vor, eine Prüfung zu bestehen. Sie opfert sich, damit die beiden Freunde zu Stalin gelangen können. Dieses geheime Opfer ist zwar unnütz in der Alltagsebene, doch wichtig in der symbolischen.

Denn nicht die Jungen treffen auf Stalin vor den Augen der Zuschauer, sondern das Mädchen – in seinem Traum.

Die Traumszene endet mit einer heidnischen Apotheose: Vor dem Mausoleum wird ein Feuer entzündet, die Jungen übergeben die Pfeife, begleitet von wagnerianischer Musik. In der Realität erweist sich die Pfeife als falscher Fetisch. Stalin braucht die Pfeife nicht, doch brauchen seine pubertierenden Kinder den Fetisch.

3. Infantilisierung – Individualisierung – Persiflierung
Kuleschow vollendet die semiotischen Anstrengungen seiner Epoche, indem er einen profanen Gegenstand zu einem sakralen macht oder das Leben zum Traum erklärt. Die Bewegung ist aber in beide Richtungen – auch aus dem Traum ins Leben – möglich. Im Unterschied zu seinen Kollegen (Tschiaureli oder Wertow) führt Kuleschow psychologische Motivierungen ein, die die Radikalität eines solchen Wechsels abschwächen, er subjektiviert ihn durch das infantile Bewußtsein. Der Wechsel der objektiven Perspektive gegen die subjektive wird im Verlauf des Films mehrfach betont.

Zum ersten Mal passiert das gleich nach Beendigung der Jägererzählung: Plötzlich wird der Gegenstand, die Pfeife, durch einen technischen Trick multipliziert, die Kamera schwenkt über die Gesichter der Männer, die eine Pfeife rauchen, sie lassen die märchenhaft riesigen Rauchwolken aufsteigen, ihre Lippen werden in extremen Nahaufnahmen grotesk und – gefährlich. Die durch Mehrfachbelichtung multiplizierten Pfeifen beginnen sich zu drehen, als ob sie das Schwindelgefühl der Jungen wiedergeben. Vom Rauchen? Vom Märchen? Von der Ahnung um eine mögliche Heldentat? Von der verspürten Nähe des Übervaters?

Das produziert einen pathetischen und einen komischen Effekt zugleich. Sie berauschen sich im Nebel und machen sich auf den Weg – auf die Suche nach dem Objekt, das einen Teil der magischen Kraft des realen, offiziellen Weihnachtsmanns birgt. Diese Szene, die den Weg der Jungen in den Wald vorbereitet, hat wiederum einen betont subjektiven Charakter und bereitet die Zuschauer auf den Wechsel der Perspektiven (objektive gegen subjektive) vor.

Noch mehr subjektiviert wird die Szene der Rückkehr aus der Taiga, da die Kamera nun den Platz des liegenden Helden einnimmt, der – verletzt – auf dem Wagen gefahren wird. Diese subjektive Kameraperspektive hat damals Formalismusvorwürfe auf sich gezogen. Oleg Leonidow, der den Film in *Iskusstwo kino* (Nr. 1, 1941) rezensierte, meinte, daß die Welt nicht aus der Perspektive eines einzelnen Helden, der noch dazu das Bewußtsein verliert (!), darzustellen sei. Man dürfe die Perspektive nicht subjektivieren.

Individualisierung der Sicht ist aber wichtig, denn es ist die Sicht der Kinder, was eine durchgehende Infantilisierung der Darstellung motiviert. In den Film sind Zwischentitel eingeführt, die als Trickaufnahmen gestaltet werden – mit springenden, sich bewegenden Bildchen und Buchstaben. Sie festigen einerseits den sakralen Charakter; die ganze Fabel wird über eine Kette von Piktogrammen dargestellt: Pfeife, Beine, Hände im Zeichen des Schwurs, usw. Andererseits bagatellisieren diese Piktogramme die Apokryphen und nehmen ihnen den Charakter einer geheimnisvollen Heiligenlegende. Sie zerstören die Magie durch die Diktion von Kinderspielen und -späßen.

Diese Infantilisierung bringt eine Korrektur in die Folklorephantasie ein. Wenn die Jungen am Flußufer sitzen, nehmen sie die Posen der Figuren vom Wandbild in der Schule ein: Einer sitzt wie Stalin da, der andere steht wie Swerdlow, der den Lenin-Brief vorliest. Über die körperliche Nachahmung gehen sie in der Situation auf, und ihre Phantasie wird aufgepeitscht. Sie begreifen – durch die Erleuchtung, daß die Pfeife deshalb so sakral ist, weil sie ein Geschenk Lenins an Stalin war! Das erklärt natürlich ihre magischen Eigenschaften wie von selbst.

Am Ende des Films bleibt jedoch die Frage: Was hat man da gerade gesehen? Die Traumvision von einem Mann mit der Pfeife? Eine Analyse des infantilen Syndroms eines ganzen Landes? Oder die Profanierung des Syndroms?

Die Ambivalenz war zu offensichtlich, das Bild zu (psycho-) analytisch, so wurde der Film als ein unerwünschtes Angebot abgelehnt und kaum gezeigt. Es sollten keine subjektivierten Bilder Stalins durch den Film in Umlauf gebracht werden: Die Kinoleinwand war für die politische Ikone reserviert. Doch gerade diese erwünschten Bilder mußten nach Stalins Tod eine unvorhersehbare Verwandlung erleben.

Michail Tschiaureli, der Schöpfer »historischer« Stalin-Filme, war der einzige Filmemacher, der nach dem 20. Parteitag auf die schwarze Liste kam und in die Verbannung nach Swerdlowsk geschickt wurde (allerdings ins dortige Filmstudio, nicht ins Lager). Für die Bestrafung spielte womöglich seine enge Freundschaft zu Berija eine größere Rolle als die pompösen Film-Opern, die aufwendigsten der sowjetischen Großproduktionen. Andere Regisseure, deren Streifen nicht weniger kultisch waren, wurden nur gemäßigt kritisiert. Stalin wurde auf Anweisung aus den Filmen entfernt, wie es zum Beispiel in Romms Lenin-Filmen mit großem technischem Aufwand geschah. Stalin, der solche Operationen oft an Bildern ausführen ließ, fiel nun selbst der Retuschierung zum Opfer. Wenn das laufende Filmbild angehalten und vergrößert wird, dann ist zum Beispiel die Spitze des georgischen Schnurrbarts hinter einkopierten Lampenschirmen zu entdecken.[6] Doch oft strahlt anstelle des einstigen Herrn der Bilder – das Weiß der Leere.

Anmerkungen

1 Boris Schumjatzki, *Kinematografija millionow* (Kinematografie der Millionen), Moskau 1935, S. 33–34.

2 Stalins unmittelbare Einmischungen in den Bereich Film wurden in vielen Erinnerungen beschrieben. Vgl. K. Simonow, *Mit den Augen des Menschen meiner Generation*, Berlin 1990; G. Marjamow, *Kremljowski zensor – Stalin smotrit kino* (Der Kreml-Zensor – Stalin schaut sich Filme an), Moskau 1992. – Die Dokumente darüber wurden von Anatoli Latyschew, einem Parteihistoriker, mit ausführlichen Kommentaren versehen, veröffentlicht in: *Sojwetski ekran* 22/1988, S. 14–15 und 14/1989, S. 18–19; sowie in: *Iskusstwo kino* 4/1990, S. 84–96; 5/1990, S. 5–7 und 11/1990, S. 91–93. Vgl. dazu

auch Oksana Bulgakowa, Herr der Bilder – Stalin und Film, Stalin im Film, in: *Agitation zum Glück. Die sowjetische Kunst der Stalinzeit,* Ausstellungskatalog Bremen 1993, S. 65–69.

3 Das Interview habe ich im August 1992 in Moskau für die Sendung von Enno Patalas, Frieda Grafe und Oksana Bulgakowa »Stalin – eine Mosfilmproduktion« (WDR 1993) geführt.
4 André Bazin, Le mythe de Stalin dans le cinéma soviétique, in: *Esprit*, juillet – août 1950.
5 Ebda.
6 Diese Techniken wurden beschrieben in einer Studie von Fritz Göttler, Le trasparenze di Stalin nei Film su Lenin di Michail Romm, in: *Cinegrafie* 4, II Semestro, Bologna 1990, S. 99–108.

Zu den Autorinnen und Autoren

Richard Bessel,
Dr. phil., geb. 1948, Senior Lecturer für Geschichte an der britischen Fernuniversität The Open University, Milton Keynes, arbeitet zur deutschen Geschichte des 20. Jahrhunderts. *Political Violence and the Rise of Nazism*, Yale University 1984; *Life in the Third Reich* (Hrsg.), Oxford 1991; *Germany After the First World War*, Oxford 1993.

Oksana Bulgakowa,
Dr. phil., geb. 1954, lebt seit 1977 in Berlin, Tätigkeit als Journalistin, Autorin, Übersetzerin und Publizistin, zahlreiche Veröffentlichungen zum sowjetischen Film. *Herausforderung Eisenstein* (Hrsg.), Berlin 1990; *FilmFaustSpracheAuge – Stummfilmdebatten der zwanziger Jahre in Sowjetrußland*, Berlin 1992; *Il cinema dei dittatori – Mussolini, Stalin, Hitler* (mit Renzo Renzi und Fritz Göttler), Bologna 1991.

David Culbert,
Dr. phil., geb. 1943, Professor für Geschichte an der Louisiana State University, Baton Rouge, USA, arbeitet zur Zeitgeschichte in den audiovisuellen Medien. *Mission to Moscow*, Madison 1981; Herausgeber des *Historical Journal of Film, Radio and Television*, Oxford sowie der Dokumentation *Film and Propaganda in America* (5 Bde., 1990–1994), *Nazi Film Propaganda and the Riefenstahl Myth* (mit Martin Loiperdinger, in Vorbereitung).

Stephan Dolezel,
Dr. phil., geb. 1936, Abteilungsleiter Geistes- und Sozialwissenschaften im Institut für den Wissenschaftlichen Film, Göttingen, arbeitet zu Film und Zeitgeschichte vor allem des Nationalsozialismus.

Eike Henning,
Dr. phil., geb. 1943, Professor für Theorie und Methodologie der Politikwissenschaft an der Gesamthochschule Kassel, zahlreiche Veröffentlichungen zum deutschen Faschismus und Neonazismus. *Bürgerliche Gesellschaft und Faschismus in Deutschland,* Frankfurt/M. ²1982; *Hessen unterm Hakenkreuz* (Hrsg. mit Martin Loiperdinger, Klaus Schönekäs), Frankfurt/M. 1983; *Zum Historikerstreit. Was heißt und zu welchem Ende studiert man Faschismus?,* Frankfurt/M. 1988.

Rudolf Herz,
Dr. phil., geb. 1954, Fotohistoriker und Künstler, zur Zeit Gastprofessor an der Gesamthochschule Kassel. Ausstellungen, u. a. im Fotomuseum des Münchner Stadtmuseums: *München 1918/19 – die Revolution im Spiegel der Fotografie* (mit Dirk Halfbrodt, 1988); *Hoffmann & Hitler – Fotografie als Medium des Führermythos* (1994).

Ulrich Keller,
Dr. phil., geb. 1944, Professor für Fotogeschichte an der Universität von Kalifornien, Santa Barbara, zahlreiche Veröffentlichungen zur Fotogeschichte. *August Sander. Menschen des 20. Jahrhunderts,* München 1980; *Highway as Habitat. A Roy Stryker Documentation,* Santa Barbara 1986; *Art and Photography in the Crimean War* (in Vorbereitung).

Martin Loiperdinger,
Dr. phil., geb. 1952, Politologe und Filmhistoriker; Stellvertretender Leiter des Deutschen Instituts für Filmkunde in Frankfurt/M., Aufsätze und Fernsehsendungen zum Nationalsozialismus und zur Filmgeschichte. *Rituale der Mobilmachung – Leni Riefenstahls Parteitagsfilm »Triumph des Willens«,* Opladen 1987; *Märtyrerlegenden im NS-Film* (Hrsg.), 1991; *Oskar Messter – Filmpionier der Kaiserzeit* (Ausstellungskatalog), Basel, Frankfurt/M. 1994; Mitherausgeber von *KINtop – Jahrbuch zur Erforschung des frühen Films.*

Ulrich Pohlmann,
Dr. phil., geb. 1956 in Schönberg, Leiter des Fotomuseums im Münchner Stadtmuseum, zahlreiche Veröffentlichungen zur Fotografiegeschichte und zeitgenössischen Fotografie. *Wilhelm von Gloeden – Sehnsucht nach Arkadien,* Berlin 1987, *Giorgio Sommer in Italien. Fotografien 1857–1888,* Heidelberg 1992, *Viktorianische Fotografie 1840–1890,* Heidelberg 1993.

Rosalinde Sartori,
Dr. phil., geb. 1947, zur Zeit wissenschaftliche Mitarbeiterin am Osteuropainstitut der Freien Universität Berlin, Lehr- und Forschungstätigkeit zu Fotografie, Film, Alltagskultur und politischer Symbolik in Osteuropa, Veröffentlichungen zu sowjetischer Fotografie, Festkultur, Helden- und Führerkult.

Giovanni Spagnoletti,
Dr. phil., Germanist, Professor für Filmgeschichte an der Universität Rom, Veröffentlichungen zum italienischen und deutschen Film, bereitet eine Geschichte des deutschen Films von 1930 bis heute vor.

Timm Starl,
geb. 1939, Fotohistoriker und Publizist; Gründer und Herausgeber der Zeitschrift *Fotogeschichte.* Zahlreiche Veröffentlichungen zur Fotografie im 19. Jahrhundert und zur Knipser-Fotografie. *Lexikon zur Österreichischen Fotografie* (mit Otto Hochreiter), Bad Ischl 1983; *Im Prisma des Fortschritts,* Marburg 1991.

Enrico Sturani,
geb. 1940, Sammler und Publizist, Präsident der Vereinigung »Associazione Italiana Cartolinisti«, Direktor von »Cart: cartoline in rivista«, zahlreiche Veröffentlichungen zur Fotopostkarte unter anthropologischen und sozialhistorischen Aspekten. *Cartanapoli,* Rom 1983; *Un saluto dai monti,* Turin 1988; *Otto milioni di cartoline per il Duce,* Turin 1994.

Bildnachweis

Berlinische Galerie: S. 68
Centro Scientifico Editore / E. Sturani: S. 106–110, Umschlag
Franklin D. Roosevelt Library: S. 167 / Wide World, 168, 169 /
UPI
Library of Congress: S. 160
Münchner Stadtmuseum/Filmmuseum: S. 211, 213, Umschlag
Münchner Stadtmuseum/Fotomuseum: S. 31, 55, 56, 70, 71,
72, 74, Umschlag
Sovexport: S. 222
Südd. Bilderdienst: Umschlag

Alle anderen Abbildungen stammen aus Privatsammlungen.

Das Standardwerk über die führenden Figuren des Dritten Reiches

516 Seiten. Serie Piper 1842

Wer waren die entscheidenden Männer des »Dritten Reiches«, woher kamen sie und was verband sie und machte sie zu Exponenten der Affekte vieler Deutscher? Joachim Fests berühmte Charakterstudien – u. a. über Hitler, Göring, Goebbels, Himmler, aber auch über Mitläufer und Kollektivpersonen wie etwa das deutsche Offizierskorps –, bei ihrem Erscheinen eine Pioniertat, haben sich längst einen festen Platz in der Literatur über den Nationalsozialismus erobert.

»Zu einem wirklichen Verständnis dieser Periode ist dies Buch ganz unerläßlich.«
Hannah Arendt

PIPER

Die kommentierten Goebbels-Tagebücher
im Taschenbuch

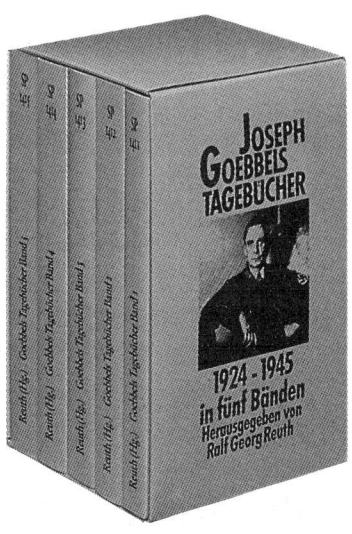

Diese Aufzeichnungen spiegeln nicht nur die Wahnwelt
Goebbels wider, sondern geben auch den Blick frei
in den inneren Zirkel der Macht.
Eine der wichtigsten Quellen der Geschichte und
Vorgeschichte des Dritten Reiches.

PIPER

Ralf Georg Reuth
Goebbels
760 Seiten mit 33 Schwarzweißfotos.
Leinen

Reuths Buch ist seit langem die erste Biographie des Mannes,
der zwölf Jahre lang das Bewußtsein der Deutschen gelenkt hat.
Ohne alle wissenschaftliche Gestelztheit zeichnet Reuth die
Lebenslinien dieser vielleicht schillerndsten Persönlichkeit aus
der Nazi-Führungsriege. Auf eine überwältigende Fülle bisher
unausgewerteter Dokumente gestützt, skizziert er das
kleinbürgerliche Milieu, dem Goebbels entstammte, schildert
er das Werden seiner geistigen Welt und die Mittel, deren er
sich skrupellos bediente, um nach oben zu kommen – bis zu
seinem kläglichen selbstmörderischen Ende.

»Die lang erwartete Goebbels-Biographie ist da, und – um es
gleich vorwegzunehmen – sie ist gut gelungen!«
WELT

»Reuths Buch ist nicht nur ein Lesevergnügen ersten Ranges,
sondern darf mit Recht als die neue Standardbiographie des
nationalsozialistischen Demagogen bezeichnet werden.«
Das Parlament

»Anschaulich und flüssig lesbar.«
DIE ZEIT

»Alles in allem liefert Reuth einen neuerlichen Beweis dafür,
daß die in der linken Historiker-Ecke verpönten Biographien
sehr wohl einen historischen Erkenntniszweck erfüllen
können.«
DER SPIEGEL

PIPER

Wie der Mossad Eichmann jagte

Aus dem Englischen von Dietlind Kaiser.
313 Seiten mit 8 Seiten Fotos. Geb.
(Auch in der Serie Piper 1806 lieferbar)

Adolf Eichmann wird von der Eliteeinheit des israelischen Geheim-
dienstes MOSSAD in Argentinien aufgespürt und nach Israel entführt.
Peter Malkin, international angesehener Experte in der Terrorismus-
Bekämpfung, war einer der verantwortlichen Geheimagenten. Er gibt
jetzt, 30 Jahre später, seine Anonymität preis und berichtet hier
erstmals detailliert von der unerbittlichen Jagd und von seinen Versuchen, in Gesprächen mit dem Gefangenen zu ergründen, wie dieser
durchschnittliche, unterwürfige und bedeutungslose Mann zum
Organisator des Massenmordes werden konnte.

PIPER